丝绸之路

驼铃声中的历史

水木森 著

中国法制出版社
CHINA LEGAL PUBLISHING HOUSE

| 序 言 |

丝绸之路让中华民族闪耀世界

中华民族历史悠久，闪耀世界，曾长时间领先世界，无论是大一统时期，还是分裂战乱时期，周边国家、诸多番邦来朝，都是极其常见的事。

为什么中华民族能领先于世界呢？不同的人有不同的看法。但毫无疑问的是，积极开放的对外关系，坚固强大的国防以及内部和谐的交流往来，是不可或缺的核心要素。而中华民族恰恰在这三个核心要素方面都独步天下——开通代表积极开放对外关系的丝绸之路；修建代表冷兵器时代坚固国防工程的万里长城；修通显示中华民族内部交流高度发达的京杭大运河。

秦朝修完万里长城，汉朝受益，基本保障中原能正常进行农业生产。加上适当政策，汉朝便有了“文景之治”。文景两代经济繁荣与军事屈辱并存。为了打破僵局，一雪前耻，汉武帝决心反击强敌匈奴，积极与一切可能的国家或者部落联合。

在时代的呼唤下，勇士张骞历经千辛万苦，不仅成功实现汉武帝天才的设想，还凿空万里，无意之间打开沟通东西方世界的丝绸之路。这一地理发现，不仅改变了中国历史，还改变了世界历史，是航海时代到来前，世界历史上影响最大、最深远的事。

汉朝政治经济重心在关中，丝绸之路的开通带来巨大影响，它从战略上打破匈奴长达 70 多年对汉朝的“C”字形包围，并对匈奴逐步形成战略优势，还从西域引进了战略性资源——优良马匹、牧草、骑马技术以及各种文化艺术、生活物资，增强了汉朝的国力，丰富了汉朝子民的生活。

更重要的是，从卫青在进攻匈奴的战争中崛起后，汉朝子民“恐匈症”一扫而光，民族自尊心和自信心再次高涨。从皇帝到庶民，积极上进和尚武精神非常明显。到边疆建功立业，成为那个时代的最强呼声。张骞、班超、常惠、班彪等英雄层出不穷，个个彪炳史册。他们是使汉朝击败强敌，成为盛世王朝的重要推动力。

丝绸之路开辟后近两千年里，中原王朝的兴衰与其紧密相连。自汉武帝开拓西域，开通丝绸之路后，汉朝国力强弱与丝绸之路紧密相连。汉朝灭亡后的百余年里，中原始终对西域保持着控制权，丝绸之路基本畅通，中原虽然战乱频繁，但中外交流依然正常进行。佛教通过西域传入中国，各国商人源源不断来到中国，中原以儒家思想为代表的文化也传入西域。中原生产的丝绸、瓷器、茶叶等源源不断通过丝绸之路输运到亚欧各国。

永嘉之乱后中原一片混乱，丝绸之路因受到割据势力影响而一度衰落。隋朝结束南北朝的分裂，统一大江南北，重修长城，重开丝绸之路，修建大运河，迅速繁荣起来。唐朝坐享丝绸之路、长城和大运河红利，击败强敌突厥，再次全面控制西域，成为当时最强大的国家。丝绸之路再现辉煌与繁荣。

唐朝丢掉西域后，丝绸之路要道相继被吐谷浑、吐蕃、阿拉伯以及西迁突厥控制，逐渐走向衰落。不过，唐朝积极开放的传统未丢弃，陆上丝绸之路中断，海上丝绸之路却获得巨大发展。

五代以及辽宋夏金时代，丝绸之路为西部几个少数民族控制。各国设置关卡，获取最大利益，因而增加交易成本。身处中原的宋朝无法掌控丝绸之路，通过陆路贸易获得巨大利益，却将海上丝绸之路发展起来。

蒙古征服亚欧大陆，丝绸之路上各国设关卡坐地取财的现象消失，亚欧大陆商贸交易空前活跃起来。陆上丝绸之路得到恢复，海上丝绸之路得到发展。明朝初期招降西域的诸蒙古汗国，实行友好通商政策，并重视沿海造船业。海上丝绸之路和陆上丝绸之路都出现繁荣局面。明朝中后期，奥斯曼帝国掠杀和勒索与中国有强烈通商意愿的欧洲人，几乎将陆上丝绸之路斩断。

不过，丝绸之路数千年来对欧洲人的吸引力并未减退。陆上丝绸之路中断后，欧洲人被迫出海寻找通往东方的道路。结果，欧洲人又来了一次地理发现，并使海洋文明崛起。但遗憾的是，明朝中后期因海禁政策以及倭寇之患，将自身排除在海洋文明兴起的世界大潮之外。

清朝在沿海实行闭关锁国政策，盲目自大，拒绝了解和学习海洋文明，逐渐变得保守和不思进取。到中期后，清朝国力逐渐衰落，以致爆发鸦片战争，一步步陷入半殖民地境地。曾经领先世界的中华民族在外来海洋文明面前不堪一击。

纵观历史，丝绸之路兴起，中华民族兴旺；丝绸之路衰亡，中华民族走向没落。影响这一历史变化的，是丝绸之路蕴含的积极开放精神。为继承和弘扬这种精神，我们需要铭记先辈们开拓丝绸之路的艰辛，从更高层次上去了解丝绸之路。

本书成稿于2017年冬，于2020年新冠肺炎疫情期间再次得到升华改进，到如今出版，虽然经历数年磨砺，但依然难免有不足之处。需要朋友们理解的是，书中涉及许多中外古地名和人名，面对不同译法或者名字，采用了其中最简单易懂的一种，如果有疏漏或者别译，敬请朋友们指正。

是以为序，请不吝赐教。

水木森于中国武汉

目录

第一章　一条数千年的东西商道

第二章　从天青石之路到黄金大道

第三章　开拓中西亚商道，波斯人顺势崛起

第四章　马其顿人东方梦想破灭是历史遗憾

第五章　丝绸之路千年“柳暗”，一朝“花明”

第六章 压力是坚强者成长的力量

第七章 突破，突破，必须突破

第八章 向西北突击，打出去

第九章 西域，汉朝崛起的关键地点

第十章 经营西域，保障丝绸之路畅通

第十一章 同一种情怀，同一个梦想

第十二章 不用心耕耘，一手好牌也能打烂

第十三章 西域无都护，小霸兴风作浪

第十四章 抓住时机，汉朝再向西域行

第十五章 一个英雄创造一个黄金时代

第十六章 西域迷失在后英雄时代

第十七章 丝绸之路精神，历代相传

第一章

一条数千年的东西商道

贸易是人类重要的交流活动。东西方文明起源不同，但贸易活动却很早就出现了。商队从中原出发，走过平原，爬上高原，经过河西走廊，穿越茫茫大漠，翻越葱岭，再沿着河谷西行，穿越沙漠，行走于高原通道，通过平原谷地，到达海边。一路向西——人类征服各种地形后，一条千年商道最终被建立起来。

1. 不同文明也相互吸引

在国与国之间，文明与文明之间，存在着一种现象——既因不相同而相互排斥、攻击，也因不相同而渴望彼此交流。在遥远的古代，人类进行着战争，同时也强烈渴望相互交流、通商。

中华文明历史悠久。公元前2700年左右，黄帝统一中原，征服东夷、九黎，与已经存在的古埃及文明、苏美尔－古巴比伦文明交相辉映。而后来西周时期的中华文明，也与同时代的古希腊文明遥相呼应。

不过，与它们相比，中华文明具有非常明显的特点。中华文明扎根农业，而古埃及文明、苏美尔－古巴比伦文明以及古希腊文明对外面的世界更感兴趣，更具有追求财富的热情。翻阅历史典籍，无论是古埃及文明、苏美尔－古巴比伦文明，还是古希腊文明，都有奴隶买卖的记载，而中华文明没有大规模奴隶买卖的记载。

不仅如此，无论是古埃及文明、苏美尔—古巴比伦文明，还是古希腊文明的贵族甚至最高统治者都参与了贸易活动。而在中华文明中，从事贸易的人被称为商人——他们在古代社会的政治地位非常低，长期排在农民后面。其原因是，在周朝建立后，失去土地的商朝人后裔不得不从事贸易维持生计，被周朝人看不起。久而久之，这种“偏见”就将从事贸易的人称为商人，并形成重农轻商的观念，影响数千年之久。

据历史记载，古埃及人、古巴比伦人以及古希腊人非常重视商业。早在巴达里文化时期[①]，古埃及人铜器、石器与陶器的生产就走向专业化。他们与生活在亚洲的人通商，进行物品交换。在欧贝德文化[②]晚期，苏美尔人将神庙作为畜牧业、手工业与商业中心，商业活动非常发达。而古希腊人，在公元前9世纪时，就非常频繁地买卖奴隶，至于其他商业活动，更是成为日常生活的一部分。

---

① 约公元前4500年—公元前4000年。

② 约公元前4300年—公元前3500年。

古埃及人与西亚各部落交易，苏美尔－古巴比伦人与中亚各部落交易，而随后崛起的亚述帝国进一步将交易范围向东扩张，并向西与地中海沿岸各城邦进行交易。马其顿崛起后，亚历山大率军一路向东攻城略地，建立帝国，志在打通与东方的贸易通道。而促使这一系列商业行动的，是巨大利润诱惑和对东方神奇物品的需求，是对未知世界的好奇和渴求。

由于地理上相近，古埃及文明和苏美尔－古巴比伦文明在很早就发生交流和碰撞，存在着直接或者间接的商业联系。中华文明离它们比较远，又不重视贸易，很长时间内在相对封闭的地理单元里生存和发展着。

由于物品的流通，重商的西欧文明很早就对东方文明充满强烈的好奇心，以至于他们采用各种手段，前赴后继地进行商业冒险，探索着通往东方的商道。不过，历史似乎跟他们开了个玩笑。西欧为开辟东方贸易通道而努力，最终都没实现梦想，而公元前 2 世纪，汉朝为生存而战，为反击匈奴而大力开发西域时，却将东西方商道全线打通。

一个重农抑商的民族完成欧洲人的千年夙愿，这似乎印证了历史中包含的悖论，但它却开辟了整个人类的新纪元，让几个古代文明有了空前的联系和交流。中外文化交流迅速发展起来，汉朝也很快击败匈奴而强大起来。

此后数千年，这条商道见证着中国历史的兴衰，甚至影响着人类文明的发展方向。这条商道就是丝绸之路[①]——古代联系东西方商贸的陆地通道。

---

① 德国地理学家李希霍芬在其著作《中国——我的旅行成果》中提出“Seiden Strassen”，翻译成英语为“Silk Road”，即丝绸之路。1910 年，德国历史学家赫尔曼在其著作《中国与叙利亚之间的古代丝绸之路》中，再次用“Seiden Strassen”指代古代从中原到西方陆路商贸之道。后世将此商道称为丝绸之路。

2. 千年呼唤出来的丝绸之路

从某种意义上讲，丝绸之路是几大文明古国以及众多民族、部落中无数英雄、劳动者和经商者，历经数千年奋斗形成的集体智慧结晶，是人类共同创造的文明成果。那么，丝绸之路究竟是怎样的商业通道呢？

丝绸之路是连接亚洲、非洲和欧洲的古代陆上商业贸易路线。狭义上的丝绸之路指陆上丝绸之路，广义上的丝绸之路还包括海上丝绸之路。早期，陆上丝绸之路起主导作用；后期，海上丝绸之路逐步发展起来，一度使海陆丝绸之路并举。

陆上丝绸之路（以下简称丝绸之路）是指沟通欧亚大陆北部的商路，以长安为起点，经甘肃、新疆，到中亚、西亚、罗马帝国，并连接地中海沿岸各国的陆地通道。以葱岭为界，丝绸之路分为东西两段，其中，东段丝绸之路，从葱岭向东到长安、洛阳，由张骞等汉朝勇士所开辟；葱岭以西的这一段，由西方各文明古国数千年接力开辟。

丝绸之路东段是由张骞等汉朝勇士最终开通的。这一段丝绸之路是全线开通的关键，是西方各文明古国重商主义者望而却步的地方。

丝绸之路东段指由中国内地到达葱岭西麓的通道。按起点划分，它又分为南线、中线、北线：

丝绸之路东段北线从长安[①]出发，沿着渭河到虢县，再经过汧县，然后翻越六盘山，沿着祖厉河行走，在靖远渡过黄河后，先到姑臧，再到达张掖。

丝绸之路东段南线从长安出发，沿着渭河行走，过了陇关、上邽、狄道、枹罕后，由永靖渡过黄河，穿过西宁，越过大斗拔谷，再到达张掖。

丝绸之路东段中线在上邽与南线分开，翻过陇山后，到达金城，从那里渡过黄河，沿着庄浪河走，翻越乌鞘岭后，先到姑臧，再到张掖。

---

① 东汉时，丝绸之路是从洛阳出发的，因此此时的丝绸之路要加上洛阳至关中段。

丝绸之路东段南北中三条路线在张掖会合后，经过酒泉、瓜州，一路到敦煌，然后到玉门关或阳关，最后分别到葱岭或怛罗斯。

在丝绸之路东段南北中三条路线中，北线开通得最早，但地理环境最恶劣，补给条件也最差；南线的补给条件好，但要绕很长的路，要花费较长时间通过；中线是性价比最高的一条路线，后来成为丝绸之路东段的主要路线。

从玉门关或阳关向西到西域的路也有两条：

（1）南道经过鄯善，沿着南山北麓向西行，到达莎车，然后向西翻越葱岭，到大月氏，再到安息，与丝绸之路西段接上；

（2）北道从车师前国王庭出发，沿着北山向西行，到疏勒，然后向西翻越葱岭，到大宛、康居、奄蔡等地，与丝绸之路西段接上。

其中，北道有两条重要岔道：一条是从焉耆向西南行走，穿过塔克拉玛干沙漠，到南道的重要站点于阗，与南道连接上；另一条是从龟兹向西行走，经过姑墨、温宿，翻过拔达岭，经过赤谷城，再向西走到怛罗斯，与丝绸之路西段连接上。

从玉门关或者阳关向西的南北两道穿行在白龙堆、哈拉顺和塔克拉玛干大沙漠中，地理条件恶劣，道路艰难，大队人马很难通过。到东汉时，人们在北道的北部另开一道，逐渐成为最重要通道，被称为新北道。新北道的具体走向是：从敦煌向西北行走，经过伊吾、蒲类海、北庭、轮台、弓月城、碎叶，最终到达怛罗斯，与丝绸之路西段连接上。

接下来，简单讲一下丝绸之路西段。丝绸之路西段是指从葱岭或怛罗斯到罗马这一段路程，由西方诸民族通过千年奋斗而开通。它涉及范围较广，包括中亚、南亚、西亚、非洲和欧洲。这段商道历史上国家众多，民族关系复杂。各民族虽然都有商业基因，积极寻找东方商道，但由于各城邦、部落、帝国相互征战，各种文明混杂，无法形成强大的合力，一直向东延伸下去。直到亚历山大大帝东征开拓丝绸之路到极限后200余年，它才因汉朝人全线开通丝绸之路而与东段接上。

丝绸之路西段以葱岭或怛罗斯为起点，但因为众多国家或部族争霸中亚和西亚，具体路线常有变化，终点也不固定。不过，丝绸之路西段也大体可分为南道、中道和北道。

（1）丝绸之路西段南道，由葱岭向西行，翻越兴都库什山，到喀布尔后又分为两路：其中北路向西到赫拉特，与经蓝氏城而来的丝绸之路西段中道会合，再西行，穿巴格达、大马士革，到地中海东岸的西顿或贝鲁特，由海路转运到罗马帝国；其南路从白沙瓦南下，到南亚次大陆各城邦。

（2）丝绸之路西段中道，连接丝绸之路东段北道，翻越葱岭，到蓝氏城后向西北行，一条与丝绸之路西段南道北路会合，另一条经过德黑兰后再与丝绸之路西段南道北路会合。

（3）丝绸之路西段北道连接丝绸之路东段北新道，也分两路：一路从钹汗、康、安到木鹿与丝绸之路西段中道会合后，继续向西行；另一路经怛罗斯，沿锡尔河向西北行，绕过咸海、里海的北岸，到亚速海东岸的塔那，再由水路转到刻赤，最终到达君士坦丁堡。

此外，还有海上丝绸之路。它起源于秦汉，兴于隋唐，盛于宋元，在明初达到顶峰，到明朝中叶因海禁而衰落。海上丝绸之路重要起点有番禺、登州、扬州、明州、泉州、刘家港等。

开通丝绸之路是人类文明史上的一个伟大创举，也是古代东西方最长的国际交通路线。它由丝绸之路沿线各民族共同创造，最终由中华儿女全线开通。中国是丝绸之路东部起点，大宛、康居、印度、帕提亚、阿拉伯、突厥等国起中介和转运作用，对中国丝绸向西运作出重大贡献，也对东西方商业往来作出重要贡献。

3. 地形考验人类能力极限

西方人在商业利益驱使下，很早就渴望打通东西方商道，不过花费上千年时间也没打通。这并非因为他们不够努力或者能力不够，而是因为中亚一带地理环境恶劣，地形复杂程度超过了那个时代人的旅行能力。

我们从东到西，看看丝绸之路的地形地貌。

中国地形总体是西高东低，自西向东逐级下降，层层降低。

从东向西，先是山东半岛上的丘陵，再是华北平原，挨着华北平原的，从北到南依次是燕山山脉、太行山脉，秦岭山脉南部是大巴山脉，再往西南是云贵高原。云贵高原向西是青藏高原，大巴山脉往西是四川盆地，再往西是青藏高原边缘的横断山脉，而秦岭往西北是关中平原、黄土高原，太行山脉以西是吕梁山脉，燕山山脉往西是阴山山脉。其中，黄土高原正西是祁连山以及昆仑山脉，西北是河西走廊，北部是沙漠。

一个中原人要到西亚去，先要经过平均海拔不到50米的华北平原，再经过平均海拔2000米至3000米的秦岭和黄土高原，到甘肃西北部和青海东北部后，还要经过平均海拔4000米的地区，而到喀喇昆仑山脉，经过的地方平均海拔就到了6000米。中原人要沿着正西方向行走，基本是一路“上梯”。不过，经过黄土高原后，沿着西北行走，就可以避免经过平均海拔4000米到6000米的青藏高原地带，直接进入河西走廊，通往中亚。

丝绸之路的起点起初是长安，东汉时移到洛阳。洛阳三面环山，东北方向面对华北。因此，可以说它是丝绸之路在中原的起点。从洛阳西行，穿过三门峡，过了潼关就到了关中平原。长安即今天的西安，地处关中平原中部，北濒渭河，南依秦岭，是唐朝以前古代中国的经济中心。关中平原北部是黄土高原，南部是秦岭山脉，中部是渭河平原。丝绸之路到关中平原后，就改从西北方向走到甘肃。

甘肃与陕西之间，只有一条并不太高的六盘山脉。但从甘肃继续前进，就将面临较大的困难了。往北海拔不是很高，但那边是茫茫的腾格里沙漠。往西那是青藏高原。往南将走到四川盆地，最终还是被青藏高原所阻拦。此时，往西北翻越乌鞘岭，进入海拔较低的河西走廊成为不二选择。

河西走廊是内地通往西域的要道。它东起乌鞘岭，西至玉门关，南北介于南山和北山[①]间，长约900公里，宽数公里至近百公里，为西北东南走向的狭长谷地，形如走廊，又因位于黄河以西，故称河西走廊。

河西走廊分为三个独立的内流盆地：玉门、瓜州、敦煌平原，属疏勒河水系；张掖、高台、酒泉平原，大部分属黑河水系，小部分属北大河水系；武威、民勤、永昌平原属石羊河水系。河西走廊虽然地处干燥之地，但因为有水，所以存在小块绿洲，具备人类居住和通行的基本条件。

正因为如此，河西走廊成为通往西域的要道，丝绸之路就从这里经过。敦煌、阳关以及玉门关都位于河西走廊西部，成为古代中国重要边防和与中亚通商的边贸城市。而事实上，汉朝全线开通丝绸之路也是从开发河西走廊开始的。

走出河西走廊，就是广大的西域，即今新疆以及以西部分地区。新疆是个地理结构比较封闭的地方，北边是阿尔泰山，中间是准噶尔盆地、天山和塔里木盆地，西南边和南边是昆仑山以及青藏高原，西北边是帕米尔高原。

古代，西域国家主要分布在塔里木盆地、吐鲁番盆地和准噶尔盆地边缘——从高山雪融化的水，在沙漠和戈壁中形成绿洲，适合人类生产和生活。塔里木河与罗布泊是塔里木盆地居民的主要农业、生活水源。

丝绸之路穿越塔里木盆地后，再往西行走，翻越帕米尔高原，即葱岭，就可以到中亚。葱岭东跨萨雷阔勒岭，西临喷赤河，南及兴都库什山以东，北抵阿赖岭，因其大致位于整个亚洲的中央位置，故称“亚洲心脏”。

帕米尔高原全境分为“八帕”：塔格敦巴什帕米尔、小帕米尔、大帕米尔、阿尔楚尔帕米尔、萨雷兹帕米尔、郎库里帕米尔、和什库珠克帕米尔、瓦罕帕米尔。其中，瓦罕帕米尔就是兴都库什山北麓通往中亚的瓦罕走廊。

帕米尔高原是中亚与东亚、南亚交汇处，是古代丝绸之路全线开通最艰

---

① 此处南山指祁连山和阿尔金山；北山指马鬃山、合黎山和龙首山。

难的一段，也是环境最为险恶的一段。从西向东，即使有人翻越了如此高峻的大山，也要面临茫茫大沙漠，难度可想而知。同样，从东向西成功翻山并将货物带过去的难度，也难以想象。且不说两千多年前的古人，即使对现代人来讲，要接连徒步穿越帕米尔高原和塔里木盆地，都不是容易的事。

要实现东西方顺利畅通的贸易往来，不仅需要雄厚的财力和坚韧不拔的意志，还需要这一带建立有完善的供应体系——后来，汉朝人通过经营西域诸国来组织和维护后勤供应体系，成功保障来往商旅在此地的安全和顺利通行。

4. 一路向西，越走越畅通

翻越帕米尔高原，再向西行走就是中亚，进入丝绸之路西段。西段地貌复杂，环境也恶劣，但相对东段仍然要好得多——没有高不可攀的帕米尔高原和延绵千里的塔克拉玛干大沙漠相连的恶劣环境。

中亚是丝绸之路西段的终点，是整个丝绸之路的重要中转站。中亚的东边为帕米尔高原、天山等蜿蜒纵向山脉；西临里海；西北以乌拉尔山为界，与俄罗斯欧洲领土部分相邻；东南以沿帕米尔高原南麓延伸的兴都库什山为界，与南亚次大陆相连；正南临近伊朗高原。其中心地带为中亚五国及阿富汗北部。

中亚有很多河流，或者注入内陆湖泊，或者消失在沙漠之中。著名的河流有阿姆河、锡尔河、楚河、伊犁河以及穆尔加布河。中亚地区属大陆性气候，夏季酷热，冬季严寒，降雨量非常少，沙漠地带有的地方终年不雨。中亚的沙漠地形比较多，例如乌斯季乌尔特荒原、别克帕克达拉半沙化地带、克孜勒库姆沙漠和卡拉库姆沙漠等。正因为这样的地形，西方来的商人到此就已经疲劳不堪，无力再去挑战帕米尔高原和塔克拉玛干大沙漠。

中亚北部是指天山西部以北和锡尔河以北地区。这一带大部分地区都较湿润，有广袤的牧场。丝绸之路必须穿越哈萨克草原，才能继续向西。哈萨克斯坦北部是黑土带平原，靠近西伯利亚，水草丰饶，为优良的牧场；中部是哈萨克丘陵；南部为半荒漠地带，越往南气候越干燥，不过它的东部边缘有很多高山①，高山雪融化成水，都朝西方流动。如同丝绸之路东段的塔里木盆地一样，中亚交替分布着大片沙漠和小块肥沃绿洲。

横贯亚欧的东西商道并非皆由同一商队一口气从东方长途跋涉到罗马，而是一站转一站的、以接力式行进，最终到达。中亚的丝绸之路实际上是一个个“绿洲桥”的接力，由此绿洲到彼绿洲之间的交通线。绿洲的存在对丝绸之路畅

① 此处指帕米尔高原。

通在某种程度上说就是恩赐。

在帕米尔高原东边，绿洲城邑沿着昆仑山、阿尔金山、祁连山一线的北麓和天山山脉南北两侧呈带状分布。一片片绿洲，如同镶嵌在河西走廊、天山两侧、塔克拉玛干沙漠两缘的绿色花边，而绿洲分布的地区恰恰又是西域三条交通路线通过的地区。丝绸之路西段的绿洲及城市大致分布于中亚几条内陆河流域。这是丝绸之路东段和西段高度相似的地方。

从东向西，过了天山的西端，我们就可以看到托克马克绿洲，以及一些著名城市，例如碎叶、千泉及怛罗斯。翻越帕米尔高原向西行进，锡尔河上游流域的费尔干纳盆地就是中亚著名的绿洲，里面分布有安集延、奥什、马尔吉兰、浩罕、苦盏①等著名城市。苦盏的北部有塔什干②，位于锡尔河以北的支流。越过帕米尔沿阿姆河西行，它的上游为巴达克山谷地，中游为索格底亚那绿洲和吐火罗斯坦绿洲，下游是花剌子模的希瓦绿洲。从布哈拉南渡阿姆河，在浩瀚的卡拉库姆沙漠中，还有木鹿绿洲。

穿过中亚沙漠或半沙漠地带后，丝绸之路就进入西亚地区，按由东至西的顺序依次为伊朗高原、美索不达米亚平原、地中海东岸各地。

伊朗高原位于西亚东部，北部抵达里海南岸和图兰低地，南部到达印度洋，东部接邻印度河流域西部的台地，西部到底格里斯河东部的台地。伊朗高原四周环绕着高山。它的北部从东到西有兴都库什山和高加索山等，东部有苏莱曼山，西南部有扎格罗斯山，中央部分是地势平坦而闭塞的高原。伊朗高原北部的厄尔布尔士山自古以来是伊朗北道的必经之地。

扎格罗斯山从亚美尼亚山脉延伸而出，自土耳其边境经伊拉克北部，蜿蜒至伊朗西南部波斯湾沿岸，全长达2000多公里。它由西北向东南，基本上与两河流域平行，是美索不达米亚平原东部的屏障。扎格罗斯山地由许多条平行山脉组成，在各平行山褶之间分布着较平坦的肥沃谷地。这里哺育了几乎与苏美尔文明并驾齐驱的古埃兰文明。早在公元前30世纪中期，古埃兰人建立的阿旺城邦就与苏美尔人的城邦基什、乌尔等发生过密切交往。因此，这里很久以前

---

① 唐朝将苦盏称俱战提。

② 唐朝称石国、赭时等。

就存在商道。

伊朗高原四周的高山形成四面屏障，严重阻碍湿润空气深入高原内陆。伊朗高原年降雨量多在 100 毫米以下，寒暑变化剧烈，有很多沙漠、盐泽，例如雷吉斯坦沙漠等。盐泽散布在各沙漠中，与中国新疆东部的罗布泊类似，只不过规模要小得多。

伊朗高原东部有从阿富汗流入的一些内陆河。其实，最长河流是著名内陆河赫尔曼德河。由于河水滋润，赫尔曼德河两岸形成宽窄不等的绿洲，成为黄色沙海中的绿色走廊。这条绿色走廊中，有著名城市扎朗卡等，是伊朗南道主要节点城市。

伊朗高原东北部又称呼罗珊，西边到卡维尔盐漠边缘，东边到木鹿绿洲边缘，北边包括了土库曼斯坦南部，南达锡斯坦盆地北部一带。因为与伊朗北道交通相关，呼罗珊有很多重要城市，例如赫拉特、木鹿、尼萨、图斯等。这些城市将各商道有效串联起来。

伊朗高原西部的城市更多。主要有今德黑兰南部的雷加、米底首都埃克巴坦那、古埃兰人首都苏撒、古波斯人首都帕赛波里斯等。雷加、埃克巴坦那是丝绸之路西段伊朗北道西进达美索不达米亚平原的必经之地；帕赛波里斯、苏撒是丝绸之路西段伊朗南道西下苏美尔地区的必经之地。它们都是四通八达的通商重镇，是当时波斯各商道的节点城市。

穿过伊朗高原后，再往西就是美索不达米亚平原。与伊朗高原上仅有伊朗北道和伊朗南道可供选择不同，美索不达米亚平原的交通四通八达，畅通无阻。这里位于地中海、红海、黑海、里海与波斯湾之间，是通往欧洲、亚洲、非洲、的交通要道汇结之地，被称为“五海之地”。

“五海之地”位于世界商业大动脉上，是由亚洲向西北通往欧洲、向西南通往非洲的要冲。古代中亚、西亚、欧洲的各民族的商人、征战的军队、朝觐圣迹者等，只要经过此地，都能享受到这个陆地桥梁的极大方便。

来自东方的丝绸及其他商货经美索不达米亚平原运抵地中海东岸后，就可装船运往欧洲，或南下，经过巴勒斯坦、西奈地峡，运到埃及尼罗河三角洲。同时，波斯湾和红海也是海上丝绸之路西部的重要航区和停泊地点。

美索不达米亚平原是夹在伊朗高原、亚美尼亚高原和阿拉伯高原之间的广阔谷地，是西亚古文明——苏美尔文明、亚述文明、巴比伦文明的孕育地。这里有幼发拉底河和底格里斯河。在古代，幼发拉底河和底格里斯河是丝绸之路由陆地通往海上的最佳内河航运交通干线——顺流直下可达波斯湾，溯河而上也可在任何一个岸边码头停靠卸货。

不仅如此，美索不达米亚平原的陆路交通四通八达。在公元前40世纪末至公元前30世纪初，城市就星罗棋布地出现了，如乌尔、乌鲁克、拉伽什等，又如泰西封、塞琉西亚、巴格达等，都曾是该区域商货的集散地。

地中海东岸地区南起西奈半岛北部，北接托罗斯山的南麓，西濒地中海，向东逐渐过渡到叙利亚沙漠和阿拉伯高原。地中海东岸地区的交通便利，南北方向的商道畅通无阻；东西方向虽有山地丘陵，但断裂谷地已将山地分割成诸多段，众多小河纷纷西流，汇入地中海，所以东西向的交通也很方便。古代人多从美索不达米亚北部向西到达阿勒颇，然后南下霍姆斯、大马士革、太巴列、拉姆拉、加沙诸城，然后沿西奈半岛北侧紧靠地中海岸的国际通道，进入尼罗河三角洲。

丝绸之路到地中海东岸，主要是通过沿岸各港口转入地中海的海道。居于今黎巴嫩及叙利亚沿海一带的古腓尼基人成为丝绸之路最后接力者。他们素有“勇敢的航海家”盛名。早在公元前3000年，他们便在东地中海和爱琴海上航行，后来其航行范围又扩大到西地中海甚至穿过直布罗陀海峡，到达亚速尔群岛和不列颠。腓尼基著名港口有毕布勒、乌加里特、西顿、推罗等，这些港口都是丝绸之路西段地中海岸的终点站，也是从西亚到非洲、欧洲的航运枢纽和商货集散地。

第二章

从天青石之路到黄金大道

人类最古老的商品之一是天青石。从天青石的产地巴达克山出发，沿着雅利安人迁徙的路线，葱岭以西各民族先通过天青石贸易，后通过黄金贸易，联结成一个贸易体系。他们通过直接贸易或者间接贸易的方式，走出一条条商道，为丝绸之路的形成奠定基础，这些商道也影响着葱岭以西各民族文明发展的历史。

1. 天青石是最古老的商品

很久以前，有商业头脑的古代中亚人、西亚人以及欧洲人就在探索通往东方的商道，积极从事着商品交换。虽然他们并未全线打通东方商道，但他们的奋斗为丝绸之路最终贯通作出重大贡献，奠定了重要基础。

商路形成的基本前提有两个：一是存在用来交流的物品，二是存在人员互动。物品交流形成于商业交流之前，人员互动又形成于物品交流之前。物品可以不经过商业活动进行直接或者间接交流，例如赠送物品给他人、在征服战争中夺取战利品、朝贡等。商业交流也形成于商道形成之前。因为商业交流分为直接商业交流和间接的接力性商业交流。在全线开通丝绸之路前，四川出产的“邛竹杖、蜀布”已经出现在大夏国市场上，中国产的丝绸已经成为罗马贵族追捧的稀有之物，这些都是间接的接力性商业交流导致的。不难看出，不同民族之间间接的接力性商业交流要早于直接商业交流。

据研究，在距今 5000 年前，游牧民族就在有意无意间和其他民族进行物品交流，为丝绸之路的开辟奠定基础。而最早的东西方商业交流的物品是天青石。

天青石又叫青金石，是一种天然的半宝石。由于开采比较便利，它成为人类最早利用的矿石。作为一种半宝石，它能加工成各种制品，例如器皿、雕像、饰物等，或者将其研磨成细粉用作颜料。不仅如此，天青石粉末还是重要的药物原料，例如加入泻药喇叭草或其他配药，可以作为创伤及溃疡面的收敛剂敷用，也可作为清凉药服用。不难看出，天青石是上天赐给人类的重要宝物。

天青石功效多，但产地却极少。自远古以来，唯有阿富汗东北部的巴达克山[①]出产优质天青石。中外古文献中有大量记载，近代以来，许多学者也深入实

---

① 巴达克山位于帕米尔高原西麓，塔吉克斯坦的戈尔诺—巴达赫尚自治州和阿富汗的巴达赫尚省交接处。

地进行了考察。最终的结论是，巴达克山就是天青石贸易的起源地。

天青石产地虽然是阿富汗东北部的巴达克山地区，但它很早就在中亚、西亚以及欧洲国家广泛使用。这说明，在远古时代，巴达克山的天青石便能通过各条商道运往西方各地。

据相关研究，巴达克山的天青石沿着科克洽河通道运往各地：向北经过朱尔姆，然后折向西，经昆都士到巴尔赫，进入丝绸之路西段的东西交通大道；向东则进入瓦罕谷地，通过瓦罕走廊向中国新疆境内输送；向南下可以一路经过印度河、恒河，由海路输往波斯湾、红海及环地中海地区。

当然，由于伊朗高原的重重高山以及航海技术的限制，远古时代的人不可能把天青石从巴达克山直接运抵美索不达米亚平原。最早的物品交流需要许多中间城镇和中间商人，要通过辗转贩运，几经易手，才能达成交易，实现物品交换目的。

从事天青石贸易的商路具体有哪些，没有相关记载，如今也不得而知，但有一些遗迹能证明天青石贸易中转站是存在的。据考证，锡斯坦盆地的沙赫里·索赫塔便是天青石贸易中转城市。有部分巴达克山出产的天青石运到沙赫里·索赫塔，在这里被加工后，又被运往西亚各地。它的输出路线，是经由伊朗高原南缘的伊朗南道，即由巴达克山出发，顺赫尔曼德河向西南行进，在锡斯坦盆地加工，经伊朗南部，最终到达美索不达米亚平原。

沙赫里·索赫塔是加工和输出天青石的伊朗南道中介地之一。沙赫里·索赫塔遗址第一文化层的年代大约是两河流域苏美尔城邦产生时期的乌鲁克文化①后期到捷姆迭特·那色文化②前期。这说明早在公元前4000年到公元前3000年，天青石贸易之路就已存在。

天青石贸易并非仅有伊朗南道一条商道。据考证，至少还有大致与之平行、经过里海南岸的伊朗北道。

在伊朗德黑兰国家考古博物馆里，有戴拉曼出土的天青石串珠，有由哈桑卢出土的天青石钵，有出土于苏撒的天青石头像等。在伊朗北道几个重要连接

① 约公元前3500年—公元前3100年。

② 约公元前3100年—公元前2700年。

点上都发现天青石制品，一方面说明伊朗高原各王朝曾大量使用巴达克山出产的天青石，同时也证明伊朗高原北缘存在着辗转运输天青石的交通线——伊朗北道。

到目前为止，最早发现天青石遗物的地方是高乌拉遗址，它位于底格里斯河上游尼尼微城东北部，年代上属于欧贝德文化后期①。它是一串用巴达克山天青石制作成的项链。这件天青石遗物的出现说明，在公元前4000年前，通过伊朗高原北缘的伊朗北道，美索不达米亚平原便与阿富汗东北帕米尔高原西麓之间进行着辗转的货物贸易。

天青石从伊朗北道运来，先到美索不达米亚北部。这里的居民已经不再是蒙昧的人，其独占由伊朗高原输入天青石的权利，由北向南逐步转卖给中部和南部的居民，充当转运商，赚取利润。而在美索不达米亚南部，早在苏美尔早期王朝时期②，各城邦就盛行利用天青石做装饰物，尤其是城邦中的贵族，非常喜欢天青石。

乌尔遗址出土的极其丰富豪华、工艺精湛的随葬品上面大多镶嵌着天青石。有几件纯以天青石为材料制作的圆筒印章，还有一把以天青石做柄、黄金做鞘的短剑。

在美索不达米亚平原，不仅限于苏美尔地区乌尔一处，其他像拉伽什那样的苏美尔城邦，像埃什嫩纳那样的阿卡德城邦，像马里、尼尼微、卡拉赫那样的北部城邦，都有大量天青石制品和饰物。

由此可见，在公元前30世纪时，大量天青石已从阿富汗巴达克山辗转输往美索不达米亚。

研究上古时中亚和西方商贸，天青石是一把关键性钥匙。分析和比较中亚和西方各古代遗址中的天青石制品，通过其造型，特别是刻在圆筒印章上的图案和文字，我们可以确定其相互关系和年代，还可以推测出，从很早的时候起，由亚洲腹地到西亚，并由西亚到北非，就存在着实实在在的物资交流，存在着古老的商道。这条古老商道就是丝绸之路西段的雏形。

---

① 约公元前4300年—公元前3500年。

② 约公元前2900年—公元前2371年。

通过各文明遗址的遗物，我们可以断定，沟通东西方的商道至少在公元前3500年就存在。虽然只有原始的转运式货货贸易，但那时人们探索世界，开拓东西方商道的精神难能可贵，也是丝绸之路精神的宝贵来源。

2. 雅利安人被迫向外迁徙

谁开拓了古老的东西方商道呢？

据最新考古成果显示，天青石贸易之路形成年代初步确定在欧贝德文化后期。它形成的外力就是雅利安人[①]的迁徙。

雅利安人起源于锡尔河以北草原地带的“游牧世界”，其中心地在中亚北部草原，但也分布于东至阿尔泰山及巴尔喀什湖周围地区，西到咸海、里海以北及北高加索一带——那里也存在雅利安人的部落或者相近人种部落。

在很久很久以前，这一带非常适合放牧。由于游牧民族人口增加、畜群膨胀，因此需要扩大牧场，不得不向四周扩张。而一旦遇到自然条件突然恶化，例如遇到气候剧变的寒冷期或干旱期时，为了求生存，他们就不得不向外迁徙。此外，游牧民族全民皆兵，崇尚暴力掠夺，而马匹、车辆又是那个时代最先进的运输工具。凡此种种，都成为他们向外扩张和战胜邻人的先决条件。

锡尔河以北草原地带地形比较特别，向北翻过丘陵地带后，就是西伯利亚冻土带的森林和沼泽，不利于他们大规模地迁徙，他们可选择的方向就是向西、向南以及翻越大山向东。

无论是西域诸国，还是在锡尔河以南的绿洲，直至公元6世纪以前，还都住着印欧语系的人。而这些人和草原上印欧语系的游牧人并无种族和语言上的不同。印欧语系的古代居民，其祖先就是雅利安人。

约公元前2000年，或许因气候变化所致，雅利安人开始向外迁徙。起初只有少数人迁徙，另一些人跟着；稍后，有更多人仿效他们往外迁徙；再到后来，雅利安人以部族为单位向外迁徙，对外形成迁徙洪流。这股迁徙洪流一直持续到公元前1000年左右。而后的迁徙浪潮余波还在持续。

---

① 雅利安人是对印欧语系各民族人民的不科学的总称，参见《辞海·民族分册》（上海辞书出版社1982年版）第197页“雅利安人”条。

雅利安人这次缓慢而又持续不断的迁徙运动，起初的目地并不明确，是多方位向外迁移。当时，他们并未形成国家，没有统一的指挥，各部落陆续离开草原，要么获得新的土地生存下去，要么整部落灭亡，完全受大自然摆布。

雅利安人生活区域的西部是咸海、里海、黑海周边的低地、平原，山地、高原比较少，有良好牧场，便于游牧。于是，他们沿着这些低地、平原向西前进。他们的后裔陆续迁到了波罗的海、大西洋及地中海北部欧洲沿岸。在缓慢地迁徙中，他们逐步形成操印欧语系各种方言的欧洲民族。

雅利安人迁徙的主流方向是向南。公元前 2000 年时，许多雅利安人部落由锡尔河以北大草原向锡尔河、阿姆河流域迁移，最终分布于整个中亚。随着他们的到来，这一地区的原住民不是被他们消灭，就是被他们同化。经过五六个世纪的移民，雅利安人已占据兴都库什山以北地区。

在迁徙过程中，受当地原住民的影响，雅利安人的语言逐渐发生了分化。原始印欧语系的雅利安人分为东西两支，讲着不同的方言。

过了许多年，南下的雅利安人各部落再次朝三个方向扩展：向东的一支到塔吉克斯坦、吉尔吉斯斯坦和阿富汗东北部山地，后来越过帕米尔高原，迁徙到中国新疆一带；向西的一支则爬上了伊朗高原，到达伊朗高原东北部，逐步成为那里的主人，被称为伊朗－雅利安人；向南的一支进入印度次大陆，被称为印度－雅利安人。

3. 雅利安人是拓路先锋

雅利安人再次迁徙，开启东西方最古老商道的开拓之旅。

向西迁徙的雅利安人是开拓最古老商道的主力。他们分为许多互不统属的部落，出发时间相异悬殊，分成若干批次向伊朗高原西部进军。米坦尼人和赫梯人最早迁徙到伊朗西北部、美索不达米亚北部和小亚细亚东部。

公元前 1700 年，雅利安人驱逐了阻碍他们西进的胡里特人和加喜特人。加喜特、喜克索斯等游牧民族抵挡不住雅利安人的进攻，便南下到美索不达米亚的巴比伦尼亚，或者沿着地中海东岸，穿过西奈半岛进入埃及，去寻找新的生存之地。

大约公元前 1500 年，在美索不达米亚北部，一些胡里特人与雅利安人混合的小王国联合起来，建立强大的米坦尼王国。米坦尼王国曾打败亚述帝国，让其成为属国，还与埃及新王国初期的法老们以及赫梯王国争夺叙利亚，是当时的西亚军事强国。

公元前 2000 年左右，雅利安人的一个分支——赫梯人进入了小亚细亚安纳托利亚中部的卡尼斯、哈图斯等地。他们是最早出现在小亚细亚的雅利安人。亚述人到小亚细亚安纳托利亚进行商业殖民时[①]，发现许多赫梯人建立的小城邦。公元前 1800 年，赫梯人建立的库萨尔城邦开始进行军事扩张。不久，他们制止了亚述人的商业殖民活动。到公元前 1700 年，他们迁都到哈图斯，南征西里西亚，疆界达到地中海岸边，形成著名的赫梯国。

赫梯人非常有商业头脑。他们早期向外扩张有明显商业目的，进行军事征服的最直接目标就是谋求商道控制权。当时，锡是安纳托利亚制造青铜器所必需的添加原料。为了控制从巴比伦到地中海运输锡的商道，赫梯人毫不犹豫地发起了战争。

① 指公元前 19 世纪。

不过，米坦尼人、赫梯人等雅利安人的西进并没有使西亚地区雅利安化，相反，他们被当地人吸收融合。公元前1500年到公元前900年，亚述人趁着米坦尼王国衰落之机，再度崛起，成立强大的帝国。米坦尼人等操印欧语系的雅利安人大部分被纳入亚述帝国，成为其臣民，被其同化。

亚述对米坦尼的胜利，除血腥征战外，还在于他们有效地控制了西亚的商道。亚述人非常重视保护商道安全，将保证商道安全作为军队的主要任务之一。在亚述西部，亚述人牢牢控制着幼发拉底河上的渡口，打开通向叙利亚的商道；在其东部，他们在底格里斯河以东建立许多小国，起着疏通由美索不达米亚通向伊朗高原重要商道的作用，对发展东方各国的贸易也至关重要。

公元前1500年至公元前1100年，随着加喜特巴比伦、米坦尼、安纳托利亚部落、梵湖一带乌拉尔图以及叙利亚的被征服，亚述帝国基本控制东西方商道。公元前1300年，在位于上扎布河入底格里斯河的河口地带，亚述王萨尔玛那萨尔一世修建卡拉赫城作为他的行宫。

卡拉赫城是重要商道的交叉点，向东通往扎格罗斯山，向北通往乌拉尔图，向西北通往米坦尼，向东北进入伊朗北道，顺河南下到达美索不达米亚平原。亚述人全力控制和经营商道，使亚述帝国各地交通和商贸活动更加便利，帝国都城尼尼微一时间商业繁荣，商人云集，“多过天上之星”，使得西亚经济文化交流达到了新水平。

不仅如此，亚述人进一步加强各地商道的建立和管控，使之成为一个完善的系统。西亚的东西商道就是在他们手中变成非常系统完善的交通系统的。

在以后的数个世纪里，那些当初留在伊朗高原东部各地的雅利安部落，又沿着先辈冒险走过的旧路，步步为营，徐徐向西渗透。最后，他们成为覆盖整个伊朗高原的居民，和美索不达米亚一带的闪米特人成为邻居。

公元前20世纪末和前10世纪初，生活在美索不达米亚的许多人都臣服于亚述帝国。亚述帝国开始向四处扩张势力。亚述王萨尔玛那萨尔三世曾派兵征服了北起亚美尼亚、南尽波斯湾头、东自扎格罗斯山、西迄地中海东岸的广大地区，但对伊朗高原的米底人却无可奈何。

由于米底人在地形上处于居高临下的位置，亚述人不得不调集军队，与米底人反复较量。双方的战争约从公元前1000年到公元前600年，前后持续了

400 年。这是一场旷日持久的战争，但也说明，至迟在公元前 900 年，伊朗高原大部分已为伊朗－雅利安人所占有。

伊朗－雅利安人西进路线大体上是伊朗北道。他们先分布在伊朗高原北部到小亚细亚东部安纳托利亚一带，后来才进入伊朗高原南部。

在伊朗－雅利安人向西亚挺进的同时，公元前 20 世纪中期，另一支印度－雅利安人在一批一批地向南推进，最终占领南亚次大陆绝大部分地区。

雅利安人入侵印度河流域后，自称雅利安，即“高贵的人”，称土著居民达罗毗荼人为黑皮肤、没有鼻子的“达萨”或“休达”。通过漫长激烈的征服战争，雅利安人将土著居民杀戮、吞并、奴役或驱逐到印度次大陆南端，控制了包括印度河流域和恒河流域在内的北印度平原和大部分德干高原。

观察雅利安人迁徙的大致路线，对比丝绸之路，我们发现丝绸之路西段早在公元前 2000 年至公元前 1000 年已经具备雏形，只不过那时的贸易是原始的。

这条远古的东西商道大致走向是：由中亚出发，向西经伊朗高原北部的伊朗北道到达两河流域上游[①]，向南经阿富汗到达印度，向东越过帕米尔高原到达中国新疆。

---

① 从这里出发，经美索不达米亚平原抵达波斯湾；或横穿小亚细亚、过黑海海峡到达欧洲；也可经叙利亚、巴勒斯坦至埃及。

4. 牧民有通商优越条件

公元前 2000 年至公元前 1000 年，雅利安人大量迁出中亚北部草原，仍留居于原地的少数雅利安人又与陆续游牧到这里的其他部落融合起来。经过几个世纪的发展，他们再次形成一系列游牧民族，如偏东的塞人[①]、中部的马萨革泰人、西部的斯基泰人等。这些游牧民族的迁徙也为开通东西商道作出了巨大贡献。

草原地带游牧民族不断流动和迁徙，而中亚西北部到欧洲的地形相对平坦。在流动过程中，他们逐渐打通欧亚大陆北部的“草原之路”——这条商道的形成时间不会晚于农耕世界“绿洲路”的形成。

草原上的游牧民族具有通商的优越条件：在连接欧亚大陆东西之间的陆地商道中，草原之路的距离是最短的；草原之路所经地区较为平坦，大部分是低地、平原，很少有人迹罕至的沙漠和高山；最关键的是，他们拥有古代最便捷的交通工具——马，且喜欢四处流动。商业活动带来的利润也远非放牧可比，对草原民族有巨大诱惑力。凡此种种，说明骑马的游牧民族是东西方商贸最佳的“中介人”——通过他们可以较为迅速地达到物品文化交流目的。

最迟在公元前 700 年，一条从黑海北岸出发，翻过阿尔泰山，到达蒙古高原的草原之路，至少是从黑海北岸至阿尔泰的草原之路，已被希腊商人和斯基泰人的商队所了解。当时，游牧于这条路线所经过主要地区的民族，被希腊人称为斯基泰人——他们是使用雅利安系伊朗语族北支的部落。

公元前 7 世纪至公元前 4 世纪，斯基泰人控制了从西到东的草原商道，从事着黄金贸易。这条草原之路也被斯基泰人称为黄金之路。

在斯基泰贵族中，谁操纵黄金贸易权，谁就掌握王权。在斯基泰的传说中，黄金与王权关系非常紧密。而希腊商人参与草原之路的交易，导致东西方的商贸状

---

① 塞人是塞种人的简称，属伊朗语支以及欧罗巴人种印度地中海类型。据史料记载，距今 3000 多年前，塞种人就已活动在葱岭、天山及新疆北部大部分地区，“随畜逐水草”。

态发生了根本性变化——商品交易具有越来越明显目的性，越来越专业化。

斯基泰人享受黄金之路带来的福利没多长时间，就因为环境气候的变化不得不大规模迁徙，而伴随迁徙的就是战争。

在公元前 1000 年至公元前 800 年，东亚和北亚遭遇寒冷期，蒙古高原上长期干旱。蒙古高原上的游牧民族一部分南迁，但遭到中原各国的顽强抵抗，另一部分西迁，向西寻找新的生存之地。

到公元前 700 年左右，草原民族大迁徙已经形成潮流，从亚欧草原东部到西部，希伯尔波利安人、阿里马斯比亚人、伊塞顿人、斯基泰人、马萨革泰人、西梅利安人等游牧民族，都发生了大规模西迁活动。除希伯尔波利安人外，其他西迁游牧民族都一直不断地和相邻民族作战——各民族之间为争夺生存之地而混战。

阿里马斯比亚人首先掀起西迁浪潮，是这波民族迁徙大潮的先锋。阿里马斯比亚人把伊塞顿人赶出其国土；伊塞顿人又把原来就在亚细亚游牧的斯基泰人驱逐，迫使他们西迁；原居住在黑海北岸的西梅利安人又因斯基泰人入侵而不得不离开自己的国土。

为躲避斯基泰人的攻击，西梅利安人向右沿着黑海东岸南下，穿过今格鲁吉亚，翻越高加索山，然后沿黑海南岸折向西，逃到安纳托利亚和小亚细亚西部，在那里寻找生存之地。

此时，小亚细亚的吕底亚王阿尔杜斯正忙于向小亚细亚西部海岸扩张。西梅利安人进入小亚细亚西部后，一度占领萨尔狄斯城。后来，西梅利安人又紧步吕底亚人后尘，抢掠小亚细亚西海岸的各希腊城邦。直到阿尔杜斯的孙子阿律阿铁斯做吕底亚国王时，斯基泰人才“把西梅利安人驱除出小亚细亚”。

在追击西梅利安人时，胜利的斯基泰人翻越高加索山后，并未沿黑海南岸向西折回，因“迷失道路……最后竟把路转向内地而进入米底的领土”。斯基泰人来到乌尔米耶湖地区，与米底第三代国王库阿克萨列斯率领的军队遭遇。当时，米底人正与亚述人作战，“在一场战斗中，亚述人被打败了，库阿克萨列斯已经把这个地方包围起来……”“斯基泰人在那里曾遇到米底人的抵抗，米底人被他们打败，从而丧失了他们的帝国。斯基泰人就成为全亚细亚[①]的霸主”，“这

① 此处指波斯西部高原地带。

样，斯基泰王玛杜阿斯统治上亚细亚达28年之久”。

斯基泰人对米底28年的统治中，由于暴虐无道和忽视农耕，使土地荒芜殆尽。后来，在一次宴会上，米底王库阿克萨列斯设伏杀掉斯基泰人的首领们，并武力驱逐斯基泰人。斯基泰人的残部被迫从小亚细亚回到今乌克兰境内。

这次胜利保证了米底王国侧翼的安全。米底王库阿克萨列斯得以腾出手来转向南方。后来，米底人与建立新巴比伦王国的迦勒底人联手，南北夹击，在公元前612年攻陷亚述帝国首都尼尼微，消灭了强大一时的亚述帝国。

在公元前700年左右的民族大迁徙中，由于诸民族一波又一波地相互攻击，侵占邻族土地，形成了一道由东向西滚动的波涛，终使“草原之路”在相对较短时间内得以通行，使黄金、毛皮、大黄等商品得以流通。又因西梅利安人和斯基泰人先后从黑海、里海之间的高加索南下，由北方“草原之路”到南方“绿洲路”的纵向通道也开通了。从此游牧民族可与伊朗高原西部、小亚细亚甚至美索不达米亚的绿洲农耕居民进行商贸活动。这是丝绸之路开拓史上一个显著进步。

5. 希腊人走出黄金之路

在斯基泰人积极西迁时，正在积极开拓商贸之路的希腊人也在东进。两者相遇，居然没有爆发战争，而是相互合作，一起做交易。在交往和接触中，希腊人嗅到商机，开始有意识地去寻找和开拓通向东方的商道，与东方民族做生意，赚取更大的利润。希腊人疯狂追求利益的举动，无意间为探索通向东方的商道奠定了坚实的基础。

为向希腊本土的雅典等城邦提供粮食、鱼干和其他农副产品，希腊人在黑海海岸线一带建立殖民城邦，并经常深入斯基泰内地收购物品和了解情况。他们要到草原丝绸之路东段收购黄金、毛皮等产品，也要经过斯基泰人的居住地或者游牧地。遇到新奇物品，他们便将其收购，运到希腊本土去出售，赚取巨额利润。

随着希腊商人逐步东进，与斯基泰人进行黄金、毛皮的贸易方式形成。

在多瑙河口至顿河河口海岸线上，希腊人的殖民城邦星罗棋布。那些殖民城邦的北边就是斯基泰人居住的地方——斯基提亚。从东至西，斯基提亚分布着“王族斯基泰人”“游牧斯基泰人”“农耕斯基泰人”①“农业斯基泰人”②。

斯基提亚有许多大小河流从北向南流入黑海，比较大的有伊斯特河、杜拉斯河、包律斯铁涅司河、叙帕尼司河、塔纳伊司河等。希腊是海洋商业民族。众多河流为希腊人开拓商业殖民提供了天然便利。希腊人溯河而上，进入斯基提亚收购农产品和畜产品。而斯基泰人也到沿海城邦求购希腊工艺品。希腊人和斯基泰人相处得还不错。

希罗多德说：“王族斯基泰人”的领地向东延伸到“麦奥提斯湖湖上称为克列诺伊的商埠”。它就是亚速海东北角塔甘罗格湾的塔奈斯，中古时代称塔纳，

---

① 指播种和食用麦子、洋葱、大蒜、扁豆、小米等的斯基泰人。

② 指只出售和播种麦子的斯基泰人。

距今罗斯托夫不远。希腊商人和斯基泰商队从这里出发，渡过顿河，进入梭罗马泰人的居地。

希罗多德说：“越过塔纳伊司河后，便不再是斯基提亚；首先到达的地区属于梭罗马泰人，他们的领地开始在麦奥提斯湖和凹入的那个地方，向北（应该为东北向）扩展了有15天路程的领土，那里既没有野生的树木，也没有人工栽培的。”“在他们（梭罗马泰人）的上方（实际是东北方）的第二个地区住着布迪尼人，他们居住的地方到处长着各种茂密的树木……布迪尼是一个人口众多的大民族。他们都有非常淡的青色眼睛和红色头发。他们有一座木造的城市，称为盖洛诺斯……城墙很高，是木头造的。他们的家宅和神殿也是木头造的……原来盖洛诺斯人的根源乃是希腊人，希腊人被逐离他们的商港而居住到布迪尼人中间来；他们所讲的话一半是希腊语，一半是斯基泰语。但是，布迪尼人所讲的话和盖洛诺斯人不同，他们的生活方式也不同……布迪尼人是当地土著。他们是游牧民族……盖洛诺斯人是务农的……他们国土到处都茂密地生长着各种各样的树木，在树林深处有一个极阔大的湖，湖四周是长着芦苇的沼地。人们在湖里可以捕到水獭、海狸……”

不难看出，布迪尼人境内森林茂密，他们用木头造房子，用木头造城池。没有原始森林和大量木材是无法造出木城和神殿的。从现代地理学角度进行考察，学者们认为，只有在伏尔加河西岸的沿岸高地才间或有森林地带。

布迪尼人领土面积很大，其主要部分在萨拉托夫以上伏尔加河沿岸。商道也仅仅是从布迪尼人居住地南境的边缘掠过。商人们不需要深入布迪尼人内地的森林湖沼区。因为他们的主要任务是到东方收购黄金，而且布迪尼的土产多由当地人沿河向南运到商道交叉点上，根本不需要深入其内地。

希罗多德说：“在布迪尼人以北[①]，在7天行程中间是一片无人居住的地区”，是“一片荒漠地带”。不过，这片“无人居住的地区”，比起丝绸之路东段的塔克拉玛干大沙漠，依然是小巫见大巫。

杜撒革泰人居住在乌拉尔山南麓一片适合狩猎的宽广地域。这个地方向北是孔扎科夫岩，在叶卡捷琳堡以南山脉南段。这里平原、丘陵交错，东部是茂

① 实为布迪尼人南境以东。

密的森林，有野生动物出没，非常适于狩猎。

希罗多德说："紧接着这些人（指杜撒革泰人）并在同一地区还住着一个叫尤尔开的民族。这些人也是以狩猎为生的。"

尤尔开人的居地位于伊希姆河中游的草原地带。伊希姆河几乎与杜撒革泰人领地内的托博尔河平行，向东北注入额尔齐斯河。

希罗多德说：越过尤尔开人居住的地方，"再稍稍向东，又是斯基泰人居住的地方了，他们是谋叛王族斯基泰人之后才来到这里的"。"分裂"的斯基泰人实际上是斯基泰主体西迁滞留在这里的部落。他们在伊希姆河中游半草原地带东南部，在伊希姆河与额尔齐斯河夹角当中。

希罗多德说："直到这些斯基泰人所居住地区，上面所说到的全部土地都是平原，而土层也是很厚的；但是，从这里开始，则是粗糙的和多岩石的地带。过了很长的这一段粗糙地带，有人居住在高山山脚之下。这些人不分男女，据说都是生下来便都是秃头的。他们是一个长着狮子鼻和巨大下颚的民族。他们讲着特有的语言，穿着斯基泰衣服。他们以树木果实为生……由于那个地方牧场不好，他们只有为数不多的畜类。他们每人各居住在一棵树下，到冬天就在树四周裹上一层不透水的白毡，夏天便不用白毡……没有人加害于他们，他们没有任何武器。在邻国民众之间发生纠纷时，他们是仲裁者。而且，任何被逐放的人一旦请求他们庇护，这个人便不会受到任何人的危害。他们被称为阿尔吉帕伊人。"①

阿尔吉帕伊人住在阿尔泰山北麓。根据希罗多德的记录，希腊商队大体应该继续朝着东方前进，到巴甫洛达尔附近渡过额尔齐斯河，穿越它与鄂毕河间的草原地带，径直到达阿尔泰山北部地区。阿尔泰山北麓是阿尔吉帕伊人居地，是希腊商人的终点站，即希腊人或斯基泰人商队所到东方的最远地方。

① 以上引自［古希腊］希罗多德：《历史》，王以铸译，商务印书馆，1997年。

6. 东西方商贸天然分界线

阿尔泰山北麓是西方塞族人向东渗透的必经之地，也是东方蒙古利亚人种向西渗透的必经之地。阿尔吉帕伊人很可能就是后世大批西迁的大月氏人的先祖。

在阿尔泰山北麓地区，有个令人不可思议的分工。希腊人和斯基泰商队负责向西贩运黄金等主要商品，而大月氏人负责向东贩运玉器——阿尔泰山所产的玉。在丝绸之路全线开通前，阿尔泰山成为东西方商品贸易的分界线。而中国产的丝绸最早就是从这里运到西方去的。

《管子·揆度》中多次提到玉出“禺氏之边山”①。阿尔泰山北部地区虽然是塞人的地盘，也有大月氏先民混居其间。他们已入乡随俗，或已隶属于以巴泽雷克为中心的塞人王国。他们不但熟悉周围的塞人，也熟悉西去的东方人，充当着东来西往人种之间在商贸、战争、媾和、宗教、相互庇护等方面的“中介人”和“仲裁者”，甚至充当巫师。

当希腊商人和斯基泰商队来到阿尔泰山北麓时，必先去找神圣的阿尔吉帕伊人，让他们充当中介人，以帮助推销或收购商货。而大月氏人则负责将货物东运。

因此，草原之路从黑海北岸延伸到阿尔泰山北麓，希腊商人和斯基泰商队走到尽头了，但商路还在向东继续延伸。事实上，从阿尔泰山出发，还有三条商道——顺着阿尔泰山东北坡向东南方向前进，进入科布多盆地，最终可以抵达蒙古高原；顺着西萨彦岭南麓东行，经叶尼塞河上游或唐努乌梁海，可以抵达贝加尔湖以南地区；绕过阿尔泰山西缘南下，经斋桑湖畔，可以进入准噶尔盆地。

大月氏纵横在蒙古高原西部，垄断了从阿尔泰山向东的商贸，希腊人和斯基泰人开拓东西方商道的探索也只能到此为止了。

---

① 禺氏即月支，亦称大月氏。大月支人当时住在阿尔泰山东南。禺氏之边山指大月支部落西边的阿尔泰山。

第三章

开拓中西亚商道，波斯人顺势崛起

借助古老商道，波斯崛起，几乎控制了世界三大古文明中心，疆域接近第四个文明的边缘。波斯帝国崛起后，原有的商道空前地有、系统地联系起来，商贸活动空前便利，并将原有商道延伸到非洲和欧洲，为丝绸之路最终开通奠定坚实基础。

1. 重商战略推动波斯崛起

希腊商人和斯基泰商队往返于游牧地区做贸易，南方农耕地区也发生翻天覆地的变化——重商的波斯人迅速崛起。他们不像古代中国人一样重农抑商，而是对商业相当重视，将重商提升到国家战略层面，不惜动用国家力量为经商服务。

为控制东西商道，谋取利益，波斯人沿丝绸之路西段的绿洲进行远征，不断兼并各绿洲城邦，不断探索通向未知地区的商道。在公元前 6 世纪下半期，波斯人建立了世界历史上第一个地跨欧洲、亚洲、非洲的帝国，使西亚、北非、欧洲的商道第一次系统性连接起来，扩大了波斯人经商的领域。

东西方交流、与游牧地区的长期交往，为波斯崛起奠定基础。因为波斯人向东扩张基本上是按照其先祖雅利安人向西迁徙时的路线逆向行进的。从某种意义上说，波斯的崛起是波斯由区域性交通中心发展为三大洲际世界交通中心的结果，是长期以来人们在“天青石贸易之路”“印欧语系人迁徙之路”“斯基泰黄金毛皮贸易之路”上，在经济、政治、文化等各个领域中交往、联系，不断发展和扩大的产物。

波斯崛起后，帕米尔高原以西各陆路通道成为其国内道路系统的一部分，从葱岭西麓到地中海沿岸的东西商道，因统一管理而畅通无阻。在各段商道上，有来往调遣的大规模作战军团及其后勤保障人员，有专门维护道路安全和畅通的军人，有在波斯各行省之间贩运货物的商人，当然也有因政务需要出差的官吏。在商道体系中，经商的人都在追求以更快的速度、更大的货流量运输商品。在这种背景下，丝绸之路西段进入空前繁荣的时代。

波斯原臣属于米底王国。米底王国在反抗亚述帝国斗争中逐步强大起来。米底王国与亚述帝国连年战争，斯基泰人又南下入侵米底王国，米底王国疲于应付外患。波斯人在南方趁机独立，抓住历史机遇崛起。

公元前 558 年，波斯首领居鲁士二世称王，定都帕赛波里斯，宣布独立建国。公元前 553 年，米底内讧，国内局势不稳，居鲁士二世趁机率军北上，进攻米底王国。在帕萨迦迪，波斯军和米底军进行大决战。当米底人和波斯人两军相会和交锋之时，只有一部分米底人作战；其他的人则公开投到波斯人一方面去；而大部分的人则故作害怕的样子临阵脱逃。在大决战中，米底军被全歼，米底国王阿司杜阿该斯被俘虏。

波斯军的脚步并未就此停住。他们继续沿商道北上，攻陷米底王国的都城埃克巴坦那，并将埃克巴坦那作为波斯第二都城。埃克巴坦那是重要的商业城市，向西可抵达小亚细亚，向南可抵达美索不达米亚平原，向东连接着伊朗北道。

占领埃克巴坦那后，居鲁士二世以此为基地，兵分两路，同时向东向西进军，目的在于征服各城邦，疏通东西方商道，将商道能通到的地方纳入波斯领土之内。

这一次，与此前数千年民间自发开拓商道有明显的不同，它是由国王有意识主导的，将军事行动和商业活动融为一体的行动。这一行动开始后，原先因商道而富裕的城邦，现在因商道而亡，被波斯一一兼并，最后成为强势崛起的波斯的属地。

波斯人首先打通的是帕赛波里斯—帕萨迦迪—埃克巴坦那沿扎格罗斯山东侧的南北纵向大道。这条大道不仅是波斯大军和军需辎重通行的道路，也是战后各种商货物资输运的通道，丝绸之路西段的重要组成部分。据《巴比伦编年史》记载：居鲁士二世通过这条大道，把由埃克巴坦那掠夺到的黄金、白银及其他财宝作为战利品运到帕赛波里斯。

波斯人沿着商道进军的战略出乎意料的成功。第二年，波斯军又征服埃兰，将埃兰首都苏撒作为波斯第三首都。苏撒位置也极其重要。它可以西下美索不达米亚平原，还与帕赛波里斯、埃克巴坦那在伊朗高原上形成掎角之势，直接威胁着新巴比伦王国。换句话说，一旦占领此地，波斯人对新巴比伦王国就取得战略上的主动。

居鲁士二世颇具谋略，他很想征服新巴比伦王国，但并未急于求成派兵去攻打。公元前 549 年至公元前 548 年，居鲁士二世命令波斯军从埃克巴坦那出发，沿西北古道去进攻尼尼微。波斯军的战斗力惊人，相继击败亚述、亚美尼亚、希尔卡尼亚等国，并迫使它们向波斯投降。这样一来，波斯对新巴比伦王国形成战略包围，切断其对外通商道路，断绝其财路和外援。不过，波斯人还是没急着去进攻新巴比伦王国。

随后，波斯人攻入小亚细亚，占领卡帕多细亚。此时，周边只剩下西部强国吕底亚没征服。吕底亚与希腊城邦相接，在文化与商业上是东西方之间的桥梁，国内有很多优秀商人和熟练工匠。在与希腊人、亚述人、米底人商业交往中，吕底亚人积累了大量财富。在克洛伊索斯统治时期[①]，吕底亚的国势登峰造极，富甲天下，东部边界到达哈里斯河流域。

波斯人势如破竹，强势崛起，引起吕底亚国王克洛伊索斯的惊慌。他想联合斯巴达、新巴比伦、埃及共同对付波斯。公元前 547 年，吕底亚国王克洛伊索斯决定先发制人，率军进攻卡帕多细亚。不过，这次军事行动失败了，他不得不退回萨尔狄斯，困守都城，等待杳无音信的"三国援军"。

波斯军不给吕底亚人喘息机会，紧追不舍，一口气追到萨尔狄斯城下。吕底亚人勇武好战，"他们通常是在马上作战的，他们手持长枪而且操纵战马技术也很高超"。当吕底亚骑兵在城外布好阵势时，居鲁士二世立即下令，把驮运辎重的骆驼集中起来，以骆驼兵对抗吕底亚骑兵。

骆驼个子比马大，冲锋起来形成的气势会更强大一些。居鲁士二世的决定起到了出奇制胜的效果。吕底亚战马从未见过骆驼这种"怪物"，也受不了骆驼"怪异的气味"，见骆驼那种庞然大物集体冲锋，不由自主地吓得后退。波斯军士气大振，趁机冲锋，吕底亚全军溃败。

萨尔狄斯城被围 14 天，终被攻破。全城惨遭洗劫。国王克洛伊索斯成为波斯人的俘虏。

面对小亚细亚西海岸的希腊城邦，波斯人软硬兼施，一方面武力征服，另一方面贿赂分化。这些小城邦根本没抵抗力，相继对波斯称臣。

征服小亚细亚对波斯人意义重大。这不仅使新巴比伦王国更加孤立，而且从"上海到下海"[②]的交通路线以及从伊朗高原到爱琴海及黑海的商道，全部被波斯纳入掌控之下。波斯利用过境商税、被征服地区上缴的贡金和直接掠夺的

---

① 指公元前 6 世纪上半期。

② 此处上海指地中海，下海指波斯湾。

财富壮大势力，强化军队，又为进一步向东扩张奠定了基础。

在埃克巴坦那以东，有帕提亚人、塞人、巴克特里亚人以及科拉斯米亚人。在米底王国灭亡时，他们已归降波斯。居鲁士二世任命其堂兄希司塔佩斯[1]为东部行省总督，监管东部地区各商道。

① 大流士一世的父亲。

2. 居鲁士二世的雄心壮志

公元前 545 年，居鲁士二世亲率波斯军从埃克巴坦那出发，沿伊朗北道向东方进军。他们渡过阿姆河，进入索格底亚那后，在锡尔河南岸修筑了 7 座城，连成一道防线，以防御马萨革泰人南下侵扰。

在 7 座城中，马拉干达是丝绸之路沿线重要的一站。不难看出，波斯人修建城市，防御游牧民族的进犯是一个目的，还有另一个重要目的是控制东西商道。毕竟对当时的波斯人来说，商道就是生命线。

除亲率大军到锡尔河畔外，居鲁士二世还派一支军队沿着伊朗南道，齐头并进，向东方发起进攻。这支波斯军从帕赛波里斯出发，向东进入卡尔曼尼亚，然后一路进入锡斯坦，沿着赫尔曼德河东进，经过阿拉霍西亚，再北上到印度河上游的旁遮普地区。

还有一支偏师沿莫克兰海岸东行，经过伽德罗西亚后，到达印度河中下游的信德地区。

在东征中，波斯有效地控制了伊朗南道和伊朗北道经过的所有地区，并在那些地方设省，建立统治机构，以保障地方安全和商道畅通。丝绸之路西段在伊朗高原空前畅通，各种商品交流空前安全和便利。

沿丝绸之路西段从西亚到中亚征战一圈后，居鲁士二世才回戈向西，去征服美索不达米亚平原上的新巴比伦王国。

此时，新巴比伦国王纳波尼德已大失人心，在国内搞得离心离德。他有个特别的癖好，喜欢收集神像，越古老的越喜欢。于是，他令人到处发掘古庙，寻找古老的神像，结果先后将马拉达、扎巴巴、基什、宁利尔、胡尔萨格卡拉马、阿卡德、埃萨吉拉、乌尔及其他巴比伦尼亚城市的神像运送到巴比伦城，供他个人收藏和欣赏。此举激起各城贵族显要、僧侣集团及普通民众的反对。

波斯军打过来后，纳波尼德亲自率军北上西帕尔，准备在那里进行阻击。出乎意料的是，西帕尔城的守军不战而降，直接将波斯军放进城。纳波尼德中途得知消息，只好率军迅速返回巴比伦城。纳波尼德狼狈逃回巴比伦城后，城内祭司集团把他抓起来，等到波斯军来到巴比伦城下，就打开城门，将纳波尼德献上。

公元前 539 年，居鲁士二世兵不血刃占领巴比伦城，灭掉新巴比伦王国。随即，他下令将巴比伦城定为波斯第四都城。

波斯兼并新巴比伦后，居鲁士二世下令将纳波尼德劫往巴比伦城的各邦神像返还各城，恢复各城原有的宗教信仰；将尼布甲尼撒二世抓到的巴比伦城郊整整半个世纪的所有犹太人[①]一律遣返耶路撒冷，命令他们重建耶路撒冷圣殿，“给他们白银、黄金、一群牲畜以及献给耶路撒冷圣殿的祭品”“还有尼布甲尼撒王从耶路撒冷圣殿掠往巴比伦的金银器皿[②]，要悉数归还耶路撒冷原来的地方”。

居鲁士二世很自信，在被征服区域实行开明宗教政策，威望大大地提高。地中海东岸叙利亚各邦得知相关消息，纷纷臣服于波斯。趁此机会，居鲁士二世把叙利亚和巴勒斯坦并为巴比路士省。从此，黎凡特各口岸成为波斯人西进地中海域的门户和港口。

至此，从地中海到锡尔河畔连成一片，在波斯控制和保护下，整个丝绸之路西段空前畅通。

控制东西商道是居鲁士二世的战略决心，容不得任何人染指。那些驻牧于锡尔河北岸的马萨革泰人，不时骚扰波斯边境。公元前 529 年，居鲁士二世又沿着丝绸之路西段第二次奔赴中亚，目标是消灭那些骚扰波斯边境的马萨革泰人。

到达河中地区，居鲁士二世令人在锡尔河上架起大桥，然后率军深入锡尔河北的草原腹地。这是一场实力悬殊的战争，结局却令人瞠目结舌。对波斯人而言，他们企图一劳永逸消除隐患；对马萨革泰人而言，这一战的结局决定着部落的生死存亡。双方都全力以赴，志在必得。

战局非常激烈，双方各有胜负，马萨革泰人略处下风，其王子被杀死。当时，马萨革泰首领是一位女王，叫托米丽司。丧夫又丧子，托米丽司悲愤至极。在最后决战关头，她把“国内全部军队纠合起来和居鲁士二世交锋”，“结果马萨

---

① 囚禁犹太人的事件史称巴比伦之囚。

② 此处指公元前 597 年掠走的圣殿法器。

革泰人取得了胜利。波斯的军队大部分都死在那里，而居鲁士二世本人也在统治了二十九年之后在这一场战争中战死了”。

居鲁士二世雄心勃勃地出征，却出师未捷身先死。他儿子冈比西斯二世继位。冈比西斯二世分析当时形势，决定不再穷追残余的马萨革泰人，跟他们拼个你死我活，而是以征服埃及为己任，扩张帝国领土，提升帝国士气。

公元前 525 年，冈比西斯二世率军远征埃及，大败埃及军，活捉埃及法老普撒美尼托斯三世，彻底征服上下埃及。冈比西斯二世给自己加上法老头衔，兼任埃及法老。自此，埃及丧失独立地位，三千年由法老统治的时代宣告终结。

冈比西斯二世并没止步于此，派军向西远征利比亚沙漠中的锡瓦绿洲，向南征服“长寿的埃西欧匹亚人”[①] 以及努比亚人。这次远征并不顺利，充满悲惨色彩——远征努比亚因准备不足而失败，派往锡瓦绿洲的波斯军遭沙暴袭击而全军覆没。

正在此时，国内传来爆发高墨达起义的消息，冈比西斯二世匆忙赶回波斯，暴死于途中。

冈比西斯二世在位 6 年，波斯帝国的势力范围也从中亚一直扩展到非洲北部，而丝绸之路西段也由西亚地中海沿岸的黎凡特地区[②] 进一步延伸到北非。居鲁士二世当初的雄心壮志基本实现。

---

① 即埃塞俄比亚人。

② 包括今叙利亚、黎巴嫩、约旦、以色列、巴勒斯坦。

3. 从印度通到利比亚

居鲁士二世和冈比西斯二世功绩巨大，都死于征战途中，但波斯并没因为两个巨人的去世而辉煌不再，而是在另一个杰出人物的带领下，进一步走向高峰。

冈比西斯二世突然去世后，随军出征埃及的大流士一世登上王位，继续完成波斯的历史使命。

大流士一世比居鲁士二世更重商，对东西商道进一步开拓作出了卓越贡献：他沿着丝绸之路西段再度征服中亚、印度河流域和近东各地，疏通因叛乱而导致的商道堵塞；将丝绸之路西段进一步延伸到多瑙河下游，促进东西经济文化交流；进行大规模改革，在波斯内部修筑“御道”，保护和鼓励商贸活动。

大流士一世登上王位，当务之急就是镇压埃兰、巴比伦的叛乱。结果，巴比伦叛乱刚刚平定，埃兰、米底、亚述、埃及、帕提亚、马尔吉安那、撒塔巨提亚又先后起兵反抗波斯。大流士一世别无他法，只得一一重新征服，再造一个新波斯。再造新波斯实际也是重新梳理波斯境内商道的过程。

从波斯西部开始，大流士一世御驾亲征，他率军从巴比伦北上米底，击败叛军，并将叛军首领一一处以严刑。然后，他又派大军南下，去镇压巴比伦等地死灰复燃的叛乱。

经过一段时间奋战，波斯西部以美索不达米亚平原为中心的各条交通线，随波斯军频频往返征战和各地割据势力被镇压而再度疏通——强大的商道网络恢复了，人员物品来往的安全再次得到保障。

在东线，波斯帕提亚行省总督是大流士一世的父亲希司塔佩斯。为增援希司塔佩斯，大流士一世从米底拉加驻军中抽调精锐部队，沿伊朗北道急忙赶往帕提亚。经过一番激战，波斯军先后收复帕提亚、马尔古什等行省，将里海南岸连接中亚的伊朗北道再度全线打通。这一带的商业流通又获得了保障。

在再度疏通伊朗北道同时，大流士一世亲自率军去镇压伊朗南道上锡斯坦地区阿拉霍西亚等行省的叛乱。没多久，大流士一世实现了自己的目标，伊朗南道完全打通。

波斯局势稳定下来了，但大流士一世并未因此满足，一心想超越居鲁士二世和冈比西斯二世的历史功绩。休整两年后，他又率军沿伊朗北道亲征中亚。他说：“当我到达海（咸海）边之后，我率领全军（以舟桥）渡过大海到达对岸。……他们抓住其首领斯昆哈并送到我处，随后，我按照自己的意思，任命另一个（人）做首领，这个地区立即又成为我的……”波斯军的战斗力再次得到验证。大流士一世成功征服戴尖盔的塞人和海边的塞人，攻占了河中地区及锡尔河以北大片土地，超过居鲁士二世在中亚所占领土范围，将东西方商道扩展到葱岭山脚下。

公元前 517 年，大流士一世又派军越过兴都库什山，到达印度河流域，吞并旁遮普和信德地区。他将苏莱曼山到印度河平原一带设置为一郡，设专门机构进行管理。至此，印度河成为波斯在东部的边界。

大流士一世将印度的部分领土纳入交通网络中，印度次大陆商道与中亚商道连成网络。

大流士一世依然不满足现状，想知道印度河究竟“在什么地方入海”。他派波斯海军将领西拉克斯率军从喀布尔河与印度河交汇的卡司帕杜罗出发，顺印度河而下，直至大海。西拉克斯率军沿着印度河到达大海后，又沿海岸西航，对莫克兰海岸和阿拉伯海岸进行了考察，然后经过波斯湾，绕过阿拉伯半岛抵达红海，最后在苏伊士附近返回波斯。

这一次远征，他们开通了波斯海上交通线，成为后来丝绸之路西段商道又一个新选择。

大流士一世又在非洲扩充地盘，把利比亚全境纳入波斯版图，完成前任冈比西斯二世的未竟事业。

经过短暂几年征战，大流士一世不仅稳住了波斯局势，还进一步发展壮大，将波斯交通网络空前扩大，把从印度到利比亚的商道都联络起来了。

4. 将亚洲商道延伸到欧洲去

大流士一世不仅将亚洲和非洲的商道连接起来，还向欧洲扩张，直接把亚洲商道通到欧洲，建立系统的连接亚非欧三洲的商道体系。

在出兵欧洲之前，大流士一世做了大量准备工作："命令一部分人组建陆军，一部分人供应战船，还有另一部分人在色雷斯海峡上架桥。"

一切准备妥当后，公元前514年，大流士一世御驾亲征欧洲。波斯军从首都苏撒出发，先进入美索不达米亚，经过巴比伦城北上，到达尼尼微。这条纵贯美索不达米亚的交通线原本是一条古老商道。波斯军经过时，对古老商道进行了修整和扩建。这为军需运输和后续商贸往来提供便利。

大流士一世率军从尼尼微北部折向西部，横渡底格里斯河、幼发拉底河，穿越卡帕多细亚、吕底亚，达到小亚细亚西部的萨尔狄斯城。萨尔狄斯城是波斯统治小亚细亚及西海岸各希腊城邦的中心，也是波斯皇帝西巡时的驻地。波斯军从萨尔狄斯城北上，直抵博斯普鲁斯海峡。随后，波斯军架桥，准备渡海。

波斯军将要征服的是在黑海北面的斯基泰人。大流士一世集结了庞大军队，除号称70万的陆军和骑兵外，还有沿黑海西岸游弋的600艘战舰的水军，负责配合陆军。凭着如此强大的实力，波斯军快速渡过海峡，水陆并进，一路如同秋风扫落叶，直逼多瑙河口。

波斯军率先攻击巴尔干东南色雷斯地区。除盖塔伊人进行顽强抵抗外，色雷斯绝大部分部落不战而降。不过，在强大的波斯军面前，盖塔伊人没抵抗多久便被击败。

征服盖塔伊人后，波斯军继续前进。到达多瑙河畔时，希腊人早已按大流士一世的命令架好了桥。波斯军顺利渡过多瑙河后，大流士一世留下少量希腊人守桥，然后率军继续向黑海北岸推进。

波斯军在黑海北岸的行军路线，基本上是沿着以前希腊人开拓的草原之路，到达伏尔加河东岸荒漠。斯基泰人自知不是波斯人对手，采取“去无踪、来无影”的运动战。他们先毁坏牧马场，堵塞水井，坚壁清野，诱敌深入，将波斯军引入荒漠，然后寻找有利时机袭击波斯军。

这种战术非常高明，也达到了战略目的。斯基泰人沉重打击了波斯人。波斯军因战线拉得过长而陷入进退维谷的境地。面对困境，大流士一世不得不抛弃病弱伤兵，率军掉头西撤，回到多瑙河南岸。

大流士一世没战胜斯基泰人，不得不中途撤军，但他仍有较大收获——他把波斯领土延伸到欧洲巴尔干东南的色雷斯，牢牢控制黑海通往地中海的博斯普鲁斯海峡。他留下 8 万军队驻守色雷斯，任命波斯籍大将美伽巴佐斯为远征军主帅，驻扎在拜占庭城。拜占庭城即后来的君士坦丁堡，是丝绸之路延伸到欧洲的重要节点城市。

大流士一世将亚洲与欧洲陆地上的商道联系起来。西亚各族人不仅可与欧洲希腊文明、埃及文明有更广泛接触，还可与在北方草原之路上驰骋的游牧民族加强商贸联系。

当时，波斯北部连接草原之路的道路有三条：通过锡尔河北岸塞人的游牧地；穿过高加索到达萨尔马特人的游牧地；通过色雷斯北渡多瑙河进入斯基泰人的居地。

大流士一世将亚洲商道直接从陆路延伸到欧洲去，成功让波斯成为当时各条商道的联络中心，也使波斯成为名副其实的三大洲之间的交通枢纽。

5. 大流士一世是当时最大的商人

大流士一世不仅拓展了东西方商道，还将其发展成道路网。

为确保丝绸之路西段畅通，大流士一世以波斯四个都城[①]为中心，向四周辐射，修建四通八达的驿道网络。波斯驿道网在赫梯、亚述故道的基础上拓宽整修，让其达到能通行商队、传递邮件、行军及运输辎重的标准。

在赫梯、亚述和新巴比伦故土范围内，如小亚细亚、美索不达米亚等地，波斯人拓宽整修商道，将原有商道进行修缮和扩建，以符合波斯标准。在其他新征服地区，他们开辟新商道，按照波斯道路标准修建，并连接其他各部分的商道。

在波斯连接重要商业和行政中心的商道中，有三条商道非常重要：

第一条商道被称为御道。它全长有2400公里，沿线有通往波斯各行省的支道。它的主干从小亚细亚爱琴海沿岸的以弗所城起，经过萨尔狄斯城，向东横穿小亚细亚高原，经过幼发拉底河上游、亚美尼亚、尼尼微，沿着底格里斯河东岸南下，到美索不达米亚平原，然后顺着扎格罗斯山西麓，进入苏撒。

第二条商道奠定了千年后阿拉伯呼罗珊大道基础。它从巴比伦起，经过贝希斯敦悬崖边，穿越扎格罗斯山，到埃克巴坦那，然后横贯伊朗高原北缘的伊朗北道，经中亚各城到达巴克特里亚，最终抵达波斯东部边陲。

第三条商道从伊苏湾到黑海南岸的锡诺普城开始，横穿小亚细亚半岛，把爱琴海地区与南高加索、西亚北部衔接起来。

这三条商道都是丝绸从东方运向西亚和欧洲的重要通道，也是后来诸帝国

---

① 波斯帝国有四个都城，分别是帕赛波里斯、苏撒、埃克巴坦那、巴比伦，这四个都城是其统治中心区域。

东征或西征行军的重要通道。它们对当地的发展具有重要影响。

为与道路体系相配套，大流士一世还下令建立完善的道路管理体制。波斯驿道被分成"帕拉珊格"①，每四个帕拉珊格设置一个驿站并有驿馆，每站都有备用的马匹和信差，可将国王的诏书一站接一站地急速传递下去，甚至在夜间都可传递。这是世界历史上最早的"高速公路"。

为维护驿道安全，在各地区、大河渡口和险要关隘，波斯人修筑工事，派军队驻防，一旦遇紧急情况，就点篝火为信号，相互支援。四通八达的驿道网和驿递制度，对发展商业贸易和国内经济，具有重大意义。

波斯早期的贸易伴随军事征服进行，除军事掠夺外，也存在"以物易物"贸易。

居鲁士二世率军进攻吕底亚都城萨尔狄斯时，有随军运载粮食和物资的驼队，"大王在出兵作战时，总是带着在国内（法尔斯）充分准备好的粮食和畜类……不管他到什么地方去，总有一批骡马拉着四轮车跟随着"，车上除"用银坛装着专供波斯国王饮用的水"外，也运载着大批需要交换的物资。当军需粮秣用完时，波斯人就用这些物资与当地土著以"以物易物"方式进行交换。

冈比西斯二世率军进攻埃及时，军中也跟随着许多希腊城邦的商人——他们并不参加战斗，而是随军到埃及做买卖，包括到埃及后把俘虏当作奴隶贩卖到欧洲和亚洲各地。商人与波斯军队关系如此紧密，波斯皇帝重视商业，极力开拓道路，就不难理解了。

波斯人随出征军队进行贸易习惯一直保留到大流士三世时期。据一位罗马历史学家记载，波斯军根据古老习惯在各式各样队列之后，"有600头骡子，300头骆驼，它们运载着王室库藏……以及大群商人和辎重人员"。

在大流士一世时代，波斯已成为名副其实的"世界帝国"，其境内商业贸易实际上就是国际贸易。除与希腊人、印度人、阿拉伯人和斯基泰人互通有无外，波斯人大量商贸活动表现为各行省贡纳。这种贡纳税金又以包税商人转手形式变成贸易。

大流士一世把波斯分成20个"萨特拉佩阿"，即行省，任命"萨特拉普"，

① 每两个帕拉珊格之间相隔约5公里。

即太守去治理，“并规定每个民族应当向他交纳贡税。为这个目的，他把每一个民族和它最接近的民族合并起来”，共建立20个纳税区。除固定贡银外，各纳税区还有额外“献礼”，按照规定给波斯皇帝。

在居鲁士二世和冈比西斯二世统治时期，波斯没有固定贡税，任意掠夺和搜刮成分较强；在大流士一世时代，由于贡税确定以及诸多执行措施推行，波斯人把大流士一世称为“商人”。尤其是在波斯西部的美索不达米亚、埃及等地，商品经济自古以来就发达，更增添大流士一世时代的商业气息。

大流士一世在各省推行“包税制”，按20个区规定应缴税银额，承包给当地富商和高利贷集团。包税者一次向政府缴足税银后，便可在地方上自行搜刮，大发横财。他们搜刮的并不全是货币，还向普通民众索要土特产品及其他实物，然后贩运到周边地区或在各行省间转卖，以获得远远超过承包税银的利润。贡税就这样变成实实在在的贸易。波斯人重商在某种程度上是经济制度的必然结果。

大流士一世重振波斯后，在苏撒建筑宫殿。各种材料沿着他下令修建的商道运来。有来自印度、中亚、尼罗河上游等地方的材料，有由努比亚、信德、阿拉霍西亚运来的象牙，有由依兰阿比拉杜斯运来的石柱，有由黎巴嫩山区运来的珍贵木材，有由萨尔狄斯和巴克特里亚运来的黄金，有由花剌子模运来的绿松石，还有由索格底亚那运来的天青石，等等。这些运输从侧面反映了波斯交通网络的发达和商贸发展的高水平。

在国际贸易中，他们喜欢贩运“印度人的大量黄金”。波斯商人从东部进口黄金，再运输到西部出售。希腊商人通过色雷斯、小亚细亚，向波斯输入来自黑海北岸斯基泰人的黄金；巴克特里亚人向波斯输入来自印度的黄金；来自爱琴海和巴尔干地区的人则负责向波斯进贡白银。因此，当时波斯商贸是不缺乏资本的。

波斯人利用手中的黄金白银，从各地购买产品。例如，他们从印度买入棉织品以及孔雀等珍稀鸟类，从阿拉伯买入没药、桂皮和树胶，从埃塞俄比亚得到大量黄金，买入大象、野生树木和黑檀，从欧洲买入锡和琥珀等，各地的商品流入波斯，商品流通空前活跃，对波斯境内商道的形成和完善具有积极作用。

奴隶买卖是波斯商业贸易的大宗。当时，波斯皇室经济规模庞大，贵族也有大批产业。农庄、手工业作坊和大规模建筑工地都需要奴隶劳动。大批俘虏被转卖为奴隶。在征服战争中，波斯等地奴隶买卖数量惊人。他们有时把征服的整族或整个城市的人当作奴隶出售。例如，由于从北非到中亚的商道畅通无阻，巴尔卡人被从利比亚沿着商道贩卖到阿姆河流域的巴克特里亚。

波斯出现一批大商人。他们经营地区贸易，也经营国际贸易，甚至有大商人资助军队，从而在战争中获利。

为促进商业进一步发展和各地区之间的经济联系，大流士一世进行币制改革，下令统一铸造金币大流克，地方行省和自治市只有铸造银币和铜币的权利。统一的币制促进了内外贸易发展，让经过波斯的商旅可以用大流克作为交易货币。

波斯人有目的地开拓商道，维护商道，采取有利于通商的政策，使丝绸之路西段得到空前畅通，商业进一步繁荣起来。商道由此前的民间运营变为官府运营，极大地促进东西方商贸发展，也推动波斯迅速崛起。

第四章

马其顿人东方梦想破灭是历史遗憾

波斯帝国衰落后，希腊城邦中的马其顿强大起来。马其顿为寻求商业利益，沿商道一路东征，迅速取代波斯帝国，建立世界性帝国。

1. 商道促使马其顿强势崛起

丝绸之路西段在波斯帝国的鼎盛时期进入黄金时代。在鼎盛时期持续大约200年后，希腊人沿商道向东席卷而来——亚历山大东征之后建立的马其顿帝国，像波斯帝国一样，成为世界性帝国——将欧洲、北非、西亚、中亚、南亚部分连接成所谓的“希腊化世界”。

在东征途中，亚历山大不仅沿着波斯东西商道胜利挺进，还开辟出许多新道路，几乎把巴尔干、亚洲（西亚至中亚、印度）、非洲（埃及、利比亚）的各个角落都连接起来。因而阿里安说：“全世界没有哪一个种族、哪一个城市或哪一个人没有听到过亚历山大这个名字。”

已衰朽的波斯帝国被马其顿帝国取代，标志着西亚、北非古代文明的终结。波斯输给马其顿，如同米底输给波斯，亚述输给米底一样，是东西文明交往碰撞的历史必然。

公元前334年春，全希腊大会在科林斯城召开。马其顿国王亚历山大确立霸主地位。随后，亚历山大率领希腊马其顿联军，从欧洲启程，开始征服波斯的历史性大远征。这次远征的重要目的就是夺取波斯掌控的所有商道。

希腊马其顿联军渡过赫勒斯滂海峡后，在格拉尼卡斯河畔①与波斯军发生第一次战斗。两军隔河对峙，4万波斯军摆开阵势迎战。他们企图乘希腊马其顿联军渡河时发起进攻。不料，亚历山大身先士卒，率希腊马其顿联军强行渡河。杀过河后，希腊马其顿联军与波斯军展开肉搏战。战斗的结果是，波斯军不是希腊马其顿联军对手。波斯骑兵率先逃命，步军死伤累累，仅重要的将领②就有8人阵亡，1人逃亡后自杀。

格拉尼卡斯河战役后，亚历山大打开通往小亚细亚的道路，东征也从此一

① 即土耳其的格嫩河。

② 包括大流士三世的儿子、小舅子和女婿在内。

帆风顺。因为波斯此前建成的商道体系此刻极大方便了希腊马其顿联军进攻。亚历山大率军沿着商道，向城防坚固的萨尔狄斯挺进。在到离萨尔狄斯城还有13公里时，波斯守将就得知消息。他不是下令全城进入战备状态，而是派人来投降，献出城池和财宝。因为他意识到，即使抵抗也仅仅是徒增伤亡而已，根本抵挡不住。

接连取得两场胜利后，亚历山大并没有率军长驱直入，而是在水军的配合之下，转战小亚细亚西南海岸，收复那些希腊城邦，增强自身的势力。小亚细亚西南海岸原本分布着希腊人建立的殖民城邦，后来臣服于波斯。

希腊马其顿联军攻过来，大多数希腊城邦见到家乡人，激动不已，闻风归顺。只有米利都和哈利卡纳苏斯忠于波斯，不迎接希腊马其顿联军。亚历山大非常生气，下令水陆军夹击米利都和哈利卡纳苏斯。米利都和哈利卡纳苏斯毫无悬念地被兼并。

战后，亚历山大下令将水军并入陆军，从潘菲利亚海岸北上，一起深入小亚细亚内地攻城略地。他们直接攻取安基拉，然后顺哈里斯河南下，进入卡帕多细亚，“接受哈里斯河这边整个地区和彼岸广大地区的归顺”。

不到半年时间，亚历山大便把小亚细亚及包括波斯“御道”在内的所有商道都牢固地掌握在手中。昔日促使波斯强势崛起的商道，如今同样促使马其顿帝国强势崛起。

任命小亚细亚总督后，亚历山大率大军南下西里西亚隘口。亚历山大率少数近卫队趁黑夜出其不意偷袭隘口，一举获得成功。波斯守军放弃阵地逃走。希腊马其顿联军顺利通过西里西亚隘口，迅速占领梅尔辛和伊斯肯德伦海湾附近的几座濒海城市，然后渡过皮拉穆斯河①，沿着海岸南下，直趋叙利亚沿海地区。

---

① 即杰伊汉河。

2. 希腊马其顿联军远征埃及

亚历山大率军进入叙利亚，到背山面海的伊苏斯平原时，波斯皇帝大流士三世才匆忙调集军队，在伊苏斯汇集，准备与希腊马其顿联军决战。

公元前 333 年 11 月，亚历山大和大流士三世之间展开大决战。战斗一打响，亚历山大亲自率骑兵猛攻大流士三世所在的波斯中军。大流士三世胆怯，不敢率军迎面而上，而是惊恐万状，扭转战车，仓皇逃遁。

大流士三世的举动极大地影响了波斯军的士气。波斯军无心恋战，在希腊马其顿联军攻击下迅速崩溃。这一战后，半个波斯帝国成为亚历山大的囊中之物，波斯在西亚、北非的领土都暴露在希腊马其顿联军面前，如同待宰羔羊一样。

亚历山大率希腊马其顿联军继续沿地中海东岸南下。各地波斯守军望风而降。亚历山大接受毕布勒斯、西顿等沿海城市波斯守军归降，几乎兵不血刃地控制了腓尼基。塞浦路斯岛的波斯王公得知消息，率 120 艘战舰前来归顺，只有提尔拒绝投降。亚历山大率军攻打提尔。

提尔波斯守军坚决抵抗。希腊马其顿联军将其围城 7 个月后，利用船上的投石器才将提尔城墙打开一个豁口。亚历山大亲自率军登上搭板，冲上城墙，夺占城楼，攻入提尔城内。希腊马其顿联军趁势闯入港内，一举摧毁波斯的海上力量。

提尔陷落后，西亚其余地区的波斯军都主动投降到亚历山大一边，只有加沙城守军负隅顽抗。加沙成为希腊马其顿联军通往埃及征途上最后一座抵抗的城市。亚历山大志在必得，加沙城波斯守军坚决死守。希腊马其顿联军费尽九牛二虎之力，采用各种手段，经过四次冲锋才攻入加沙城中。波斯守军依然顽抗。又经过艰苦的巷战，希腊马其顿联军才彻底占领加沙城。

加沙城军民顽强抵抗，亚历山大很生气，下令把加沙城老弱妇孺全都变卖为奴隶，命令附近部族来加沙城中定居，并把加沙城作为进军埃及的基地。

不久，希腊马其顿联军沿地中海岸和西奈地峡水陆并进，向埃及进发。当大军到达尼罗河三角洲东口帕琉西亚时，波斯帝国的埃及总督就“客客气气地迎接亚历山大进入埃及城乡各地”。亚历山大率水陆两军沿着尼罗河向上进军，到达孟斐斯城，并在那里举行盛大的祭神活动，宣布自己兼任埃及法老。

希腊马其顿联军又乘船顺流而下。到尼罗河三角洲西口时，亚历山大在上岸的地方修建了一座城市，以纪念这次远征。这是他在东方建立的第一座希腊化城市——亚历山大里亚。后来，亚历山大里亚成为整个地中海和丝绸之路西段最重要的商业港口。

亚历山大把埃及分为两个行省，任命驻守军政长官，同时还任命利比亚和西奈一带的总督。公元前 331 年春，他率部沿着原路返回西亚，又以提尔为起点，率军东征，抢夺通往东方商道的控制权。

3. 任何关隘都阻挡不了前进的步伐

亚历山大率军到幼发拉底河畔时，那里的波斯守军早已逃之夭夭。随后，希腊马其顿联军经过卡雷、尼西庇斯，到底格里斯河畔。底格里斯河河水湍急，易守难攻。但令人惊讶的是，大流士三世并未下令波斯军做任何防备，放弃有利地形，给了希腊马其顿联军一个渡河的好机会。

顺利渡过底格里斯河后，希腊马其顿联军顺河东岸南下，一路攻到尼尼微近郊。大流士三世在高加米拉广阔的平原上集结大军，准备与希腊马其顿联军决战。这种想法着实令人费解。此前，波斯军与希腊马其顿联军交战频频失利，主动放弃易守难攻的底格里斯河畔不防守，却要选择在平原上进行决战，这种放弃有利地形的做法足以体现大流士三世糟糕的军事战略水平。

决战开始后，大流士三世直接使用他的撒手锏——200 辆插满利刃的刀轮战车直冲希腊马其顿联军方阵，企图以此破马其顿方阵，打击对手士气。希腊马其顿联军训练有素，机动灵活，方阵变换自如。他们闪开路，让过波斯战车。标枪手趁机齐发排枪，射杀波斯战车上的车夫，砍杀波斯军的马。

就这样，大流士三世所倚仗的刀轮战车失去发挥威力的机会。波斯军一下子从攻势转为守势，成为希腊马其顿联军的砍杀对象。

就在这时，亚历山大抓住机会，亲率楔形突击队，直扑大流士三世所在的波斯中军。大流士三世见撒手锏失效，对手又专挑他的中军发起攻击，他担心身陷绝境，就再度掉转马头，带领亲信溜之大吉。波斯军见大流士三世逃走，再次溃败。希腊马其顿联军趁机发起猛攻。战场形势出现一边倒的局势。

结果，高加米拉一战，希腊马其顿联军仅战死 100 余人，而“估计波军战死的达到 30 万，俘虏的数字比打死的还多”。波斯大批皇室的财宝、战车、运输队、骆驼、大象及其他物资成为希腊马其顿联军的战利品。大流士三世率领少数随从，越过亚美尼亚山地，逃到米底才摆脱危险。

战后，亚历山大率军沿美索不达米亚平原商道南下，在俄庇斯附近渡过底格里斯河。巴比伦城不战而降。城中的波斯显贵要人、宗教人士等，纷纷献出大量财宝，迎接亚历山大入主巴比伦城。

亚历山大留下一部分守军，任命总督和税收官，然后率军攻打波斯另一都城苏撒。斯特拉波说："波斯人把苏撒的宫殿打扮得比其他宫殿都富丽堂皇。"出乎意料的是，苏撒的波斯守军也向亚历山大献了 5 万塔兰特白银和所有皇家珍藏。

亚历山大远征一路顺畅，如同秋风扫落叶一样，在波斯境内不断攻城略地，击溃或者收降各地波斯守军。波斯各地守军早已失去其先祖的强悍战斗力，大多不愿意抵抗，而是闻风而降。

公元前 331 年初冬，亚历山大在苏撒降军中选出向导，令其在前面带领，然后亲自率军翻越扎格罗斯山。当时已至隆冬，天气严寒，大雪封山，道路十分难走。亚历山大克服重重困难，率军通过山区，全速前进赶往"波斯峡门"[①]。

当时，波斯军已在"波斯峡门"筑墙，阻挡气势如虹的希腊马其顿联军。他们以为此处一夫当关万夫莫开，足以挡住希腊马其顿联军前进的步伐。事实证明，对军事天才亚历山大而言，任何关隘都阻挡不了他的前进步伐。

亚历山大率军趁黑夜两面包抄，一举拿下关口，进入法尔斯平原，占领波斯另一个都城帕赛波里斯和居鲁士二世陵墓的所在地帕萨迦迪。

波斯人历代都很重视帕赛波里斯和帕萨迦迪。"无论如何，波斯人的国库、宝藏和陵墓都在那里。那是一个坚固的、纪念先人业绩的地方。"亚历山大率军占领波斯人心目中最神圣的地方，搜刮到库金及其他财物，价值高达 12 万塔兰特白银。

亚历山大不满足，下令将波斯皇宫付之一炬，彻底烧毁帕赛波里斯和帕萨迦迪的宫殿，将波斯的精神圣地彻底摧毁。这一举动破坏了大量精美文物，也对波斯人造成了很大的精神打击。

---

① 即扎格罗斯山南端的克拉伊瑟菲德山口。

4. 亚历山大的中亚之行

公元前 330 年春，亚历山大率军北上，进攻埃克巴坦那。希腊马其顿联军从伊朗高原西南直奔伊朗高原西北。此时，大流士三世已率军东逃到里海南岸的马赞德兰。亚历山大留下 6000 将士守卫运到埃克巴坦那的巨额财富，以此作为进一步东征的基础，然后率军继续追击大流士三世。他选择的东进路线是伊朗北道。

不久，亚历山大得到消息：大流士三世已被跟随他的骑兵司令、巴克特里亚总督、阿拉霍西亚总督和德兰癸亚那总督合伙劫持了，囚禁在篷车中。巴克特里亚总督贝索斯已篡夺波斯皇位。亚历山大以“讨伐叛逆”“为大流士三世报仇”为旗号，率军继续追击波斯军残余力量。

经过 11 天强行军，希腊马其顿联军到雷加，然后向东南走了一天，通过“里海峡门”①，向伊朗高原东北的帕提亚行省发起进攻。希腊马其顿联军前锋追到今达姆甘附近时，发现一辆大车。大流士三世被他的总督折磨得遍体鳞伤，倒在车上刚刚断气——波斯皇帝大流士三世就这样在内忧外患中窝囊地死了。

亚历山大派人将大流士三世的尸体运往帕萨迦迪安葬，率军继续东进。在厄尔布尔士山北麓富饶的希尔加尼亚，希腊马其顿联军进行了短暂休整。亚历山大下令军队穿越帕提亚北部，经过苏西亚，到达穆尔加布河畔。

在进军途中，亚历山大收到阿里亚总督再次叛变的消息。他放弃进军巴克特拉的计划，挥师南下，先去镇压阿里亚的叛军。

亚历山大这一决定导致丝绸之路西段上另一条由北向南穿越东呼罗珊地区的商道——伊朗南道和伊朗北道的连接路线的开辟。经过两天急行军，亚历山大率军到达阿塔科安纳。在这里，他下令修建著名城市“亚历山大里亚·阿里安那”。

---

① 此处指色尔德尼山口。

在平息阿里亚叛乱之后，亚历山大率军继续南下，进入德兰癸亚那，占领普罗萨尼亚。

公元前330年至公元前329年冬天，亚历山大在锡斯坦盆地作短期休整之后，又率军沿着赫尔曼德河谷的隘道向东北方向进军，通过阿拉霍西亚，然后折向北，直趋喀布尔。

亚历山大在兴都库什山以南阿富汗东部山地胜利进军之际，在巴克特拉自立为波斯皇帝的贝索斯企图征服所有东伊朗人，建立新波斯。亚历山大决定在贝索斯地位尚未巩固时将他消灭。

公元前329年春，亚历山大果敢地率军径直向北，到兴都库什山南麓，攻下帕鲁帕米苏斯天险。当时，兴都库什山上覆盖着皑皑白雪，山路陡峭，攀登起来十分艰辛。花了半个多月时间，希腊马其顿联军才翻越天险，出现在阿姆河南的巴克特里亚平原。贝索斯眼见抵挡不住，率军渡河，逃往索格底亚那。

亚历山大占领巴克特拉和阿尔诺斯等城。阿姆河以南各地相继归顺马其顿帝国。亚历山大命人用芦苇、干草或米糠填充皮袋，制成皮筏。5天后，希腊马其顿联军渡过阿姆河。为避免战祸，河中地区的索格底亚那人捆绑了贝索斯，将他献到亚历山大马前。贝索斯反叛事件就此结束。

亚历山大率部沿泽拉夫尚河谷向前进军，占领了居鲁士二世时代修建的马拉干达以及河谷中分布着的一些繁华小镇。

为平息马萨革泰人、达赫人以及塞人不时发动的暴乱，亚历山大几乎征讨了整个河中地区，费尽周折才镇压了斯皮塔米尼斯领导的起义。

为威慑蛮族，亚历山大率军渡过锡尔河，直达今塔什干一带。他在锡尔河畔修建"极边·亚历山大里亚城"。该城建在当年居鲁士二世建城不远的地方，即今塔吉克斯坦境内的苦盏市，是丝绸之路西段重要的节点城市。

公元前329年至公元前328年冬季，亚历山大在巴克特拉时，曾接见斯基泰部落代表和科拉尼西亚国王。科拉尼西亚国王建议亚历山大从锡尔河以北的草原打回黑海去，并愿意做向导和筹办军需。这个建议也再次证实咸海以北确实存在一条商道，即"斯基泰黄金毛皮之路"。

随军的地理学家们错误地认为锡尔河就是顿河，咸海就是亚速海，黑海离他们所在的中亚并不遥远。亚历山大也不打算回黑海去。他考虑的是攻打印度。他认为，征服印度就控制了全亚洲——在所有希腊马其顿人眼中，亚洲的范围就这么大。

事实上，当亚历山大站在锡尔河畔面对北方哈萨克大草原时，他右手的方向是锡尔河的发源地帕米尔高原及天山——他不知道高原东边还有大半个亚洲，那里才是丝绸真正的产地。如果他们再向东走一步，那么整个人类历史将会改写，丝绸之路可能要提前几百年全线开通。

公元前 327 年春末，亚历山大亲自率军向印度进发。他选择一条比两年前北上时更快捷和方便的路线，重翻兴都库什山，到达恰里卡尔附近的亚历山大里亚城，经过喀布尔，沿着科芬河东进，经过阿萨西尼亚、白凯莱提德，穿越开伯尔山口到达印度河流域。

希腊马其顿联军渡河后，抵达印度西北商业和文化中心及婆罗门教圣地太克拉西城。太克拉西城守军不战而降，献出城堡及 200 塔兰特白银、3000 头牛、10000 余只羊、30 头大象做贡品，并派出 700 名骑士跟随亚历山大作战。

当时，印度各地小邦林立，彼此为敌，亚历山大率领希腊马其顿联军一路势如破竹，将这些城邦各个击破。没多久，他从太克拉西城出发，南下征服整个旁遮普，先后渡过印度河上游 5 条支流中的 4 条——希达斯庇斯河、阿塞西尼斯河、希德拉欧泰斯河、希发西斯河。亚历山大本想率军渡过最后一条河，进入恒河流域，但那些远征数万里已精疲力竭的部下拒绝再前进，并要哗变。于是，亚历山大回师希达斯庇斯河，然后沿河而下，直到大海去。他令人到喜马拉雅山南麓砍伐巨大树木，顺印度河上游漂流下去，然后在沿岸建造大量船只。

一段时间后，亚历山大率领船队顺印度河而下，直到三角洲顶端的补多罗城。在考察印度河入海口一带后，亚历山大派海军司令尼阿库斯率船队沿莫克兰海岸西航，像当年大流士一世所做的那样，前往考察阿曼海和波斯湾。亚历山大将陆军分为两路——他本人率领主力军沿莫克兰海岸穿行伽德罗西亚；另一路北上阿拉霍西亚，通过博朗关，沿伊朗南道直赴帕赛波里斯。

亚历山大一行经历了堪称“灾难性”的行军。他想给西撤的海军提供淡水、补充给养和寻找船只停泊地点，于是选择这条前人不敢涉足的路线。伽德罗西亚是荒凉无际的沙质平原，沙丘起伏，仅存的少量的水源相隔非常远；当时是深秋，那一带的气候炎热，变化无常；带刺灌丛中还常有毒蛇出没。他们一路上饥渴交加，大批兵员、牲畜掉队或死亡。他们只好白天蛰伏，忍受煎熬，改在夜间赶路，并不得不沿着一条河从海边进入内地，找到一块较肥沃的地区休整。这样，他们失去与尼阿库斯舰队的任何联系。

经过两个月艰苦行军后，亚历山大率军到达霍尔木兹海峡以北的卡尔曼尼亚。此时，尼阿库斯率领的舰队到了达阿纳米斯海口。他带着 6 个幕僚上岸找寻亚历山大一行。亚历山大看到他们衣衫褴褛、满身盐渍、面黄肌瘦、蓬头垢面。不用说，他们也在沿海漂流中经受生死磨难。没多久，另一支陆军也与主力军会师。

休整一段时间后，亚历山大命令海军进入波斯湾，继续北上入卡伦河，陆军攻取苏西安那。

公元前 324 年年初，三军在苏撒会师，宣告将结束近 10 年的远征。后来，亚历山大移师巴比伦，把巴比伦作为帝国首都，长住下来。

5. 一路经商的希腊人

在一系列远征中，马其顿人的地理知识空前丰富起来。亚历山大少年时代师从古希腊学问的集大成者亚里士多德，如饥似渴地学习各种知识，内心有强烈突破人类认识现状的渴望。在远征时，他带大批学者随行——随军历史学家和地理学家负责记录战功及进军路线，另外一些学者负责搜集天文、物理、人种、动植物学等科学资料。就这样，亚历山大这次军事行动变成希腊人的学问之旅。

亚历山大远征最直接的影响是，他们在地理知识方面有了巨大突破。希腊人掌握了东西交通路线以及作为道路标识的主要山脉、河流的走向。他们将伊朗高原北部屏障的山脉，如厄尔布尔士山、兴都库什山等，统称为“高加索山脉”；也注意到咸海、里海、锡尔河、阿姆河、印度河、赫尔曼德河等著名湖泊或者河流。

亚历山大积极学习人文历史地理知识，并不是为做学问，而是为更好地征服对手。由于对已经或将要征服地区的历史地理概况了如指掌，在对马其顿将士们的演说中，他都能给他们一个明确的奋斗目标，使得将士们能精准打击对手，在战争中屡屡击中对方的薄弱之处，从而获得巨大胜利。希腊马其顿联军屡屡获胜，将士们对亚历山大产生无限敬意和崇拜，从而最大限度发挥战斗力，战胜面临的一切敌人。这是亚历山大在短暂十多年中能征服欧亚非广大区域的重要原因。在即兴演讲中，亚历山大经常会提到一些东西交通必经的重要地名。他将那些地方一一征服，并通过修路再一次丰富丝绸之路西段完整的交通网。

亚历山大雄心勃勃，不满足于已占有的一切。他永远要把目光投向远方，寻找那些他还未见过的地方。他要永远胜过对手。实在没有对手时，他还要战胜自己。他曾计划到里海北方的草原“游牧世界”进行考察，打算到非洲南部去探索尼罗河产生洪水的原因，准备乘船绕航非洲，还想征服意大利和西班牙，把整个地中海和黑海变成帝国内湖。从某种意义上说，他想把丝绸之路延伸到一切未知地区去。

当然，亚历山大不是为打仗而打仗，也不是单纯的好奇，追求知识，其根本目的还是寻求利益——寻找和控制商道，最大限度地实现马其顿人的利益。

亚历山大的地理知识来自他近十年征战的实践，以及追随其鞍前马后的地理学家们，也来自军营中一批随军的希腊、腓尼基商人。他们早已有丰富的经商经验。此次随军，他们沿途做贩卖奴隶的生意，提供粮秣、各种军需物资，做士兵私人间的生意和与当地土著间交换钱物的买卖，将希腊人的商业思想和作风传播到各征服地区。

除瓜分战利品外，希腊马其顿士兵服役就是为了挣钱。他们不仅有军饷，还有遣散费或者额外奖励。经随军商人之手，相对富有的士兵还会进行一些借贷，或者借钱提前消费，或者将余钱借给那些商人。

当然，这些仅仅是小业务，希腊马其顿的随军商人更重要的任务是协助军队理财，对掠夺来的财物以及归降地区每年上缴的贡物，进行仓储保管和进出账管理，服务于官兵的借贷、存款以及物品交换变卖。例如，有部分士兵退役回乡，就要把自己的私有财产，如马匹、盔甲、武器、多余的服装等，变卖为钱。随军商人先行收购，然后卖出，获取利润的同时服务于其他需要购置物品的士兵。

商人与希腊马其顿联军关系非常紧密，甚至可以说是军队不可或缺的组成部分。即使在军事上处于最困难的时刻，商人也没有离开军队，而是在危机中寻找商机。例如，当亚历山大率军穿越伽德罗西亚沙漠时，随军做生意的腓尼基人采集沙漠里出产的甘松根，把它们收集起来，放在骡背上驮着，准备卖到其他地方去。

据研究，亚历山大在各地共建立 70 多座“亚历山大里亚城”，从尼罗河三角洲一直到中亚、阿富汗和印度河流域，分布于丝绸之路西段各个重要地点。例如，埃及尼罗河口的亚历山大里亚、阿富汗西部位于哈里河畔的亚历山大里亚·阿里安那、赫尔曼德河畔的亚历山大里亚、喀布尔以北恰里卡尔附近的亚历山大里亚、锡尔河畔的“极边·亚历山大里亚”，都是丝绸之路西段的商业重镇。

在印度河流域和伽德罗西亚沿海，亚历山大也修建了一些城市，后来也发展为丝绸之路上的商业重镇。例如，位于五河汇合处的亚历山大里亚、印度河中游索格族居地的“索格地安·亚历山大里亚”、印度河三角洲西部的亚历山大里亚、卡尔曼尼亚沿海的亚历山大里亚等。

因为修建城市兼有军事和商业性质，亚历山大安排了许多从欧洲来的移民——除了马其顿人外，大多数是希腊人。在通商条件较好的城市，不少退役的士兵和专为做生意而随军的商人以及大批服务于军队的希腊贫民，都积极主动要求留居当地。他们留在各个商业城市从事“中介”贸易或“队商”贸易，不但促进东西方的商品交流，也把希腊文明传播到当地。

除各地亚历山大里亚城之外，还有更多希腊人留居在东方原有城市，增加其商业色彩。他们开设作坊，经营商业，强化了城市手工业和商品市场；他们用库藏金银铸成货币，方便了丝绸之路西段的商货流通等。所有这些措施都有利于经济文化交流，也是马其顿帝国迅速崛起强大的重要推动力。

亚历山大每占领一个地区，就任命自己的亲信做总督；每下一城，都留下马其顿将士驻守。从巴比伦、埃克巴坦那、苏撒、帕赛波里斯 4 个波斯故都，到马拉干达、巴克特拉、尼西亚等古城，都有马其顿人留居。例如，亚历山大在进兵印度之前，曾在巴克特里亚、索格底亚那留下 13000 多人常驻。

在丝绸之路西段，原来就有许多古老商业网点，马其顿人留居又为这些地方注入活力。新增加的由诸多亚历山大里亚城和希腊商旅组成的新网点也强化了东西贸易。地跨欧洲、亚洲、非洲大帝国的建立，消除了各种壁障和界限，从此东西方商道空前畅通。

相比波斯人，马其顿人将东西通商范围进一步扩大，将通商体系进一步完善，使得丝绸之路西段的商道进一步通畅和完善。

第五章

丝绸之路千年“柳暗”，一朝“花明”

亚历山大大帝突然去世，帝国随之分裂。从欧洲到亚洲、从非洲到亚洲的商业网络因各地相互争斗而中断，导致他们没机会进一步向东探索。不过，此时一直充当东西方贸易中介人的大月氏大规模逃到中亚。丝绸产地的秘密再也藏不住，通向丝绸产地的商道被找到了。而来自东方汉朝的张骞出现在中亚，最终打通了东西方的商道。

1. 塞琉古一世继续追求的梦想

亚历山大的征战虽然残酷，但其将完善的商贸体系和商业文明传播到当时他们所能了解的亚洲所有地方。马其顿人欢欣鼓舞，以为他们实现了打通东西方商道的千年梦想。

不过，好景不长，他们很快就被泼了一盆冷水。这倒不是他们发现了自己的认知局限，而是领导他们实现美梦的亚历山大死了，庞大统一的交通体系随帝国分裂而中断。

公元前 323 年，年仅 32 岁的亚历山大去世。他进一步扩张的梦想破灭，各地武将拥兵割据，帝国陷于内乱——亚历山大征服的区域内，各地诸侯争斗了两个世纪，刚建立起的完整交通体系被人为割裂开。

在各方势力恶斗中，亚历山大所征服的区域形成 3 个希腊化国家，即位于巴尔干的马其顿王朝，位于埃及的托勒密王朝和位于亚洲的塞琉古王国[①]。叙利亚到中亚的丝绸之路西段基本在塞琉古王国境内。

塞琉古一世率军从巴比伦出发，向东进军，用武力收复了各省。经过 9 年的战争，连最远的锡尔河畔极边·亚历山大里亚都承认塞琉古一世的统治权——塞琉古王国再次将丝绸之路西段给连接起来，其统治范围内的各商道又连接成网络了。

公元前 306 年，塞琉古一世率军从巴克特里亚攻入印度河流域，企图重现亚历山大大帝的辉煌。结果，他遭到印度孔雀王朝开国君主旃陀罗笈多（月护王）的有力反击。塞琉古一世不得不与旃陀罗笈多联姻修好，缔结和约。根据条约，塞琉古王国让出兴都库什山以南的地盘，孔雀王朝给予塞琉古王国 500 头战象和一笔黄金作为回报。

① 塞琉古王国又译塞琉古王朝、希律西底王朝，又称叙利亚王国，中国古代史书称之为条支。

公元前 302 年，塞琉古王国依约派出大使麦伽斯提尼斯到孔雀王朝首都华氏城访问。麦伽斯提尼斯留居印度 5 年，翔实地了解了印度地理、风俗、物产及政治、文化事业等方面的实际情况。

尽管塞琉古王国入侵印度受阻，但此时它已占有西起小亚细亚、叙利亚、美索不达米亚，东到锡尔河以南的索格底亚那、巴克特里亚等大部分中亚地区，几乎包括马其顿帝国在亚洲的全部领土。

此后约半个世纪，塞琉古王国出现繁荣稳定的局面。塞琉古一世继续保持亚历山大在西亚、中亚丝绸之路西段各地兴建希腊化城市的传统。据悉，塞琉古仅在亚洲兴建的新城就达三十余个，甚至在王国极东部的帕米尔西麓也建有一个新城。

在塞琉古王国兴建的诸多城市中，以倾全国财力物力修建的新都安条克和底格里斯河畔巴比伦故城附近的塞琉西亚最为著名。斯特拉波说：“安条克城是叙利亚都城，也是国家历代统治者建立王都之地。在其实力与面积上，安条克城稍逊于底格里斯河上的塞琉西亚和埃及的亚历山大利亚城。”

安条克和塞琉西亚之所以繁荣起来，是因为它们自身是商业中心，处于丝绸之路西段枢纽部位。塞琉古王国继续修筑原波斯帝国的驿道系统，以旧城和新城为商业点，以原有道路为交通线，连成四通八达的商业网。其中，最重要的一条国际商道就是从地中海岸边的塞琉西亚港出发，经首都安条克、底格里斯河畔的塞琉西亚、伊朗高原北缘、中亚至帕米尔西麓。

安条克及其港口塞琉西亚是丝绸之路西段干道到达地中海岸边的终点之一。东来的商品可由此装船运往欧洲或由陆路北运小亚细亚、南运埃及；地中海西部运抵的商品可在此卸货，再经商队运往东方。

底格里斯河畔的塞琉西亚是丝绸之路西段在美索不达米亚最大的商货集散地。由此，可北通里海、黑海和高加索，北连草原之路；向南至波斯湾、阿拉伯，与海上丝绸之路衔接；向西南可以经巴勒斯坦进入埃及。

在塞琉古王国时代，他们探索未知，也作出了巨大贡献。公元前 300 年，塞琉古一世派一个叫德莫达马斯的人北渡锡尔河，挺进图兰草原。这个行动为在中亚地区将“绿洲路”与“草原之路”联系起来作出了贡献。

另一个贡献巨大的人是塞琉古王国派往孔雀王朝华氏城的外交使者麦伽斯

提尼斯。麦伽斯提尼斯曾沿着印度皇家大道，从白沙瓦经拉瓦尔品第、阿姆利则，最终到达巴特那，一路穿越了旁遮普，沿着西瓦利克山麓进入恒河平原。

他向希腊人介绍恒河平原，还介绍耳闻的其他一些地方，如斯里兰卡岛，将当时希腊人的认知范围一直延伸到孟加拉湾。他的另一个贡献是证实丝绸之路西段由中亚的巴克特里亚，经阿富汗喀布尔一带进入印度河平原和恒河平原的南下支线的存在。后来，汉朝人、大月氏人和罗马人都走过这条路。

2. 塞琉古王国的遗憾

不过，塞琉古王国依然无法将其探索步伐向东更进一步。这倒不是它对这方面毫无兴趣，而是因为当时的局势导致其无法全力去做这件事。

塞琉古王国与埃及的托勒密王朝、巴尔干的马其顿王朝始终不和，相互争夺“正统”。

由于东部相对稳定，历代塞琉古王国君主向西都采取“以攻为守”的策略，保证商业通道畅通，抑制埃及托勒密王朝的势力向亚洲扩展。

不过，在长期对抗中，塞琉古王国的兴旺与强势并没持续多久。公元前 256 年，为争夺巴勒斯坦，塞琉古国国王安条克二世与埃及国王托勒密三世打得难解难分。趁着安条克二世无暇东顾之机，在当地希腊移民的支持下，巴克特里亚总督狄奥多图斯宣布脱离塞琉古王国独立。新建的巴克特里亚王国统治者依然是希腊人，依然重视商贸，但不再属于塞琉古国王统一管辖范围。

更令安条克二世受打击的是，巴克特里亚独立形成了示范效应。公元前 249 年，巴克特里亚西边的帕提亚人武力驱逐希腊人，推翻当地希腊人政权，建立阿萨息斯王朝，也称帕提亚帝国[①]。

安条克二世一时无力镇压那些反叛，导致东部领土丧失殆尽，领土只保留两河流域和叙利亚一带，丧失丝绸之路西段大部分控制权。不过，巴克特里亚王国和帕提亚帝国刚建立，一时半会儿无力灭掉塞琉古王国。这就给了塞琉古王国复兴的机会。

经历一些内乱和帝王更替后，到第 6 代国王安条克三世（公元前 223 年至公元前 187 年在位）时，塞琉古王国出现复兴端倪。

安条克三世率军东征帕提亚帝国，然后由巴克特里亚远征喀布尔河流域，再次向丝绸之路西段大进军。

---

① 中国古代史书中称帕提亚帝国为安息帝国。

当时，帕提亚帝国积极向西扩张，兼并了位于里海南岸的马代因地区，越过里海峡门，占领了米底旧都埃克巴坦那。面对这种扩张，塞琉古国王安条克三世坚决予以反击，率军夺回埃克巴坦那，并洗劫神庙的财产，以充军需。

经过这次惨败后，帕提亚国王阿尔沙克二世不敢迎战塞琉古军，望风而逃。安条克三世率军沿伊朗北道一路追击，直到当年亚历山大休整军队的希尔加尼亚为止。阿尔沙克二世见无处可逃，被迫与安条克三世缔结和约，向塞琉古王国称臣，充当其“同盟者”，一起出兵去攻打巴克特里亚王国。通过这种方式，安条克三世壮大了塞琉古王国的力量。

公元前 208 年，安条克三世率军进攻巴克特里亚。时任巴克特里亚国王欧提德姆斯在阿里亚河设防，企图阻挡塞琉古军。安条克三世采取偷袭战术，在夜间率军涉水过阿里亚河，大败巴克特里亚骑兵。欧提德姆斯被迫逃入固若金汤的巴克特拉城。安条克三世率军追击到城下，将巴克特拉城紧紧包围起来。围城两年，安条克三世还没攻下巴克特拉城。欧提德姆斯派人威胁安条克三世说他要请居住于锡尔河沿岸的塞人前来助战。安条克三世无所畏惧，下令继续围城。

僵持一段时间后，双方缔结城下之约。与帕提亚帝国一样，巴克特里亚王国向塞琉古王国称臣，在名义上承认了其宗主地位，成为其“同盟者”。

又一次壮大力量后，安条克三世步亚历山大后尘，率军越过兴都库什山，进攻喀布尔河流域。自塞琉古一世与旃陀罗笈多媾和后，这里一直归孔雀王朝管辖。孔雀王朝统治比较松散。安条克三世率军到这里后，当地统治者不战而降，并献给安条克三世一批战象和巨额资金。

安条克三世非常满意，无意进一步深入印度，而是急迫想返回叙利亚，巩固本土的统治。于是，他沿着伊朗南道向西撤军，于公元前 204 年春返回叙利亚。伊朗南道也因这次行军再次得到疏通。

安条克三世远征是希腊人在丝绸之路西段向东方开拓的尾声。他是继亚历山大大帝、塞琉古一世后，率领大军向东走得最远的人，也是塞琉古王国最后一位强有力的君主。因为从此以后，希腊人就没机会再次东征了——希腊人在东方征战时，西边亚平宁半岛上的罗马崛起了，他们已经控制西地中海地区，并向东地中海发起挑战。

锐勇强悍的罗马人发动第二次马其顿战争，打败马其顿王菲利普五世。塞琉古和马其顿同是希腊人建立的王朝，唇亡齿寒。安条克三世不能坐观成败，率军进入希腊，援助马其顿，抵抗罗马人东进。但事与愿违的是，罗马军的战斗力超出了安条克三世的预期。罗马军在德摩比利一役击败塞琉古军，然后紧追不舍，进入亚洲，对塞琉古王国造成直接威胁。

遇到罗马这个强劲的新对手，安条克三世远征东方的魄力和威风一下子不见了。公元前 190 年，在马格尼西亚会战中，安条克三世再次惨败给罗马人。战后，他不得不签订求和条约。根据公元前 188 年双方签订的和约，塞琉古王国退出欧洲领地色雷斯和哈里斯河以西的小亚细亚；只能保留 10 艘舰船；分期 12 年赔款 15000 塔兰特白银。

面对势头日盛的罗马，塞琉古王国再也没有崛起的历史机遇，它逐渐沦为罗马的附庸，领土面积越来越小，实力越来越弱。公元前 2 世纪中期，美索不达米亚被塞琉古王国昔日的属国帕提亚帝国吞并。帕提亚帝国逐渐发展成为一个大国。塞琉古王国渐渐失去光彩，希腊人逐渐将历史舞台让位于帕提亚人和罗马人。

塞琉古王国沦为罗马的附庸后，希腊人逐步退出亚洲舞台。丝绸之路西段沿途民族和国家关系纷乱复杂。中亚再度掀起民族西迁浪潮，把苟延残喘的巴克特里亚王国冲得七零八落。直到大月氏人建立的贵霜王朝兴起，中亚才结束混乱局面。此时，丝绸之路西段从东到西分别属于贵霜、帕提亚和罗马。

贵霜王朝建立时，丝绸之路早已经开通。当时伊朗高原和美索不达米亚是帕提亚帝国的天下。帕提亚人的当务之急是抵御罗马人的扩张，其战略重心在侵略欲望强盛的罗马一方。

在亚历山大大帝死后到丝绸之路全线开通的 200 多年，甚至更长时间内，包括塞琉古王国在内的中亚各国根本不具备全力去开通通向东方商道的条件和实力，因为罗马东侵牵制住了中亚、西亚几乎所有国家。开拓东西商道的主动权就这样落入东方人手中。

3. 神秘“中介人”解开千年疑惑

中亚和西亚各国陷入抗击罗马东侵的战争之中，无力继续探索葱岭和天山以东的商道，但这一任务被东亚的一次民族迁徙给完成了。这次民族大迁徙，就是贵霜人先祖大月氏人西迁中亚。

大月氏人来到中亚，他们带来丝绸，也带来与丝绸相关的消息。西方人称丝绸为天丝，一直想知道它产自哪里，想打通通往丝绸产地的商道，但追寻探索了千余年，一直一无所获。大月氏人给他们带来的这些消息，如同天上掉馅饼一样。

大月氏人西迁源于一场惨败的争霸战争。这次战争引发的一系列后果，对世界历史影响深远。

自春秋战国以来，东亚北部游牧的匈奴人不断与中原人发生冲突。不过，匈奴人南侵遭到中原人强力反击。一时间，匈奴南下抢掠不成，就转向征服周边游牧部落。其中，位于匈奴西部的大月氏是匈奴人进攻的重要对象。

大月氏是见诸中国古代史书的少数民族。战国时期，大月氏人迁到河西走廊，居住于祁连山一带。据《史记》《汉书》记载，大月氏人曾十分强大，在公元前 3 世纪末杀乌孙首领昆弥，导致乌孙余部北迁，以寻求匈奴庇护。在当时，大月氏人同样轻视他的邻居匈奴。

匈奴首领头曼单于曾将王子冒顿送至大月氏作为人质。随后，头曼率匈奴军进攻大月氏，欲借刀杀子。冒顿偷了大月氏的马逃回去了，于公元前 209 年弑父自立。冒顿单于自立后，匈奴迅速强盛起来，威逼四邻，东破东胡，西击大月氏，南并楼烦以及白羊、河南王，重占鄂尔多斯台地，北征丁零、鬲昆等 5 部，将诸“引弓之民”并为一家，统一大漠南北，成为当时亚洲最强大的游牧势力。

在匈奴数次打击下，不愿意屈服的大月氏人放弃河西走廊，利用自己长期从事西域转运商贸的优势，向西迁到伊犁河流域。他们到达巴尔喀什湖以东以南，直达楚河、热海一带，占领原住民塞人的土地。或许他们也没想到，这次逃难居然带来民族迁徙连锁反应。大月氏人比塞人要先进强大。他们来了，塞人无地可容，也被迫开始向外迁徙。

不过，大月氏人占据塞人领地后的好景不长。冒顿单于的继承者老上单于继承其扩张政策。他派兵南下抢掠汉朝，还指挥匈奴军以及急欲复仇的乌孙部众，向西进攻已居住于伊犁河流域的大月氏人。

他们这次攻打大月氏，不仅仅是想报仇，还有斩草除根的意图。战争的结果是，大月氏王被杀，其头骨被老上单于作为饮酒器。大月氏栖身的土地被乌孙给占领。大月氏残余力量不得不西逃，寻找合适的地方重新立国。乌孙在丝绸之路东西段交会的地方逐渐壮大起来。

被打败的大月氏进一步西迁，经过大宛，到锡尔河与阿姆河之间。大月氏人击败大夏国，成为这里新的统治者。此前被大月氏人击败的塞人逃离伊犁河流域及伊塞克湖周边地区后，部众分散寻找生存地。其中，由塞王率领的一支，南下建立罽宾国，领土包括克什米尔、卡菲里斯坦及犍陀罗一带地方。有些塞人部落分布在更广的地区，后来陆续建立一些小国，甚至一些沙漠绿洲中，也陆续出现一些塞人小国。

匈奴大破大月氏引发了民族大迁徙，席卷丝绸之路西段东部地区，形成一次大规模的战争浪潮：匈奴人、乌孙人打败大月氏人，大月氏人又赶走塞人，波及中亚、阿富汗乃至印度河流域的希腊人以及原住民。这是自 600 余年前斯基泰人大迁徙以来规模最大的一次民族迁徙。受这次迁徙浪潮影响，锡尔河以北的塞人大批南下河中地区。

这批塞人南下，灭掉了巴克特里亚王国，建立吐火罗国，即大夏国。希腊人的势力只能龟缩在兴都库什山以南，不得不接受被北方游牧民族驱逐出巴克特里亚的事实。

大月氏人征服大夏国不久，又相继征服索格底亚那和巴克特里亚。没多久，西汉出使西域的使者张骞从匈奴人那里逃出，经大宛、康居，随大月氏人南下到阿姆河，也来到大夏。他积极活动，游说大月氏一起攻打匈奴，开通从中国内地到西亚的商道。大月氏没给予积极回应，但事实上丝绸之路全线开通已经近在眼前。后来，大月氏人沿着丝绸之路由中亚向南前进，建立领土包括印度北部在内的举世闻名的贵霜帝国。大月氏人有如此广阔的生存之地，自然就不会再翻越“世界屋脊”“死亡之海”去与强敌匈奴人作战。

4. 大月氏人的丝绸之缘

大月氏人西迁给西方人带来新的认知，而张骞追随大月氏人的脚步翻越葱岭，带来东方古老大国打通东西方交流通道的迫切愿望——丝绸之路全线开通指日可待。

大月氏西迁无意间做了东西方文明沟通的桥梁。它的西迁是因抵挡不住匈奴进攻而不得不进行的。大月氏人为什么要朝着西域“死亡之海”大戈壁撤退，去翻越葱岭这让西方国家止步千年的“死亡之地”呢？为什么不想别的生路呢？

大月氏是白种人，远祖是迁徙出来的一部分塞人部落。在先秦时期，大月氏人就占据河西走廊一带。他们的战马、战车、青铜器当时都领先周边国家和部落。在北部草原上，从西到东，有大月氏、匈奴、东胡三强。为寻求与大月氏和平友好，匈奴首领头曼单于曾将王子冒顿送到它那里做人质。

不仅如此，大月氏还几乎消灭乌孙，迫使乌孙残余不得不流亡匈奴。匈奴首领冒顿单于崛起后，几次攻击大月氏，大月氏数次战败，但基本势力尚存。老上单于派匈奴人大败大月氏，杀死大月氏王时，大月氏还有 10 万户 40 万人，大约 10 万兵力——这在当时算相当强大的势力。

大月氏为何会义无反顾地西迁呢？不外乎因为大月氏人对西域非常了解，掌握了穿越“死亡之海”大戈壁的技能，认为西迁是最佳选择，对其民族发展有利。事实也证明，大月氏西迁后，很快凭其强大战斗力在中亚建立强大的贵霜帝国（存在于公元 1 世纪至 3 世纪）。

大月氏之所以对西域非常了解，能掌握穿越“死亡之海”大戈壁的技能，并不是他们有特异功能，而是因为他们很早就充当了西域丝绸交易的中间商——他们从中原人那里交换到丝绸，并通过西域“死亡之海”大戈壁中的绿洲国家转运，或者亲自参与运送，最终将丝绸送过葱岭或者天山[①]，通过中亚销往南亚、

① 大月氏人西迁到中亚，先是翻越天山，通过强驱塞人部落，才到达西域。他们长期从事丝绸转运贸易，有翻越葱岭和翻越天山两条通道可选择。

西亚、北非和欧洲。

早在张骞出使西域之前，希腊、罗马、亚述、波斯等西方古国就有贵族穿着轻柔飘逸、美妙动人的丝绸服装。他们将丝绸当作奇珍异宝，只知道来自遥远的东方，不知道丝绸究竟是由哪里出产，是如何生产。在公元 6 世纪以前，中华民族是世界上唯一饲养家蚕和制造丝帛的民族。毫无疑问，他们那些丝绸是从中国转运过去的。

公元前 10 世纪，周穆王西游[①]，将丝绸作为国礼带到西域各部落和国家。大月氏是受赠的国家之一。

在周穆王时期[②]，周朝国力强盛，周朝在西部的影响已经扩展到很远的地区。在讲究礼制的周朝，周穆王有些反传统，喜欢游玩。《列子·周穆王》记载，周穆王不恤国事，不乐臣妾，肆意远游。

周穆王一路西游，出访西域的国家和部落。据《穆天子传》记载，周穆王嗜好游历，曾于周穆王十三年至十七年驾八骏之乘，驱驰九万里，西行至“飞鸟之所解羽”的昆仑之丘，观黄帝之宫，又设宴于瑶池，与西王母作歌相和，乐而忘返。

周穆王此行带了很多丝织品，种类繁多，数量庞大。在《穆天子传》里有记载：帛、贝带、朱带、锦、组、珠丹等。这些东西都非常珍贵，不仅游牧民族没见过，而且在周朝也只有地位高的人才穿得上丝绸。

中华民族养蚕纺织丝绸的历史非常悠久。据浙江湖州市吴兴钱山漾新石器时代遗址考古发现，至晚在公元前 2800 年，中国已经用家蚕丝织成绢片、丝带。远古神话传说中有蚕神嫘祖[③]发明养蚕。先秦书籍《夏小正》记有“摄桑，委扬”，《诗经·七月》说“蚕月条桑，取彼斧斨，以伐远扬，猗彼女桑”。到周穆王时代，养蚕非常普及，纺织丝绸技术也非常成熟，甚至称得上高超。

周穆王携带着珍贵的丝绸，远离国土，向西北方向一路游历，说服西北少

---

① 周穆王坐八匹马拉的车子，带着一队人马，浩浩荡荡地沿着渭水向东前进，到了盟津，渡过黄河，然后，沿太行山西麓向北挺进，直达阴山脚下，转而长途西行，到了昆仑山，又向西走了几千里，到达传说中的西王母之国。

② 约公元前 976 年—公元前 922 年。

③ 嫘祖在传说中是黄帝的妻子。

数民族部落臣服周朝。来到河西走廊一带时，周穆王一行遇到一个古老的游牧民族，在古代史书里被称为析支、析枝、禺氏或禺知。

《穆天子传》记载，周穆王十三年，周穆王西巡，来到黑河流域的“禺知之平”。据考证，“禺知之平”指今天甘肃张掖一带。当时，张掖叫蒯邦，是大月氏首领蒯柏綮的领地。

周穆王来到蒯邦时，看到大月氏人，感到惊奇而欣喜。大月氏人得知来者是“来自东方的圣人”，蒯柏綮邀请周穆王回帐内交谈。通过交谈，周穆王了解蒯邦的一些情况。随后，他继续西行。离开时，周穆王送给大月氏头领蒯柏綮大量丝绸；蒯柏綮则献给周穆王 10 张豹皮、26 匹良马。

在西行过程中，周穆王一行人穿过一个个沙漠，经过一个个绿洲。据《穆天子传》记载，周穆王每到一处就以丝绸、铜器、贝币馈赠给各地酋长，各地酋长也向他赠送大量骆驼、马、牛、羊和酒，双方礼遇有加。

周穆王出河套地区，然后向西，经乐都、积石，由柴达木盆地再向西到珠作氏的居住地，最终抵达春山、珠泽、昆仑之丘[①]。最终，周穆王见到传说中的西王母。他先献上宝贵的丝织品，然后和西王母进行交流。西王母在瑶池之畔盛情款待周穆王，周穆王在这片乐土上饮酒作歌，乐而忘返……

周穆王西行掺入了神话色彩，但《穆天子传》内容绝非凭空虚构，实为当时中原人与西域交往的旅行日记。周穆王沿途馈赠丝绸，为后来丝绸之路开通播下了种子，激发了大月氏人经商的财富梦想。

在周穆王离开之后数百年，大月氏逐渐强盛起来，精明的大月氏人非常看好丝绸贸易。他们曾到陇西与秦国建立商品交换关系。到秦穆公时，大月氏人已经成为秦国与西方各族货物交流的中间商。

---

① 此处指葱岭。

5.“垄断商业机密”的中间商

到战国时期，大月氏国力进一步强盛。大月氏人赶走原本居住在敦煌一带的乌孙人，独霸河西走廊，建都昭武城。昭武城是当时的商品集散地。春秋战国时期，中原的丝织业也有长足发展，有提花文绮、绫罗、织锦、彩锦、锦绣等种类的丝织品。这些当时世界上独一无二的精美丝织品吸引着西域游牧民族，成为重要等价交换物，在西域各族人中间起着货币的作用。谁拥有了丝绸，就意味着拥有财富。

大月氏人从秦国等诸侯国那里换到丝绸，再运送到天山以西或阿尔泰西麓，出售给塞人。塞人心照不宣，对丝绸来源高度保密，然后与西方商人进行交易。精美的丝绸由最初的赠送品摇身一变成为有价值而且能够交换的产品。大月氏人看好它的巨大商机。丝绸是一种极其珍贵的东西，柔软细腻，然而并不适合游牧民族，因为他们经常骑在马背上，稍微不注意就会划破丝绸，所以他们把到手的一小部分丝绸留作自己用，将剩余的都转手卖给塞人。塞人学大月氏人，转手把丝绸卖给西方的商人。

大月氏强盛时的活动范围相当大，从天山中部一直延伸到贺兰山甚至黄土高原，但其核心在河西地区。他们牢牢控制这一地区，不让西部来的人进入，也不让他们知道丝绸来自何方，并沿着天山将丝绸转卖到天山北麓和阿尔泰山西麓。

公元前 9 世纪以后，在欧亚大陆从天山以北草原可以经由哈萨克草原、吉尔吉斯斯坦草原等草原到达黑海之滨，黑海之滨分布着斯基泰人和塞人。他们都与希腊人在黑海的殖民城邦建立频繁的贸易往来。希腊人将从斯基泰人和塞人手中交换到的物品运到欧洲去卖，赚取巨额利润。因此，斯基泰人和塞人也充当着中间商角色。

塞人能吃苦，充分利用自己游牧民族的优势，赶着马队或者骆驼队，又沿着天山北麓通向中亚的草原之路，从事着转运贸易。在天山北麓，塞人遇到从事丝绸贸易的大月氏人，从他们那里交换到丝绸。塞人本来是通过天山北麓去中亚的，却意外发现了天山北麓市场上的丝绸。

塞人从大月氏人手中买到丝绸，直接在黑海北岸市场上出售给希腊城邦殖民者。丝绸在黑海北岸受到很多贵族喜爱。卖掉丝绸的塞人，第一次尝到转运丝绸贸易的甜头。在部落首领带领下，他们第一次在黑海北岸站稳脚跟。他们让希腊早期贵族接触到东方的丝绸，也从希腊贵族眼中看到了无止境的欲望——他们喜欢丝绸，这种喜欢促使塞人继续做转运丝绸贸易。

丝绸转运到欧洲，受到欧洲上层贵族热捧，也激起沿途国家控制东方商道的欲望。

大月氏人和塞人对丝绸来自哪里高度保密，他们做丝绸转运贸易，独享了好几个世纪的利益，直至大月氏人大规模西迁，再也隐瞒不住消息为止。

几百年转运丝绸贸易让大月氏人熟悉西域各地情况，对行走沙漠戈壁，穿越"死亡之海"也是轻车熟路。

匈奴突然崛起后，大月氏遭到攻击，虽然几次战败，但实力尚存。他们远比匈奴人要富裕，要文明开化，视野也开阔得多。他们被打败后，没有选择与匈奴人拼命，也没有选择臣服于匈奴，而是向西撤退，去征服西边更弱小的塞人部落。

大月氏人离开河西走廊时，有10万户40万人，差不多10万精兵。他们到达塞王统治中心伊犁河流域时，塞人大约有100万，不少于20万军队。但是，塞人以部落为单位，分散很广：一部在遥远的里海东部；一部在锡尔河流域和楚河流域；一部在费尔干纳盆地；一部在伊犁河流域。伊犁河流域分布有10多万户，50万人，其中有10多万军队。其他三部不仅相隔遥远，而且中间隔着大山大川，根本无法支援。

大月氏人原来与塞人是商贸上的伙伴关系。此刻，为了生存，他们顾不得道义，全力拼命攻取土地。塞人无法迅速集中军队，又对昔日伙伴缺乏防备心，战事一开便立即失败。

于是，伊犁河流域剩下的30余万塞人不得不南迁。他们进入喀什噶尔流域后，开始分道扬镳，塞人的主力南下，在克什米尔建立罽宾国，又在罽宾国北部建立难兜国。留下的一部分塞人向东迁移，寻找新的生存之地，他们分别在于阗河、克里雅河、尼雅河、喀拉米兰河以及罗布泊的绿洲上建立于阗、戎卢、精绝、小宛、楼兰等小国。

锡尔河下游和楚河流域的塞人受到大月氏人冲击后，被迫向西南方迁移，与几乎同时达到此地的大夏人融合，占领巴克特里亚王国，建立大夏国。后来，迫于大月氏人的压力，大夏人又向兴都库什山以南撤退，将大夏国国土留给大月氏人。

进入费尔干纳盆地的塞人，与当地土著融合，建立大宛国。锡尔河中上游和楚河流域的塞人则建立康居国。南迁到帕米尔高原北麓的塞人，分别在疏勒西部衍敦谷建立捐毒国，在飞鸟谷建立休循国。咸海以西、里海以北的塞人建立奄蔡国（阿兰国）。那些迁徙不动的老弱病残不得不留在伊犁河流域，接受大月氏人统治。

不过，大月氏人的统治也不稳固。不久，乌孙人在匈奴的支持下，找大月氏人复仇。大月氏人被打败，被迫继续西迁，攻占大夏，并立足于中亚和南亚，断了回到东方的念头。乌孙也就此复国。后来，乌孙人跟匈奴人闹翻，与汉朝建立联盟，成为维护丝绸之路的重要国家。

在丝绸之路全线开通前，大月氏和塞人是中原和中亚、欧洲之间丝绸贸易的中转商。他们最早将丝绸转运到西方，为丝绸之路全线开通作出了贡献，同时他们垄断了转运丝绸贸易，保守丝绸产地的秘密，这在一定程度阻碍了丝绸之路的开拓。

第六章

压力是坚强者成长的力量

大月氏人遇到匈奴人施加的空前压力，他们西迁寻找更大空间，而同样面临巨大压力的汉朝却无处可退。面对匈奴人，汉朝选择了隐忍，在巨大的压力中积蓄实力，寻求翻身的机会。无论是刘恒，还是刘启，面对匈奴人炫耀武力和战绩的行为时，都显得空前理智。

1. 是共同敌人将汉朝和大月氏联系在一起

在大月氏的西迁过程中，匈奴人多次猛烈攻击大月氏人。其中有一次，匈奴人攻击大月氏的军事行动跟汉朝有一定关系。

公元前 180 年，汉文帝刘恒登基，他继续实行和亲政策，选一位宗室女子，将她册封为公主嫁给冒顿，还送去大量嫁妆。冒顿接受和亲，同时调集军队，准备攻击汉朝，给汉朝皇帝一个下马威。

公元前 177 年，冒顿命令右贤王率军在河套平原抢掠。经过一番商议后，刘恒一边令灌婴率军，准备迎击匈奴右贤王所部，一边写信谴责冒顿违背信义，摆出一副绝交开战的架势。结果，右贤王被汉军追逐着狼狈逃回塞外。冒顿冷静思考后，决定攻打大月氏，威慑汉朝。

冒顿想摆脱彼时汉朝和大月氏东西两线夹击匈奴的状态，决定先打击大月氏，征服西域其他国家，然后将其战果展示给汉朝人看。于是，冒顿命右贤王率军向西突袭大月氏。大月氏根本不是匈奴人的对手，又一次遭遇惨败，不得不再一次西迁。匈奴人完全占据河西走廊，解除了南下中原的后顾之忧。

河西走廊南面有一座高山，像一面屏风，从山上流下的雪水清冽甘甜，汇流成为疏勒河、弱水、卢水等多条小河，滋润着河西走廊的大地。等右贤王攻占河西走廊，冒顿亲自前往那里，向高山祭拜，将其命名为祁连山，意为“天山”。

匈奴占领河西走廊，还有了意料之外的战略收益。大月氏是西域大国，被匈奴追着猛打，不得不逃到西域去。西域那些小国家都闻风丧胆，不得不考虑寻求匈奴的保护。

一时间，楼兰、乌孙等西域 26 国纷纷投降匈奴，向其进贡财物、美女。匈奴将其势力范围伸向西域，一下子改变当地战略格局。西域诸国成为匈奴臣属。冒顿将其划归匈奴右部日逐王管辖。为管理好西域诸国，日逐王设立僮仆都尉，专职负责定期巡视西域各诸国，收取贡品，打击不服者。就这样，匈奴在西域建立起了相对完善的管理体系，将西域诸小国统一管理起来。

对于汉朝来说，这绝不是一个好局面。匈奴独霸整个北方草原，控制西域，从东北、西北、正北三个方向对汉朝形成战略进攻态势。匈奴赢得对大月氏的战争，客观上让汉朝面临的外部压力进一步加大。这也是后来汉朝产生联合大月氏进攻匈奴的重要原因。

凭着打败大月氏的余威，志得意满的冒顿当然不会低调行事。接下来，冒顿决定对汉朝来一次战略恐吓——向汉朝展示匈奴在西域的辉煌战果，威逼汉朝继续和亲，向自己送公主，送财物，同时警告汉朝，如果与匈奴为敌，大月氏以及西域 26 国的经历就会在汉朝重演！

公元前 174 年，冒顿致信汉朝皇帝刘恒，讲述匈奴在西域的丰功伟绩。信的大致意思如下：

继续和亲政策，对汉匈双方都有利。前次背盟，不是本单于的本意，原因是你方边境官吏侵扰、侮辱我方右贤王，右贤王情绪失控，听信后义卢侯难氏等人挑唆，没来得及请示本单于，同你方官吏发生冲突，破坏本单于与你先皇缔结的友好条约，离间了汉匈之间兄弟关系。本单于已经采取措施惩罚右贤王，命他率军攻打大月氏。托上天的洪福，匈奴将官勇猛，士卒装备精良，战马强壮，轻松消灭大月氏，杀掉一切敢于反抗和不服的人，降伏大月氏百姓，还威服西域楼兰、乌孙、呼揭等 26 国。西域各国人都成为本单于的臣民，草原上凡能弯弓射箭的人都成为一家。大匈奴境内安定祥和。本单于愿意停战，休养士卒，喂养战马，消除以前不愉快，恢复先前盟约，使两国边疆百姓安宁，让少年人能平安地成长，老年人能平安地生活，世世代代和平安乐，友好相处。

冒顿命令匈奴右贤王率军进入河南地[①]抢掠一番，却将责任推给汉朝边境的官吏。右贤王擅自违背两国之间和约，冒顿却说他受到手下挑唆。右贤王破坏双方友好条约，理应受到惩罚，但惩罚方式却是让他率军消灭大月氏，征服西域。

① 指河套以南之地，但范围与今日河套平原以南并不相同，因为古时黄河河道已非今日之黄河河道。

冒顿特意炫耀与汉匈关系毫不相关的、匈奴人在西域取得的战绩，是一种武力威胁：和亲是我们破坏的，大月氏被消灭了，西域26国投降了，本单于热爱和平，现在想重新和亲，你们愿不愿意，自己看着办吧！

收到冒顿的信，刘恒心情怎么都好不起来，他召集群臣，商议对策。匈奴此刻严重威胁着汉朝。今天匈奴人能来炫耀其侵略成果，明天就可能赤裸裸地来敲诈！匈奴自冒顿成为单于以来，兵锋锐不可当。当年，汉高祖刘邦在白登山与匈奴军对决，差点被俘，不得已才采取和亲政策。刘邦死后，冒顿单于写信调戏吕太后，吕太后也只能以装傻应付。参加朝议的很多公卿对这些记忆犹新，因此对与匈奴交战没信心，不愿意打破目前相对和平的局面。

他们普遍认为，匈奴刚刚打败大月氏，降伏了西域26国，挟胜利之余威，军队战斗力正强，这时发兵与匈奴交战，对汉朝不利，况且匈奴土地都是些低洼的盐碱地，即使汉朝打胜，占领匈奴的土地，也不能将其用于农耕和居住，还是继续和亲更有利。

刘恒冷静考虑后，发现匈奴处在实力顶峰，已经从三个方向将汉朝包围，与之对决，取胜把握不大，且即使侥幸打赢，也收获不到多少实际利益。不如继续隐忍，等待之后局势有所变化再做打算。于是，面对匈奴赤裸裸的威胁，刘恒答应匈奴和亲请求，派使者给冒顿送回信。

在回信中，刘恒高度赞同匈奴热爱和平的天性，并指出汉朝与匈奴结为兄弟，每年送给单于的东西很多，匈奴却总背弃盟约。当然，指责归指责，和亲还是要进行的，毕竟和平还是汉朝最珍视的。

接到刘恒回信不久，冒顿死了。他儿子稽粥继位，即老上单于。老上单于会不会让汉朝生存压力减轻呢？

2. 冒顿是那个时代的魔咒

冒顿单于治下的匈奴带来整个东亚地缘政治的震动，也给中原人以及其他草原人带来空前的压力，这个压力正是汉文帝刘恒不得不忍辱负重的重要原因。

汉族是农耕民族，匈奴是游牧民族。游牧民族没有固定的住所和领地，每天赶着羊群逐水草而居。进入秋冬后，草原上气候严寒，叶落草枯，牲畜面临着生存威胁。那些游牧部落就会赶着牲畜去寻找气候温和、适合放牧的地方。而中原是农耕区，居民有固定住所和土地，游牧部落赶着牲畜南下放牧，会毁坏他们的庄稼，干扰他们的生产和生活。每逢秋冬季，游牧民族和农耕民族就会发生激烈碰撞，战争也就在所难免。

游牧民族崇尚武力，将暴力掠夺看成"英雄行为"。他们南下放牧，一方面是为了给牲畜找到适合在秋冬季生存的地方，另一方面是为了抢掠财物和人口。在长期冲突中，游牧民族发现以武力征服农耕民族，肆意抢夺财产和人口，比放牧的收益多，因此，游牧部落往往全民皆兵，擅于骑射，部队机动性强，在掠夺行动中，常常成群结队地冲过来，抢完了就走，不会在占领某地后长期驻扎下来。

在长期反劫掠的战争中，中原王朝制定了一套有效的防御战略：边疆各地的老百姓修筑堡垒，实施集体防御。在春夏季时，大部分人从事生产，少数人利用烽火台监视匈奴人的动向；在秋冬季，所有人都武装起来，进入堡垒，准备同入侵者作战。

历朝历代在与北方游牧民族交界的山脉上修筑堡垒，设置烽火台，并将烽火台连接起来，派出一些人担任警戒任务。发现游牧部落进攻时，担任警戒任务的人就点燃烽火召集军队拿起武器登上长城防御和抵抗。没有发现游牧民族入侵时，除少数担任警戒任务的人外，大部分人都可以安心投入生产。

长城虽然修筑起来耗时费力，但在防御游牧民族侵扰方面的作用巨大。公元前 300 年，秦开率燕军袭击东胡，取胜后率部沿边境大山修建长城。公元前

244年，赵国大将李牧充分利用长城的优势，将攻防战术相结合，一举消灭入侵的10万匈奴军，迫使匈奴军远逃大漠。而秦始皇统一天下后，派蒙恬率军击败匈奴，夺取河南之地，并大规模修缮长城。

公元前209年，秦始皇病死在出巡路上，他小儿子胡亥继位，在长城边监军的大公子扶苏自杀，守将蒙恬等人被杀，长城防线守备力量被严重削弱。

之前被秦军痛击的匈奴，西有强大的大月氏，东有崛起的东胡，南有秦朝，只好离开自己的发祥地阴山，前往漠北草原寻找生存空间。在漠北十多年后，匈奴渐渐地恢复元气，而秦朝发生内乱，长城防线严重削弱。

当时的匈奴首领头曼单于率领匈奴人悄悄地回到阴山脚下。位于匈奴东方的东胡比大月氏强大，头曼决定与大月氏结盟，共同对付东胡，其把大儿子冒顿派到大月氏做人质。冒顿大义凛然地前往大月氏。谁知道，头曼随后率军袭击大月氏。匈奴军攻势迅猛，让毫无准备的大月氏损失不少人马。

大月氏王盛怒之下，要先杀冒顿，再起倾国之兵跟匈奴军决战。冒顿得到消息，寻机偷了一匹千里马，连夜马不停蹄地逃回匈奴。

冒顿死里逃生后，通过训练，打造了唯他马首是瞻、行动高度一致的军队。在一次出猎途中，冒顿突然将鸣镝[①]射向了头曼。头曼死后，冒顿率众回单于庭[②]，诛杀他的后母、弟弟以及一切反对他的贵族和将领，自立为单于。

匈奴是游牧民族，推崇强者，对大多数匈奴人来说，生存远比谁做单于重要，只要新单于能给他们带来生存发展的希望，能让匈奴强大起来，谁做单于他们都能接受。而冒顿当上单于后，一举消灭强大而傲慢的东胡，兼并东胡领土、残余部众和牲畜。

这一战后，匈奴成为草原雄主，匈奴人信心倍增，唯冒顿马首是瞻，坚定不移地执行他的命令。冒顿论功行赏，封赏有功将士。他派一部分军队继续攻打东胡残部，自己则亲率主力向西攻击大月氏，想乘胜消灭大月氏，独霸草原，不给大月氏任何准备的机会。

---

① 鸣镝箭，也叫响箭、哨箭、信号箭，由镞锋和镞铤组成，缝补一面中起脊，以免弧内凹，镞铤横截面呈圆形，具有攻击和报警用途。

② 单于庭就是匈奴单于的王庭，也就是单于的政权所在地，即首都，随游牧迁移而经常改变。

大月氏曾经被头曼单于打败过，被迫向西迁移。匈奴人重新回漠南草原后，出现父子相残、受东胡人欺压的情况，大月氏幸灾乐祸，站在一边看热闹。大月氏王本想等东胡将要灭掉匈奴时，再出兵攻打匈奴，报仇雪恨，同时侵占匈奴一部分领土。他没想到的是，冒顿会在如此短时间内突然崛起，一举灭掉东胡。当匈奴灭掉东胡后，大月氏王才意识到大难临头了。他率领军民继续西迁，以躲避匈奴人的锋芒。

在大月氏西迁逃走后，冒顿没率军继续追击大月氏人，而将兵锋转向南部，突袭楼烦残部和河南白羊王部。两部被打得大败，被迫并入匈奴。随后，冒顿又派军收复蒙恬所夺取的匈奴全部故地，将与中原王朝的边界推进到原来的河南旧塞，直到朝那、肤施一带。

当时，秦朝已经灭亡，刘邦正与项羽争夺天下，中原疲于内战，无暇顾及边塞小规模的外敌入侵。匈奴人没遭到大规模反击。冒顿也没亲自率军大规模南侵，而是先征服漠北那些部落，建设稳固的战略后方。于是，漠北草原的浑庾、屈射、丁零、鬲昆、薪犁等部落被迫纷纷向匈奴投降，并入匈奴。

至此，匈奴领土东起大兴安岭的乌桓、鲜卑山西界，西至中亚广大地区，北至蒙古高原以外的西伯利亚，南到长城。冒顿依然不急着与汉朝进行大规模作战，而是将主要精力用于制定相应制度上，同时派兵袭扰汉朝。匈奴很快成为组织严密、军事实力强大的大国。

刘邦取得争霸天下的最终胜利后，为惩罚投靠匈奴的韩王信，率军亲征。冒顿也率军前往。两个军事强国，都动用各自最精锐军队，双方最高统治者都御驾亲征，要与对方一决高下。规模空前的一次大决战——白登山之战爆发。

白登山之战的结果是汉朝和匈奴和亲。冒顿意识到一时消灭不了汉朝，答应和亲，却一直保持着对汉朝的军事压力。这一被动的战略环境令汉朝数代皇帝头痛。汉文帝不得不忍辱做出继续和亲的决定，就是这种大环境下的产物。

3. 汉朝遭受双重打压

冒顿单于死了，老上单于继位，但汉朝生存压力一点都没减轻，甚至变得更恶劣。

老上单于即位后，原本嫁给冒顿单于的公主嫁给了他。老上单于顺势接受和亲，也从这次和亲中得到死心塌地辅佐匈奴对抗汉朝的中行说。中行说竭尽全力，帮助匈奴对付汉朝。

汉朝与匈奴和亲，和亲的公主是宗室女子，并非真正的公主。每次和亲，礼仪排场都是按照公主级别配备，都有随嫁宫女和太监陪着。太监中行说被选中陪和亲公主去匈奴。他极其不愿意，最终又不得不去，便发下毒誓：你不让我好过，我就不让整个汉朝好过。

中行说到匈奴后，投靠老上单于，替他出谋划策，想方设法对付汉朝。老上单于将中行说视为“天赐”之人，当作心腹看待。

当时，匈奴人没文字，没书籍，不读书，许多事都靠口头转达，人的智慧和知识来自经验、见闻和老一辈人的口口相传。中原人通过阅读书籍，能汲取前人的智慧，丰富自己的见闻，提高自己的见识。因此，中原人在谋略上往往比匈奴人更有优势。中行说在汉朝皇宫里做太监时，读了不少书，精通谋略权术，对汉朝人的行事和思维方式非常熟悉。

中行说告诉老上单于，汉朝和亲有个重要原因是想同化匈奴贵族。匈奴经济文化十分落后，日用物资非常缺乏。匈奴人喜欢汉朝制造的精美物品。很多人不愿意生活在塞外，一心向往中土。他们穿汉式锦衣，吃汉式美食，喝中原美酒。这些人日常生活方式受到汉朝严重影响，不再像以前那样强悍。

中行说对老上单于说：“匈奴人口不如汉朝一个大郡的多，之所以能保持强大，全在于服饰、饮食与汉朝不同，经济上不依赖汉朝。如今，单于改变匈奴旧俗，推广汉式饮食服装，这些财富在匈奴人看来很珍贵。但是，对于地大物博的汉朝来说，不过是它财富总数的十分之一二而已，根本伤不了元气。长此以往，匈奴人早晚要归化于汉朝。中原人通过和亲同化游牧民族，是常用手段，以前晋国和戎狄结亲，用美酒佳肴和女乐换取戎狄马匹、毛皮等东西，让他们享受。几十年后，戎狄成为晋国附属，心甘情愿出人出力替晋国打仗卖命。汉服不适合在马上穿，美酒佳肴吃了就没了，对匈奴没什么好处。相反，匈奴人日渐沉迷于汉式锦衣玉食，会逐渐丧失优势……”

老上单于醒悟，采取措施阻止匈奴人汉化。他命令士兵穿丝绸在荆棘丛中策马奔驰，以此讥笑汉服不及匈奴服装实用。他将汉式食物扔掉，只吃草原上的日常食物，夸耀匈奴饮食更方便美味。他甚至公布命令：“得汉食物皆丢弃之，得汉衣物皆撕裂之。”

在阻止匈奴人汉化的同时，中行说还帮助老上单于提高匈奴人民族认同感和自信心，让匈奴人在汉人面前有强烈的自豪感，而不是仰慕汉人。在汉匈双方书信往来方面，为突出匈奴单于比汉朝皇帝高一等，要求匈奴致汉朝的国书要比汉朝的长一寸，用印加大一号，国书开头写上“天地所生、日月所置的匈奴大单于敬问汉朝皇帝无恙”，才能写其他内容。老上单于召见汉朝使者时，也要表现自己的尊敬。

除帮助匈奴人提升文化自信外，中行说还将汉朝管理经验传授给匈奴人，将赋税计算、征收、管理知识传授给匈奴官吏，帮助匈奴完善司法体系，树立大单于的权威，进一步加强单于对贵族的控制。经过一系列改革，老上单于的统治巩固，匈奴实力蒸蒸日上。

老上单于先对汉朝进行一番军事恐吓，然后集中力量进攻老冤家大月氏。大月氏虽然多次被匈奴打败，但其主力犹存。大月氏被匈奴从漠南草原一步步赶到西域伊犁河流域后，因西域诸国实力较小，大月氏反而获得更大生存空间，有复兴的迹象。大月氏复兴对匈奴来说绝不是什么福音。老上单于要想征服汉朝，首先要征服大月氏，避免将来在战场上两面受敌。

公元前 176 年，大月氏稍微恢复势力便出兵攻打乌孙。乌孙战败，昆弥难兜靡被杀，国土被占领。难兜靡的继承者，年仅 1 岁的猎骄靡被大臣傅父布带着逃到匈奴。乌孙是匈奴的属国，冒顿单于收留了他们。

几十年后，猎骄靡长大了，渴望复国。老上单于也想打击大月氏人。于是，匈奴人和乌孙人联合向大月氏发起进攻。

在匈奴铁骑和乌孙人的联合攻击下，大月氏人经受不住，损失惨重。大月氏王被杀，头颅被匈奴人制成酒器。为了记住这场刻骨铭心的败仗，大月氏人创作了一首凄惨的民歌：

孩子，你要是渴了，莫饮河水。
河水里，敌人下了毒。
你要喝就喝敌人的血吧！
孩子，宁死，也不用屈服，
死了，不要让我看到你睡在棺材里，
你的尸体一定要躺在盾牌上被抬回来。

这一战之后，大月氏残部在大月氏王后率领下继续西迁，被迫翻越天山，来到中亚阿姆河以北。猎骄靡降伏未来得及撤走的塞人和大月氏人，并一举成为西域强国。

猎骄靡成为匈奴在西域的代理人。他率军帮助匈奴平定西域诸国，成为匈奴最忠实的奴仆。他大仇已报，有了国土，又有那么多臣民和军队，心满意足。他时时告诫子孙贵胄："非匈奴无以复国，须秉持感恩之心。"

老上单于扩大了匈奴的势力范围，志得意满。加上猎骄靡对匈奴极其恭顺，他并没为难猎骄靡，而是尽量客气，维系与乌孙的友好关系。

匈奴平定西域没多久，老上单于死了，军臣单于继位。中行说继续侍奉军臣单于。军臣单于对猎骄靡丝毫不客气，下令将河西走廊分为两部分，设置休屠王和浑邪王负责治理。休屠王和浑邪王是匈奴语发音，意译过来就是月氏王和昆弥王。猎骄靡认为这是公开对自己的独立地位的贬低和人格的羞辱。

这时，乌孙已占据大月氏人留下的伊犁河流域的牧场，势力强大起来。猎骄靡尊重老上单于，却受不了军臣单于，于是宣布摆脱匈奴控制而独立。军臣单于派兵偷袭乌孙，同时想震慑一下西域其他小国。

猎骄靡从小在匈奴长大，在匈奴生活十几年，对匈奴人的那一套战术太熟悉了。他利用地理优势，率领乌孙军将匈奴军打得惨败。军臣单于想起猎骄靡的身世，认为他是狼的孩子，匈奴军惨败纯属天意，不敢再派兵前去进攻乌孙。

匈奴在西域遭到失败后的第二年，即公元前 160 年，军臣单于接受汉朝送去的和亲公主和大笔嫁妆，就策划进攻汉朝。公元前 158 年冬天，军臣单于突然宣布断绝与汉朝的关系，率军大举入侵。匈奴军所到之处，惨状一片，杀掠汉朝百姓无数，将战火烧到甘泉宫。

汉朝皇帝刘恒急忙调集军队，准备与匈奴军决战。匈奴军不屑与汉军决战，得知汉军出动，就带着抢掠的财物、牲畜、人口浩浩荡荡返回了匈奴。汉军带着一腔悲愤追击，但追至边塞后，不得不止步，修复原来的要塞，重新部署防守。

汉军以步兵为主、骑兵为辅，机动能力差，根本没能力出塞攻击匈奴。刘恒只好再次忍气吞声，继续加强边境防御，不断从内地向边境充实人口，实施屯垦，大力鼓励养马，以备军用。

公元前 156 年，刘恒带着遗憾死了，他儿子刘启继位。虽然匈奴人欺负汉朝，但汉朝皇帝不得不小心翼翼地继续和亲政策。

4. 优秀的人在忍辱中发愤图强

汉朝面临残酷的外部生存压力，唯有忍辱负重，刘恒忍耐力令人刮目相看，无论匈奴人怎样挑衅，他始终坚持“立足于和亲，适度抵抗”的方针，保证经济继续恢复和发展。

刘启继位后毫不犹豫地继承先皇的政策，继续和亲，忍耐匈奴人的骚扰，集中精力先解决内部问题，进行“削藩”①。

不安分的诸侯见皇帝刘启“手忙脚乱”，认为其“昏庸至极”，夺权篡位机会来临。公元前 154 年，七大诸侯国打着“清君侧”旗号，联合出兵反叛朝廷。赵王刘遂与匈奴勾结，请求军臣单于出兵支援。军臣单于率领大军越过长城，挥师南进。

但很快形势发生逆转。周亚夫率军花 3 个月时间就打败造反的诸侯们，7 个诸侯王有 1 个被杀，其余 6 个自杀。七国之乱被镇压。汉军士气旺盛起来，再度赶往边境，迎击匈奴军。军臣单于见无利可图，率军退去。

公元前 152 年，汉朝再送一位公主和亲，对匈奴人示好。军臣单于答应和亲，接纳和亲公主和丰厚的嫁妆，但没多久就派人去长安指责送去和亲的公主是假的，汉朝要背负毁掉和亲的责任。

之前和亲，匈奴人从没在意过公主真假，只要陪嫁的嫁妆丰厚，就欢喜地接受。毕竟宗室女也是高贵的女人，且每一位宗室女都在行前接受过册封，公主身份毋庸置疑。追逐利益的匈奴人也不在乎那些事。这次，经过中行说一教唆，军臣单于就想借此敲诈汉朝一笔，逼汉朝服软，再给匈奴送些好处来。

刘启经过一番痛苦挣扎后，答应把亲生女儿嫁过去。刘启亲生女儿 15 岁的

① 汉朝郡县制和分封制并行。汉初，刘邦消灭异姓王后，分封宗室子弟为王。到汉文帝、汉景帝期间，同姓诸侯王势力坐大，威胁到朝廷。汉景帝为了收回诸侯手中的部分权力而采取一些政策，引发了七国之乱。

南宫公主[①]泣别长安，踏上不归之旅。

刘启还给军臣单于送去大批财物。为了表达诚意，刘启还下令在汉匈边境开通关市，双方一起做生意，互通有无。

从和亲中得到好处的仅仅是单于本人，而做生意是互通有无，匈奴贵族都能受益——关市开通使他们可以用马匹、牛羊去和汉人交换日常用品，从而能享用中原丰富的物产和各种精美的制品——匈奴贵族的需要和利益得到满足，南下抢掠欲望就没原来那么强烈。

此外，匈奴贵族也可以将交换得到的丝绸等汉朝产品，畅通无阻地运到西域去，然后翻越葱岭，将其贩卖到中亚去。匈奴人发现这种商贸利润巨大而风险小，逐渐不再像此前一样迷恋于“刀口舔血的日子”。

刘启此举更重要的目的是积蓄力量。与匈奴相比，汉朝无论在人口、文化还是经济实力上都远远胜出，军队数量也远远胜出，但冷兵器时代机动性最强的骑兵却是匈奴的长处。

在冷兵器时代，要想组建骑兵，既要有善于骑马射箭、骑马拼杀的将士，也要有大量优质马匹。匈奴骑兵之所以强大，关键因素是地处草原，马匹数量充足，且人人骑马射箭，作战技术精湛。汉朝要战胜匈奴，必须有大量骑兵，这就需要大量马匹。通过边贸悄悄将匈奴的马匹换来，既可以让匈奴贵族受益，赢得积蓄力量的时间，也可以减少其骑兵后备力量，这样，双方军队实力就会慢慢发生变化。

接下来十余年，匈奴人再也没大规模入侵汉朝，双方相安无事。通过汉朝送给匈奴的财物以及关市贸易，匈奴贵族生活水平大幅度提高。既然汉朝人能主动送来，那么他们就没必要再冒着生命危险去抢，反正草原上马多的是，几匹马就能换来东西，谁又愿意冒流血的危险去抢呢？汉朝的马逐渐多了起来，中原人也逐渐适应和重视养马、骑马。

长城两边的形势也在悄然发生变化。公元前 148 年春，军臣单于想派兵翻

---

① 南宫公主，刘启皇后王娡生的第二个女儿，汉武帝刘彻的二姐。据《册府元龟》记载，她是汉景帝送往匈奴和亲的亲生女儿。据唐朝司马贞《史记索隐》记载，是有人冒替南宫公主远嫁匈奴，而真正的南宫公主初嫁张坐，后嫁耏申。本书采纳第一种说法。

越长城实施抢掠，锻炼一下新成长起来的士兵。他率兵来到长城脚下时，惊奇地发现汉朝边境已悄然发生变化：长城边塞早已经悄悄修葺一番，还驻屯了一批弓马娴熟、战斗力很强的军队，有一批指挥有方、让匈奴军畏惧的名将坐镇。

原来，刘启在发展经济，换回马匹的同时，也在着手培养和提拔战将，派其驻守边塞，观察匈奴骑兵，钻研匈奴骑兵的战法。郅都、程不识和李广等名将相继脱颖而出。

另外，刘启招募流民充实边地，大力发展养马业。通过边贸将匈奴的马换过来后，刘启下令由流民负责饲养。不仅如此，他也花钱请匈奴人帮忙养马，或者将俘虏来的少量匈奴人送去养马。十几年里，汉朝军马养殖数量惊人，仅仅属于官府的马就有 40 万匹，如果征用民间的马匹，那么数量将会更多。

在这种情况下，汉朝已有足够财力和马匹组建规模庞大、成建制的骑兵。非常重视骑兵建设的刘启，派人系统研究匈奴骑兵，并有针对性的组建轻骑兵和重骑兵队伍，进行有重点、有针对性的训练。轻骑兵主要用作侦察敌情和突袭敌人后方，不装备铠甲，武器以弓箭为主，骑手由善于射箭的人组成，战马也是较矮小灵活的。重骑兵主要用于冲锋陷阵，与敌人进行正面作战，装备着铠甲，以戟、矛和环首刀等近战武器为主，骑手由健壮勇猛的人担任，骑乘高大健壮的战马。

军臣单于率领匈奴军在长城边上逗留了一阵，见无机可乘，只好退兵而去。

军臣单于的不战而退让一部分仰慕汉朝的匈奴贵族意识到匈奴已经衰落，而汉朝强大起来了。他们向往汉朝的生活，寻找机会投奔了汉朝。刘启不仅很大度地收留那些匈奴贵族，还封他们为列侯，让他们享受豪华奢侈的生活。他想借此向匈奴贵族展示汉朝皇帝的仁慈和大度，希望有更多匈奴贵族脱离军臣单于投奔汉朝。果然，越来越多的匈奴贵族离开军臣单于，投向汉朝怀抱——到中原去封侯，到中原去享受豪华奢侈的生活。

军臣单于很震惊，被迫重新评估汉朝实力，制定有针对性的策略，挽回匈奴颓势。他发现汉朝“庶众街巷有马，阡陌之间成群”，已经具备组织与匈奴骑兵同样优秀的骑兵队伍的所有条件。

公元前 144 年，军臣单于亲自率领匈奴军大举进攻位于上郡的汉军养马场，企图夺取汉朝的战马。匈奴人突然来抢马，让汉军始料不及。但是，汉军士兵誓死拼杀。汉朝援军很快赶来，要与匈奴人决战到底。匈奴人见无法破坏马场，又不愿意仓促决战，只好撤军而去。

军臣单于不死心，公元前 142 年又率军攻进雁门郡。一番激战后，匈奴人付出重大伤亡后攻破雁门关，却已经无力继续南侵，不得不在掠夺泄愤后撤走。

这两次事件暴露出一个严重问题：汉军虽有大量骑兵，却没有克制匈奴骑兵的战略战术，导致大量汉军赶到前，匈奴骑兵已趁机逃走。汉朝要战胜匈奴，还需继续努力，寻求突破。

刘启尚未战胜匈奴就带着遗憾死了，他 16 岁的儿子刘彻继位。不过，刘启已经为开启一个崭新的时代奠定基础，为中华民族在恶劣生存环境下崛起提供物质保障，只要刘彻找到战胜匈奴骑兵的战略战术，摆脱匈奴的战略压制就指日可待。

第七章

突破，突破，必须突破

汉朝实行和亲政策，对匈奴尽量隐忍，但匈奴一再威逼。刘彻当皇帝后，汉朝和匈奴之间的和平已被打破。刘彻别无选择，只能迎战，而要想获得胜利，唯有获得新的盟友。这时，愿意出使匈奴的张骞出现了，给汉朝带来了希望。

1. 和亲之路已行不通

刘启带着遗憾死了，他的儿子刘彻虽然继承繁荣富强的江山，但仍然面临着各种挑战，没有理顺内部各种关系。维护稳定是上上策，继续和亲是不二选择。

公元前 137 年，刘彻派 63 岁的公孙弘出使匈奴。此时，刘彻已经 20 岁，当皇帝已经 4 年。他完全掌握朝政，需要对匈奴进行一次试探性访问。军臣单于也想借公孙弘来访一事试探汉朝动向。

公孙弘没领会年轻皇帝的真正意图，也没看清楚形势变化，认真执行和亲政策。军臣单于见此，直接傲慢地说："那将你们皇帝的女儿送来啊！"刘彻才 20 岁，匈奴单于要求其将女儿送来匈奴和亲，太傲慢无礼了。

公孙弘百般解释，"皇帝很年轻，公主年龄太小了，等她成年后，一定会送来匈奴的"，然后承诺恢复关市，每年继续赠送匈奴大量金帛、丝絮等贵重礼物，数量甚至可以加倍。

军臣单于见公孙弘卑躬屈膝，又不断地许诺给匈奴好处，因此态度非常傲慢，如同审问俘虏一般诘问他。公孙弘脾气好到极点，逆来顺受，低调应答，处处迁就，凭借其渊博学识和儒雅风度化解刁难。

军臣单于见公孙弘说得头头是道，也不得不同意等汉朝公主长大一点后再送来和亲，同意恢复互市——这几年中断和亲，互市关闭，汉朝不给钱财和生活用品，那些习惯享受汉朝奢侈品的匈奴贵族既无法通过贸易购买到，也无法越过长城抢掠到，不满情绪已经非常明显了。

公孙弘以为自己立了大功。没想到皇帝听了他的汇报，心情极其不好，一番斥责，还免了他的职务。公孙弘只好称病告老还乡，回家休养去了。

事实上，早在派公孙弘出使匈奴前，刘彻就重用投降汉朝的匈奴人秘密训练骑兵。汉朝不缺马，不缺钱，只缺大量熟练掌握骑马作战的人。刘彻用优厚待遇收买匈奴俘虏或者叛逃匈奴的人，来帮助汉朝训练骑兵，弥补对匈奴作战的短板，需要一段时间。刘彻派公孙弘去匈奴是想探听一下消息，顺带维护一下关系，让匈奴人失去警觉，就算完成任务了，至于等公主长大后再送过去和亲的话，是可以敷衍过去的。

和亲之路已经堵死，战争即将来临。虽然刘彻拥有强大的财力，也拥有足够的骑兵，但汉朝自立国以来就没取得过对匈奴决定性的胜利，即使他有信心取胜，军民也难免信心不足。必须想个万全之策。此时，汉朝被匈奴从西北到东北形成战略包围，如果有个国家结为盟友，夹攻匈奴，就可以打破这种局势，分散匈奴兵力，那么汉朝取胜的把握就更大些。

跟谁结盟呢？结盟的国家必须跟匈奴有仇，必须与匈奴接壤，还必须有一定实力。刘彻看着地图想来想去，想到此前经常来中原交换丝绸的大月氏人。自从匈奴人炫耀攻打大月氏的战果后，大月氏人就没来中原换取丝绸，汉朝也很少有大月氏的消息，只知道大月氏人被匈奴人打跑，跑到遥远的西方去了。

刘彻秘密令人打听大月氏的消息，收集有关大月氏的资料。谁也不知道大月氏人究竟都去哪里了，只知道大月氏人白皮肤蓝眼睛高鼻梁。于是，有人想到去匈奴俘虏中打探大月氏的消息。

没过多久，刘彻在匈奴俘虏中找到了大月氏人。通过翻译，那个先成为匈奴人的俘虏后成为汉朝人的俘虏的大月氏人讲述了大月氏人败给匈奴之后的遭遇，说他们在西域生活，与匈奴人有世仇。

“与匈奴人有世仇”让刘彻决定与大月氏结盟。他认为，如果能得到大月氏的战略援助，那就等于砍了匈奴的右臂。退一步讲，即使不能与大月氏结盟，也可以趁机了解一下西域的情况，甚至可以借此提升将士们与匈奴作战的信心。

与大月氏结盟夹攻匈奴，这件事未必能实现，但刘彻还是决定派人去劝说大月氏人。匈奴时时刻刻都威胁着汉朝生存，匈奴统治中心离汉朝统治中心只相隔几百里路程，以匈奴骑兵的进军速度，十天半月就能到长安城下。虽然此前忍辱负重与匈奴和亲了几十年，但那种屈辱日子不可能一直过下去。刘彻认为，汉朝已经具备与匈奴决战的条件，唯一缺乏的就是一个盟友，增加胜算，鼓励军民信心。

下定决心后，刘彻公开发布皇榜，招募能出使西域的人，无论他是官是民，是汉人还是其他少数民族，只要愿意出使西域，有能力完成皇帝交代的任务，朝廷都会授予官职，给予相应待遇。

一时间，长安城内，从官到民都在议论这事。中华民族有安土重迁的传统。在很多人看来，皇帝的想法异想天开，去西域这种未知的地方就如同去送死。很多人看重皇帝许诺的待遇，却不愿意应征。相反，一些匈奴俘虏表现得非常积极，纷纷主动表示愿意应征出使大月氏。

汉朝派出的使者队伍中可以有匈奴俘虏，但不可能让匈奴俘虏全权代表朝廷。刘彻决定等一个有勇气有魄力的汉人应征，由他担任使者，其他真心归降汉朝的匈奴俘虏做随从。

我愿意去西域！一个叫张骞的年轻人出现在刘彻的视线中。张骞出身平民，因参军作战勇敢，俘虏一些匈奴人，又因及时在匈奴俘虏中找到大月氏人而被提拔为郎官。他的资历太浅，但刘彻还是召见张骞，与他密谈。

一番谈话下来，刘彻的顾虑消除，反而认为张骞是最合适人选。于是，他令张骞去长安军民和匈奴俘虏中挑选助手，同时搜集有关西域的资料和消息，为出使匈奴做准备。

2. 有个敢冒险的人叫张骞

张骞非贵族出身，在得到皇帝认可后，他决心不负皇恩，全力以赴去拼搏，通过出使西域光宗耀祖，扬名立万，改变全家乃至整个家族的命运。

张骞全身心投入准备工作。凡是跟匈奴有关的人或者了解匈奴的人、凡是跟西域有关的人或者了解西域的人，张骞都一一拜访，留下谈话记录。因为有皇帝特许，张骞的权力非常大——上至皇室贵胄家里，下至监狱，他都能进出自如，想找谁谈话，谁就必须配合，而且还有权带走任何他认为适合出访的人。

在监狱中，张骞遇到堂邑父①，认定此人正是自己所寻找的帮手。原来，堂邑父曾经在西域诸国经商，被匈奴人抢掠为奴隶充军，又在匈奴人侵略时被汉朝俘虏，关在监狱里。

当时丝绸之路并未全线开通，但他已经在自己了解的商道上贩运丝绸，从事东西方的转运贸易，赚取巨额利润。且他对西域各地地理和风土人情了然于胸，见可以免去牢狱之灾，堂邑父非常高兴，积极配合张骞。

堂邑父向张骞详细讲述他所了解的西域。天山北麓是天然的优良牧场，已被匈奴占有，归右贤王和右将军管辖。天山南麓气候干燥，可耕种地区狭小，那里有大约 36 国，多以农业为生，兼营畜牧业。出阳关南行，傍昆仑山北麓向西，有且末、于阗、莎车等国，出阳关后北行，由姑师沿天山南麓向西，有焉耆、轮台、龟兹、疏勒等国。在南北道之间是一望无际的沙漠。西域居民主要有氐、羌、匈奴、大月氏和塞人等各族部落，人口总计约 30 余万……南路诸国被匈奴征服，归属常驻焉耆的匈奴僮仆都尉管辖。僮仆都尉往来于诸国，控制各地的商道收税，向各国居民征收粮食和羊马，把焉耆变成匈奴在天山南的补给站。葱岭以西的大宛、乌孙、大月氏、康居、大夏诸国，由于距匈奴较远，尚未直接沦为匈奴的属国……

---

① 堂邑父，也叫甘夫。

张骞听罢，对出使西域更有信心。他将了解的西域情况上报刘彻。刘彻得知情况后，更坚定了联络大月氏等西域诸国对抗匈奴的决心。如果能联络西域诸国，结成军事联盟，一起夹攻匈奴，那么就可以分散一些匈奴兵力，战胜匈奴的把握就更大一些。退一万步讲，即使不能与西域诸国结盟攻击匈奴，只要能分化它们与匈奴的关系，让它们保持中立，对汉朝征讨匈奴也非常有利。

接见张骞后，刘彻下令释放堂邑父，授予他官员身份，作为张骞的助手，一起组建出使西域的团队。堂邑父一下子从阶下囚变成汉朝官员，成为张骞的助手，别提有多高兴。他一一建议张骞做相关准备。张骞因为有皇帝的授权，在招募出使西域团队时，无论是要钱财还是要人，都是一路绿灯。

没多久，以张骞为首领、堂邑父为辅助的出使西域的团队建立起来——共有 100 多人，他们或精通西域少数民族语言，或有穿越沙漠的经验，或有草原生活的经历，或善于外交，或有识别天气的能力，或有高强的武艺。

公元前 138 年，在刘彻当面授予机宜后，在堂邑父的陪同下，张骞率领众人，浩浩荡荡地从陇西出发，开始他为突破汉朝生存困境的外交努力，也开始全面打通丝绸之路的西行探索之旅。

此行，他面临的不仅仅是充满艰辛的遥远而漫长的路途，还肩负着汉朝战略突围的重任——此举关系到汉朝能否摆脱匈奴压制，能否从此改善生存处境。

3. 撕破脸面了，只有下决心一战

张骞率领使团西行是空前的举动。除刘彻和张骞知道此行真正目的和意图外，其他人包括随行的100多人都一概不知。张骞一行人没走多远，就被匈奴人抓获。张骞坚决不吐露此行的目的，匈奴人也始终不知道。

军臣单于想方设法了解张骞等人西行的目的。中行说搜肠刮肚地分析，但这件事远远超出他了解的知识范围，根本分析不出什么来。

不知道对手要干什么，让军臣单于越想越恐惧，越想越焦虑。无奈之下，军臣单于将张骞幽禁起来，派美女侍候，然后在汉朝不知情的情况下进行武力敲诈，意图观察点端倪来。

公元前135年，军臣单于派使者前往长安，催促汉朝皇帝赶快将和亲公主送往匈奴去。此时，刘彻的亲生女儿连10岁都不到。军臣单于此举目的就是故意激怒汉朝，挑起战争。

刘彻确实被激怒了，恨不得将所有匈奴人通通消灭。但他没有失去理智，而是召集文武大臣，商议对策。为此，主战派和主和派展开针锋相对的辩论。

王恢平日里负责接待匈奴等各国使者，受尽匈奴人的窝囊气。他劝刘彻与匈奴决裂，不必再送公主去塞外受苦。匈奴人毫无信义可言，这么多年来，总在和亲后背盟，以此敲诈勒索汉朝的钱财。等汉朝无法满足匈奴人时，双方照样要决裂开战。匈奴人口不过数十万，抵不上汉朝一个大郡，现在下决心一战，一定能打败匈奴。

御史大夫韩安国分析了汉朝的不足之处，他认为时机不成熟。刘彻在综合分析后，也意识到此时与匈奴作战没多大胜算，只得暂时按捺住雄心，忍辱将年幼的公主送去匈奴。

军臣单于见刘彻服软，将和亲公主送来了，又怀疑汉朝送来的和亲公主是假的，想方设法欺凌和折磨公主，以激怒刘彻，挑起战争。他想利用匈奴军事上的优势，打断汉朝的崛起，让汉朝永远对匈奴低三下四。

在汉匈之间从事贸易的聂壹得知军臣单于欺凌和折磨小公主的事，报告了大行[①]王恢。王恢是主战派，上次朝议时，其意见没被采纳，便派聂壹借贸易之名去刺探匈奴情报。王恢算盘打得很精，通过聂壹去匈奴贸易，既能从中获利，又能源源不断地获取匈奴情报。一旦汉朝与匈奴绝交开战，他就可以建功立业，扬名立万。

得知公主在匈奴受虐待，王恢非常气愤。聂壹也想建功立业，渴望从走私商变成朝廷命官。聂壹向王恢献计，让他将公主受虐一事上报朝廷，说服朝廷下定决心用武力抗击匈奴，然后自己引诱军臣单于率领匈奴主力进入边境，汉军在边境设下埋伏，将其一举歼灭。

王恢在朝廷上讲了小公主在匈奴受虐一事，痛斥军臣单于野蛮无礼。这激起满朝文武的愤慨。主战大臣们纷纷要求给匈奴人一点颜色看看。刘彻震惊，追问王恢消息来源。王恢请求将聂壹叫上殿，让他讲讲在匈奴的所见所闻。刘彻允许了。

聂壹讲了公主在匈奴的遭遇，他对匈奴习俗、政权结构、人事纠纷、军队建制、战斗能力、作战方式等事如数家珍。他悲愤地请求征讨匈奴，表示愿意为国出力，尽其所能，万死不辞。

经过深思熟虑后，刘彻同意王恢提出的汉军在马邑设伏，然后由聂壹引诱军臣单于率匈奴主力军进入马邑，将其一举击杀的方案。

一战而击杀军臣单于，这是刘彻梦寐以求的。刘彻任命御史大夫韩安国为护军将军，全权负责统辖诸将；任命卫尉李广为骁骑将军；太仆公孙贺为轻车将军；太中大夫李息为材官将军；大行王恢为将屯将军。于公元前 133 年，发动 30 多万骑兵，部署在马邑附近，准备诱歼匈奴军。

在部署军队的同时，聂壹前往匈奴拜见军臣单于。最终，聂壹如愿诱骗军臣单于率领匈奴主力进入马邑，但缺乏军事常识的聂壹做了一件画蛇添足的事——为防止军臣单于中途变卦，他叫人把马邑的牛羊马全放到野外作为诱饵。

军臣单于心生疑惑，派人去侦察，结果抓住了正在巡视的雁门尉史。雁门尉史为活命，将汉军在马邑埋伏的情况和盘托出。军臣单于大惊，当即下令撤军。

---

① 汉朝接待宾客的官吏，即外交官。

精心策划的一场伏击战彻底失败。汉朝与匈奴之间最后的和平也从此结束，双方只剩下赤裸裸的战争。此后，军臣单于令匈奴军不断骚扰，企图以此削弱汉朝实力，再寻机大举进攻中原腹地。

刘彻下令边境各地严加防守，同时想方设法增强汉朝凝聚力，下诏立法“雍阏求奋击匈奴者……格明诏，当弃市”。各诸侯手下将士为了升官发财，纷纷表示愿意为朝廷抗击匈奴。刘彻顺势封他们为将，把他们调离王国，加以笼络，将他们收归在朝廷旗下。

此后，刘彻抓住匈奴人并未与汉朝完全决裂的机会，又策划了一次伏击。原来，虽然匈奴骑兵侵扰汉朝边境，但他们在盐、铁等物资上，完全依赖于中原人。匈奴贵族喜欢汉朝丝绸等奢侈品。他们一边与汉朝交战，抢掠人口和财富，一边又与汉朝在边地的关市通商。抢掠时以军人的面目出现，通商时以商人的面目出现。

刘彻敏锐地捕捉到潜藏在关市中的战机，决定借关市通商，打击匈奴人。他下令对上谷郡、代郡、雁门郡、云中郡等地来关市通商的匈奴人进行大规模袭击，切断匈奴的战略物资来源。结果，匈奴人前来经商的队伍被袭杀，想换取的战略物资一点也没得到。

4. 新人在绝望中带来希望

刘彻出狠招，下令袭击那些前来通商的匈奴人，令军臣单于感到意外。更令军臣单于意外的是，公元前 129 年，刘彻突然派出大军攻入匈奴腹地。

此前，汉军都是在长城内侧调兵遣将，进行防御作战。这一次，汉军主动越过长城，向塞外发起进攻，而且率兵出征的将领，除名将李广外，其他三个都是新人——公孙敖一直是刘彻身边的骑郎，负责训练骑兵；卫青是皇后卫子夫的亲弟弟，也是负责训练骑兵的人；公孙贺是卫子夫姐姐卫君孺的丈夫，也是刘彻的姻亲。四个将领互不统属，各自率军作战。

战争的结局也大大地出乎意料，车骑将军卫青人生第一战，负责牵制东边的匈奴军，在统率骑兵方面表现出惊人的天赋，率军凶猛作战，一路杀到匈奴圣地龙城，斩杀 700 人，给匈奴人心灵上以巨大震慑。

其他三路大军，骠骑将军公孙敖惨败，侥幸率领残军突出重围；骁骑将军李广遇到匈奴主力，寡不敌众，战败被俘，最后成功逃脱；轻车将军公孙贺一路上没有遇到匈奴人，无功而返。

经过这一战，刘彻发现，卫青才是对骑兵战术领悟最深刻的人。卫青脱颖而出，让刘彻看到战胜匈奴的希望，也让汉朝内部那些主和派有了新的认识。而另一个意外惊喜是，卫青登上历史舞台也间接促成刘彻的另一个“贵人”张骞脱困，进而完成他伟大的功绩。

匈奴被卫青袭击龙城后，军臣单于下令匈奴军加大骚扰汉朝的力度。匈奴精锐骑兵频繁进入渔阳，大肆烧杀抢掠。边疆告急不断传来，刘彻将韩安国派到渔阳。

与此同时，刘彻考虑提前实施联合大月氏攻打匈奴的战略——无论大月氏配不配合进攻匈奴，汉朝都等不及了，必须从西北给予匈奴沉重打击。虽然张骞出使大月氏尚无音讯，但他只能做好准备，主动攻击匈奴西部，这样一旦汉朝与大月氏达成联盟，就能形成夹攻局势。更重要的是，匈奴西部是其统治核心区。

就在刘彻筹划下一场战争时，龙城[1]被汉朝袭击，让匈奴贵族非常恐惧和愤怒，认为军臣单于腐败无能，对其崇拜和信任骤然减少。於丹和伊稚斜为争单于之位，形成两派势力，双方剑拔弩张，杀气腾腾。

匈奴内乱给一直惦记着完成出使大月氏任务的张骞带来历史机遇。原来，匈奴人软禁张骞后，安排一个女子做他老婆，负责照顾他，当然也想从他嘴里套出秘密。张骞并不是等闲之辈，争取了他妻子的积极支持。原来随他一起出使的少数匈奴人也愿意继续跟随他。

在一天夜里，张骞和堂邑父等人向西逃跑。摆脱匈奴人控制后，他们继续西行寻找大月氏。张骞等人不怕困难，日夜兼程，风餐露宿，顶着风沙烈日，逃过匈奴哨所，从姑师进入塔里木盆地，再沿着天山南麓经由焉耆、龟兹、疏勒等地，最终到达葱岭。

跨越葱岭的过程极其艰难。葱岭地区终年积雪，气候寒冷，路径以险峻山路为主。在堂邑父的带领下，张骞一行毫不犹豫地翻越过去。翻过葱岭后，张骞一行来到费尔干纳盆地。这里的山，这里的河，这里的繁荣景象，都让张骞等人惊呆了——没想到在崇山峻岭中，还有这样农田广阔、城池高大、人丁兴旺的地方。

长途跋涉后，张骞一行到达大宛都城贵山城。大宛王盛情招待他们。在富丽豪华的大宛王宫，张骞出示了表示使者身份的符节，向大宛王说明出使大月氏的使命，请求派人引导他去大月氏，表示："我们如果能返回汉朝，一定奏明汉皇，重重酬谢大王。"

大宛王早听过往的商人说汉朝富庶，很想与之建立联系，只是因为相隔太遥远，中途又惧怕匈奴，所以"欲通不得"。现在见到汉朝使者，了解张骞等人情况后，大宛王在张骞等人辞行时，送上千里马，并派向导和翻译护送他们到康居[2]。大宛人跟康居王讲明情况后，康居王又派人把张骞一行送到大月氏。

张骞等人原来只知道大月氏西迁，没想到他们西迁到这么遥远的地方。眼前的大月氏，国情已发生巨大变化。失之东隅，收之桑榆。他们早已失去报复

---

① 此处指匈奴祭天、大会诸部的地方，在鄂尔浑河西侧的和硕柴达木湖附近。

② 故地在乌兹别克斯坦与塔吉克斯坦境内。

匈奴人的想法，又考虑到与汉朝相隔甚远，联合攻击匈奴又不得不重新穿越“死亡之海”，除报仇外，得不到任何实际益处。摆脱匈奴噩梦的大月氏人不想再提起匈奴人，更不愿意重新穿越沙漠与匈奴人作战。

大月氏是重商的游牧民族，没有浓厚的乡土观念，重利轻离别，在阿姆河以北放牧，贩卖东西方的商品，日子过得和平而安宁，与匈奴那些仇恨早就慢慢淡化，早就没了与匈奴拼杀的想法。

大月氏不合作的态度让张骞很郁闷。他费尽周折，九死一生，最终来到大月氏，却无法完成使命，心里难免失落。不过，欣慰的是，大月氏人对他们尚算友好，好吃好喝地招待他们。

张骞不想一无所获地回汉朝。在大月氏国停留的那段时间，他对周围情况进行了认真考察，亲自研究该地地形及风土人情，并详细记录下来。

张骞在大月氏待了一年多。在大夏故地，张骞看到市场上有产自中国邛崃山的竹杖和产自蜀地的细布出售，觉得很奇怪。一问商人，他才得知那些都是从身毒（印度）买来的。身毒在大夏东南数千里，临近大海，那里的人骑象打仗。张骞寻思，大夏与汉朝远隔万里，在中国西南方，而身毒在大夏千里之外，然而身毒市场上却有蜀地的产物。故而，张骞认为，身毒距离蜀地不远，从蜀地经身毒到大夏肯定是捷径，可以避开匈奴人。

张骞在大夏游览时，去了大夏故都——蓝氏城，了解到那里的人口情况和他们的城邑。张骞发现，那里人酷爱经商，尤其喜欢贩卖中国出产的丝绸。

一年以后，张骞决定返回汉朝，向皇帝报告他出使大月氏的情况，以及沿途所了解的情况。大月氏王赠送给张骞许多礼物，亲自护送他出城门。大月氏虽然不愿意跟汉朝一起夹攻匈奴，但特别愿意与产丝绸的汉朝搞好关系，甚至希望汉朝人能将丝绸运送到他们那里去。

在归途中，为绕过匈奴控制地区，张骞改从南道返回。他们穿过葱岭，沿昆仑山北麓而行，途经莎车、于阗、鄯善等地，进入了羌人居住的地区。

令张骞没想到的是，此次归国途中，他们又被匈奴骑兵俘虏，再次入狱。更令他没想到的是，他在西域进行积极外交活动时，汉朝和匈奴都在积极策划大规模战争。等不到张骞回长安报告的刘彻，此时已经在用实际行动执行向西北突围的战略。

第八章

向西北突击，打出去

刘彻看到了希望，坚信自己向西北出击的战略，他调整部署，下令汉军主动出击匈奴。在目标清晰的前提下，在汉军将士奋力死拼下，汉朝一步步向西北挺进，为经营西北夹攻匈奴奠定坚实的基础。

1. 收复联络西域诸国的基地

刘彻积极策划对匈奴发起战略进攻，向大月氏所在方向进军。他首要的目标是夺取河南地。

河南地即河套平原，夹在贺兰山、阴山和鄂尔多斯高原之间的平原。黄河贯穿其中，地势平坦，土壤肥沃，水草丰美，宜耕宜牧，是汉匈双方都志在必得的战略要地。此地距长安不足千里，匈奴骑兵从这里出发，数天就可直入关中，威胁长安。这里出入北地、上郡也很方便，又是通往西域的前沿基地。对于汉朝来说，匈奴人占据河南地，就好比背后被插了一把锋利的尖刀，而汉朝如占领此地，就有了大规模反击匈奴的基地，还有了联络西域诸国的基地。刘彻要想实现西进战略，彻底击败匈奴，必须先占领此地。

刘彻夺取河南地作战方略还没来得及实施，匈奴人就主动打上门来。不过，匈奴人的进攻重点不是西部边境，而是东部边境。公元前 128 年秋，匈奴兵分三路，同时突破长城，大举入侵。

汉朝北方边境三路同时告急，匈奴军大有攻破长城，直捣长安之势。刘彻早就想与匈奴人决战，得知匈奴人大举入侵，派卫青率军前去应战。刘彻把汉朝最精锐的 3 万骑兵交给卫青，下令他率军火速赶往雁门郡，负责对付军臣单于率领的那路匈奴军。同时，他又命李息率兵出代郡，声援渔阳。

卫青率领 3 万精锐骑兵日夜兼程，以必死的决心向匈奴军发起攻击。匈奴军很快就倒下数千人。军臣单于目睹卫青率兵冒死拼杀的一幕，第一次有了胆寒的感觉。眼看匈奴军就要抵挡不住，为保存实力，军臣单于下令撤退。他想引诱卫青率军追击，等到了草原深处，将他围而歼之。

卫青作战非常勇猛，谋略方面也高人一筹，见击退匈奴军目的达到，并未率军追击，而是下令军队进入塞内，严密防守。

军臣单于羞愤难当，在公元前 127 年正月期间，派匈奴左贤王率军攻击上谷和渔阳。守将韩安国被迫率军出战，负伤败阵，只好退守不出。刘彻命韩安国屯兵右北平，负责防御匈奴，同时加紧部署，实施大迂回作战，集中优势兵力攻击匈奴右部。

就在韩安国率部艰难阻击匈奴入侵时，卫青和李息率5万精锐骑兵，经过榆溪旧塞向北离开云中，然后向西北急进，沿着外长城直指高阙①，然后向南折回，架桥渡过北河，又沿黄河和贺兰山麓折回陇西，完成对河套及其以南的战略包围。

在卫青和李息率军以最快的速度完成对河南地迂回包围时，此地的匈奴军尚未集结起来。他们趁机率军向匈奴白羊王和楼烦王发起大规模进攻。匈奴白羊王和楼烦王慌忙率军迎战。卫青和李息率领5万精锐骑兵奋力拼杀。

这一战，他们一举击溃匈奴军，活捉匈奴官兵5000余人，牛羊百余万头，杀死匈奴战士不计其数。白羊王和楼烦王放弃领地，仓皇向北逃跑。卫青和李息率军乘胜追击，全部收复河南故地。

这一战不仅解除了匈奴军对汉朝统治中心的威胁，还一扫之前汉朝内部的“恐匈症”，提高了自信心。

卫青三战三胜，一次胜利比一次胜利大，不仅沉重打击了匈奴，还率军从匈奴手里夺取了河南地。

不过，刘彻在欣喜之后迅速冷静下来。汉朝与匈奴的战争将是旷日持久的，夺取河南地仅仅是获得一个前进基地，将来还必须进一步向西北进军，隔断匈奴与西域诸国联系，彻底断其复兴基础，从而消除对汉朝的威胁。

刘彻决定趁机扩充军队，以便进一步打击匈奴。他下令恢复秦朝开创的惩罚犯罪官吏和商人从军的制度，并扩充为“七科谪”，即犯罪的官吏、逃犯、上门女婿、商人、有市籍②者、父母有市籍者、祖父母有市籍者都要无条件从军打仗。一时间，汉军编制空前庞大起来。各阶层人都怀着保家卫国、立功封侯的决心，积极参军。

收复河南地后，主父偃建议在河南地、朔方地区设立朔方郡，移民屯田。刘彻认为，这是巩固胜利成果的有效方法，先令苏建征发10万人修筑朔方城，修复蒙恬遗留的要塞和防御工事，又招募了一些流民来防守。朔方郡的设置宣

① 今内蒙古杭锦后旗西北。

② 指经官府准许在特定市区内营业商人的特殊户籍。

告河套正式成为汉朝的一部分。从此，汉朝向西域开进有了稳固的前进基地。

很多匈奴贵族把失去河南地责任也归咎于军臣单于，越来越怀疑他的领导能力，一股反对他的力量正在蠢蠢欲动。军臣单于在悲愤之余，第一次对匈奴的前途感到了悲观和失望。而他的对手刘彻并未就此打住，又把下一个攻击目标指向阴山地区。

河南地北边由西向东横亘了一条庞大的山脉。那里山谷绵延，水草丰美，是匈奴的繁衍生息之地。匈奴单于的王庭就设在阴山南麓。河南地本是阴山南麓的屏障，如今河南地为汉朝所夺取，匈奴单于庭就直接暴露在汉军攻击矛头之下。

军臣单于已经当了 36 年单于，到了风烛残年的时候，体力消耗殆尽，威望消失殆尽。

公元前 126 年冬，军臣单于死去。左贤王於丹按照匈奴习俗准备登基时，左谷蠡王伊稚斜率军来抢夺单于之位。一场混战后，惨败的於丹在悲愤中率领残部投靠汉朝。刘彻不计前嫌接纳於丹，封他为涉安侯。可惜的是，於丹的命运实在不好，不知他是气不过，还是水土不服，几个月后就死了。

刘彻想借机干预匈奴内乱，但愿望意外落空。不过，这次匈奴内乱还是带来意外惊喜。公元前 126 年，在匈奴人忙着争夺权力，无暇他顾时，张骞等人趁机逃脱，返回汉朝。

2. 张骞归国带来空前信息

张骞回来了。他带回西域各族人与汉朝通使结盟的愿望。刘彻大受鼓舞，更加坚定实施向西突围、联合西域诸国夹攻匈奴战略的信心。

张骞使团从公元前 138 年出发，到公元前 126 年归国，前后总共历时 13 年。出发时，他们浩浩荡荡 100 多人，到归国时仅仅有张骞和堂邑父两人。虽然大月氏没答应与汉朝联合夹攻匈奴，但他们对西域诸国的情况了如指掌，全线开通举世闻名的丝绸之路，打通东西方的商道，对历史的贡献非常大。

13 年了，张骞等待这一天等得太久了！刘彻等待这一天也等得太久了！回长安第二天，张骞顾不上长途劳顿，请求见皇帝。刘彻得知张骞回来，也迫不及待地要接见他。

张骞向刘彻汇报自己的沿途见闻以及西域诸国情况。在西域时，张骞非常细心，对各国的位置、人口、经济和军事情况都做了记录。在向刘彻讲述西域情况时，他如数家珍。

大宛在汉朝正西方，在匈奴西南，其农业和畜牧业都很发达。大宛国有大小七十余城邑，人口众多，军事战斗力强。大宛是半独立国家，对匈奴有一定依附。

大宛西北方向是康居国，距大宛约 2000 里。与匈奴有共同的风俗。康居惧怕匈奴，且被匈奴控制。

在大宛西方是大月氏，与大宛相距 2000 多里。在大月氏西边数千里的是帕提亚。大月氏、大夏、帕提亚等国是被匈奴逼迫迁徙的，与匈奴有过节。

乌孙先与匈奴友好，后与匈奴翻脸，是西域顽强抗击匈奴的国家。

在经济上，大宛、帕提亚等国是“土著”，即以农业为主的国家；而乌孙、康居等是“行国”，即以畜牧业为主的国家。而在军事上，乌孙善弓箭，大宛善骑射，大夏兵弱……

刘彻听完报告，认为张骞虽然没有成功与大月氏结盟，但了解到了西域国家的情况，印证了他向西突围的战略是正确的，使他更坚信汉朝要摆脱匈奴欺压，必须进一步向西拓展，与西域诸国联合起来，一起对付匈奴。

此外，张骞将在大夏故地的发现告诉刘彻，说中原生产的丝绸、蜀锦、拐杖等在西域那边很畅销，且从西南方向到西域，可能还存在一条快捷路途，建议派人去打通西南道。刘彻高兴地答应了，派人出使西南各地，以寻求张骞推测可能存在的捷径。

刘彻最感兴趣的，除丝绸在西域诸国很畅销外，就是西域有日行千里的好马和长得快速的马饲料草苜蓿。他马上命令加大丝绸纺织量，准备用丝绸去跟西域人换取良马，命令试种苜蓿，改善马草供应。马草供应问题解决了，汉朝就可以饲养更多的马，就可以训练更多的骑兵，以继续保持对匈奴作战优势。

在刘彻雄心勃勃进一步推行西进战略时，伊稚斜单于下令匈奴军向汉朝发起大规模进攻，大肆掠夺财物。公元前 125 年和公元前 124 年，匈奴军频频入侵，令汉朝损失巨大。

刘彻经过一番考量后，暂时放弃征服西南的计划，倾全国之力与匈奴较量，实施“全面防御，重点反击”策略。匈奴右贤王侵犯汉朝表现最积极。刘彻推行西进战略，右贤王正好是反击目标。

公元前 124 年，刘彻命令游击将军卫尉苏建、强弩将军左内史李沮、骑将军太仆公孙贺、轻车将军代相李蔡以及李息和张次公，各自带着本部人马，加上卫青本部 3 万精锐骑兵，共计 10 余万人，分为数路进攻匈奴：李息和张次公率军从右北平出发，进攻匈奴左贤王的领地，实施战略牵制；卫青本人率领本部人马以及苏建、李沮、公孙贺、李蔡部，突然进攻匈奴右贤王部。

匈奴右贤王因在前不久攻掠汉朝时抢夺不少人口和财物，醉心于胜利，在大帐里饮酒作乐。卫青率军悄悄朝匈奴右贤王的大帐靠近。右贤王安然醉卧在帐中酣睡，直到半夜时分才被左右摇醒。左右告诉他：汉军已经包围了王庭！右贤王大惊失色，随后率领数百精锐骑兵，上马勇猛冲锋，趁着匈奴兵与汉军酣战之机，在混乱之中突围溜走。

右贤王不战而逃，匈奴官兵群龙无首，乱作一团。卫青下令收拢包围圈，向匈奴军宣布放下武器者可免一死。关键时刻，匈奴人很识时务，一个个丢掉武器，举手投降。

汉军出兵的战略计划实现了。匈奴右贤王部从此一蹶不振，汉朝实施西进战略条件逐渐成熟，离挺进西域，全线开通丝绸之路又迈进了一大步。

不过，汉朝取得辉煌胜利的背后，经济形势也趋于恶化。在连续几年的战争中，汉军人员损失虽然不是很大，但马匹消耗惊人。优良战马损失了 10 余万匹。由内地转运到前线的盔甲、粮食等战略物资，花费更是大得惊人。

为实现西进梦想，保持汉军强大的作战能力，刘彻大刀阔斧地进行经济改革，实施了一系列增加朝廷收入的措施。这些措施的实施，不仅最终解决了军费问题，使汉军具有了与匈奴持续作战的能力，还使汉朝经济进一步发展，为强势崛起提供了坚实的物质基础。

3. 抓住时机夺取河西走廊

匈奴右贤王主力被摧毁后，伊稚斜单于非常震惊，派小规模部队多次突袭汉朝边境，同时亲自指挥万余骑兵进攻代郡，杀死汉朝代郡都尉朱英等千余人。

都尉是仅次于将军的军官，属于两千石以上级别。刘彻决定对匈奴进行有力打击。公元前 123 年春，大将军卫青率领大军直捣匈奴王庭。得知卫青率军从定襄出发大举进攻，伊稚斜单于丝毫不示弱，率本部人马迎战。伊稚斜率领匈奴主力与卫青率领的 3 万精锐骑兵相遇。主力对主力，精锐对精锐，两军狭路相逢，展开恶战。

在卫青的指挥下，汉军倾尽全力，奋勇拼杀，一举占领优势，杀死 3000 多名匈奴人。伊稚斜原以为双方骑兵在马上对面拼杀，匈奴骑兵在作战经验上占有优势。见匈奴骑兵渐渐处于劣势，他决定拼全力剿杀卫青所部，命令所部全力向汉军压过去。

卫青见匈奴主力军人数远胜于己，决定不再硬拼，下令撤到定襄、云中一带，依托堡垒要塞，积极防守，寻机出击。

匈奴军不擅于攻坚战，伊稚斜单于无奈，只好撤回阴山，做好再次抗击汉军的准备，同时集结全匈奴的兵马，准备寻机全歼卫青所部。卫青所部为汉军精锐，伊稚斜单于认为，只要打败这支汉军，杀死或者擒拿卫青，就能给汉朝造成致命打击。

一个多月后，卫青又率领汉军从定襄出发，向匈奴腹地推进。到达阴山时，他们遭到匈奴主力军伏击。卫青从容镇定，下令汉军接战。

双方都认为这一战为决定性的一战，都拼死搏杀，战况异常激烈，胜负难分。没多久，匈奴左贤王率军从东北方向前来支援。汉军前军赵信和右军苏建遭到左贤王所部攻击。

汉军处境不妙，卫青命令赵信与苏建兵合一处，以确保主力右侧安全。匈奴左贤王率军全力反击。赵信所部死伤过半，竟率 800 骑兵投降匈奴。匈奴左贤王非常高兴，接纳赵信，加强进攻苏建所部。苏建所部苦苦支撑，眼看就要被匈奴军消灭。

卫青得知消息后，随即改变策略，冒着巨大风险，让部将打着他的旗号，统率大军与伊稚斜单于继续鏖战，并亲自率少数精锐骑兵去援助苏建。卫青率军以迅雷不及掩耳之势对匈奴左贤王所部发起猛攻。左贤王不知汉军援军有多少，又听说是卫青亲自率部来援，顿时没了底气。苏建得知卫青亲自率军支援，士气大振，率领部下拼死作战。匈奴左贤王大败而逃。

卫青救出苏建等人，随即率军返回，与主力兵合一处，全力对付伊稚斜。伊稚斜单于听说左贤王已经败退，汉军已会聚在一起，与他全力决战，认为取胜希望不大，于是撤兵而去。

赵信投降后，全心全意地为伊稚斜出谋划策。他告诉伊稚斜，汉朝与匈奴已攻守态势易位，凭目前的力量，匈奴军很难在决战中击败汉军，应尽量避免与汉军主力决战、拼消耗，只需长年侵扰汉朝，持续消耗汉朝，让汉军疲于奔命，再好好利用它的国内矛盾，因势利导，寻找战胜汉朝的机会。

伊稚斜单于认为非常有道理，决定暂避汉军锋芒，率领匈奴主力离开阴山，徙居漠北，以逸待劳，等待时机。在这时，伊稚斜单于得到噩耗：单于庭被端了！原来，卫青属下年仅 18 岁的将领霍去病率领 800 精锐骑兵长驱直入匈奴后方数百里，一连斩杀 2000 余人，捕获匈奴相国、当户等高官。伊稚斜单于只好率匈奴主力退到漠北休整。

霍去病脱颖而出，刘彻非常高兴，又着手筹划新的攻势，一步步实现西进战略梦想——夺取河西走廊。

匈奴主力北逃，汉朝北部战场的压力骤减，经营河西走廊，打开通往西域大门有了难得的机遇。匈奴统治下的河西走廊被浑邪王和休屠王分治。浑邪王控制河西走廊的西部，即今甘肃酒泉一带；休屠王控制河西走廊的东部，即今甘肃武威一带。

伊稚斜单于撤退到漠北，想引诱汉军追击，等汉军深入疲乏时，进行包围歼灭。没想到，刘彻将兵锋指向河西走廊。

公元前 121 年，刘彻发起打通河西走廊的军事行动。这一次，他没派卫青率兵出征，而是派霍去病率兵前去。刘彻封霍去病为骠骑将军，命他率 1 万骑兵去打通河西走廊。

霍去病率军从长安出发，沿着渭水河谷向西挺进，在今兰州一带渡河，然后出陇西向前挺进，快速翻过乌鏊山，沿着乌鞘岭北坡急进，绕过匈奴脩濮部落，再渡过狐奴河[①]，之后转战6天，接连扫荡天水陇西一带匈奴5个部落，一路所向无敌。紧接着，霍去病率汉军翻过焉支山[②]，向西北长驱直入千余里，与匈奴浑邪王和休屠王率领的匈奴军相遇。

一场短兵相接的恶战后，匈奴军被杀8900余人，匈奴折兰王和卢侯王被杀，浑邪王子、匈奴相国、都尉等多人被掳。匈奴浑邪王和休屠王所部军队损失七成。更让匈奴人感到羞耻的是，汉军还夺取休屠王的祭天金人。霍去病不依不饶，挥师追击匈奴残部，一直到敦煌才班师回朝。

战争结果让刘彻喜出望外。他发现霍去病擅长的长驱直入的机动闪击战，对付匈奴军极其有效。在封赏霍去病后，刘彻又策划对匈奴更大规模的攻击。

同年夏天，汉军兵分两路，向匈奴发起袭击。这一次，刘彻也没派卫青出征，而是派霍去病率领右路骑兵从北地出发；派公孙敖率领左路骑兵从陇西出发，两路大军计划在祁连山会师。同时，为牵制伊稚斜单于率领的匈奴主力，博望侯张骞和郎中令李广率军从右北平出发，分两路攻打匈奴左贤王部。

面对汉军数路进攻，伊稚斜单于率军入侵代郡和雁门，试图把战火引向汉朝境内，迫使汉军从东西两面会师。一时间，汉匈双方在东西长达数千里战线上展开较量。

霍去病率军从北地出发，在灵武渡过黄河，然后翻过贺兰山，穿越浚稽山的沙地[③]，到达居延海[④]，然后自额济纳河南下，攻到小月氏，在张掖城下举行阅兵，挺进2000里后，来到祁连山及合黎山一带。

按计划，公孙敖所部应在此与霍去病所部会师。霍去病左等右等，都不见公孙敖率军队前来，只好破釜沉舟，独自承担进攻匈奴重任。

---

① 即石羊大河。

② 焉支山坐落在河西走廊峰腰地带的甘凉交界处，自古就有甘凉咽喉之称。

③ 即巴丹吉林大沙漠。

④ 居延海，也称居延泽，发源于祁连山深处的黑河，流经青海、甘肃、内蒙古800余公里后，汇入巴丹吉林沙漠西北缘的两片戈壁洼地，形成东西两大湖泊，总称居延海。

霍去病率军对匈奴发起猛烈进攻，击破了阻击的匈奴军，还率军向西攻打诸羌部落，凭一己之力打通河西走廊。这一战，霍去病战果辉煌，斩杀匈奴3万多人，活捉匈奴单桓王、酋涂王、稽且王、脩濮王、呼子耆王以及阏氏和王子等共59人，俘虏匈奴相国、将军、当户、都尉共计63人。此外，匈奴都尉、相国率众投降的达2500人。

霍去病班师回朝，刘彻抑制不住内心的兴奋，下令给霍去病增封5400户封邑，随他出征的将领也都因功封列侯。

公孙敖所部在行军过程中迷路，一仗未打，李广所部兵力损失殆尽，张骞因贻误战机，三人都受到相应惩罚。汉军打通河西走廊，匈奴败局已难以挽回。伊稚斜单于只好撤兵，回到漠北，保存实力。刘彻的向西战略实现了极其重要的一步。

4. 西北成为集中开拓方向

公元前 121 年秋，伊稚斜单于大会匈奴各部首领。他想借机追究河西之败的责任，除掉浑邪王和休屠王，以整顿匈奴军纪，提高匈奴军的凝聚力和战斗力。

伊稚斜单于派人通知他们前往单于庭汇报战况。他们被霍去病打得一塌糊涂，哪里敢到单于庭去汇报？此去只有死路一条。两人商量后，认为汉朝强大，匈奴衰微，即使伊稚斜单于不杀他们，他们也是要人没人，要钱没钱，留在匈奴也没什么前途，还不如率部投降汉朝。

休屠王和浑邪王派人到汉朝通报相关消息。刘彻大喜，准备车仗 2 万多辆，并派霍去病率部前去接应。如此隆重的迎接规格，既是为了显示汉朝对此事的重视，也是为了防备浑邪王和休屠王诈降，趁机攻击汉朝，毕竟匈奴与汉朝是宿敌。

两军相遇时，霍去病率迎降队伍以排山倒海的气势走过来，以准备接战的方式来迎降。虽然汉军有诚意受降，但要保持警惕。匈奴也有诚意投降，但见到这架势，几乎所有匈奴人都动摇了，除了浑邪王之外。

浑邪王之所以不动摇，倒不是因为他是坚定的亲汉派，而是因为他刚刚杀掉反悔的休屠王，逼其部众一同投降，已经无路可退。见到汉军威风凛凛的架势，很多浑邪部民逃走。霍去病率军驰入匈奴阵中高呼：不动者免死。但是，还是有不少浑邪部民企图逃走。随即，霍去病率军追杀了反悔不降的 8000 余人。

在平息匈奴降军骚动后，霍去病与浑邪王相见，并立即护送他到长安。这次受降有惊无险，一共有 4 万多匈奴人归顺汉朝。刘彻没有食言，厚待那些投降的匈奴人。浑邪王被封为漯阴侯，他部下 4 个裨王也都被封为列侯。

河南地是汉朝从匈奴手中夺取的。刘彻将投降的匈奴人安置在河南地，并将他们分为 5 个属国，分别拱卫汉朝边境 5 个郡的故塞。为了防止他们背叛，刘彻又安插了不少忠于汉朝的匈奴人与汉人前往 5 个属国任职监督。浑邪部和休屠部投降了汉朝，震惊了匈奴。匈奴不得不重新考量境内其他部落的忠诚度。

匈奴浑邪部源自义渠。秦国消灭义渠国后，大部分义渠人融入秦国，一部分义渠人则向北迁徙，被匈奴征服，成为匈奴的一部分，部落名保留，而浑邪王则由匈奴贵族担任，部众主体还是浑邪人。休屠的情况与浑邪部相似，也不是正统的匈奴人。

匈奴有很多部落原本不是匈奴人，只是屈从于匈奴的武力，并非对匈奴有多么忠诚，当然，他们对当时的汉朝没有什么感情，也不了解，误认为汉朝人仇视他们，会杀了他们泄愤，因而才一直依附于匈奴。浑邪部和休屠部投降后所受到的优待，不仅让一些匈奴部落重新审视汉朝，还让一些部落产生投靠汉朝享受优厚待遇的想法。

没过多久，刘彻就收获了纳降匈奴休屠部和浑邪部的红利——臣服于匈奴的乌桓部主动请求归顺汉朝。这成为汉朝摆脱外部压力，实现崛起的又一助力——解除了汉朝在东北部边境的压力，可以集中力量从西北方向对付匈奴，从而更快更有效地推行西进战略。

乌桓本是东胡后裔。东胡被匈奴灭亡后，其残部一支跑到乌桓山，形成乌桓部落，但最终还是不敌匈奴，不得不臣服于匈奴。乌桓人和匈奴有仇，只是迫于武力才栖身于匈奴的羽翼之下，他们时刻渴望复国。

汉匈力量对比形势逆转后，乌桓人不得不考虑前途。原先，他们迫于匈奴的压力，参与抢掠中原的战争，现在匈奴自顾不暇，如果汉军前来攻打他们，他们将在劫难逃。看到浑邪部和休屠部投降后受到优待，他们认为投降汉朝是最好出路。

于是，乌桓王趁着匈奴左贤王败退之机，率部脱离匈奴，归顺汉朝。刘彻没有追究他们此前抢掠汉朝边境的责任，以博大的胸怀接纳了他们，对他们给予优待，并将乌桓安置在上谷、渔阳、右北平、辽西和辽东5郡外侧，替汉朝侦察匈奴动向，提前为汉军防御匈奴入侵提供预警，并设置乌桓校尉监督他们，使他们不得再暗中联结匈奴。从此，汉朝来自东北部边境的入侵压力消失，汉朝联合乌桓制衡匈奴，使匈奴东部生存空间消失，不得不转向环境更为恶劣的西北部，而西北部正是汉朝集中精力打击的方向。

匈奴已经失去河南之地，接着又失去河西之地，不得不退回到祁连山、焉支山以北。失去两地后，匈奴人作哀歌："亡我祁连山，使我六畜不蕃息；失我焉支山，使我妇女无颜色。"再加上一些别部投降，匈奴的处境更如雪上加霜，他们的牲畜和人口大量减少，生存空间已被压缩到漠北的苦寒之地。此前匈奴压制汉朝的局面至此开始逆转。

第九章

西域，汉朝崛起的关键地点

汉朝实行西进战略，取得非常大的成功，联合西域诸国压制匈奴，成为汉朝接下来的战略。汉朝对西域诸国示以友好，对破坏者匈奴的打击，对“西域通道”的巩固和基础设施建设的投入，都彰显了汉朝开通并维护丝绸之路的雄心壮志。

1. 张骞西域“和亲”之旅

伊稚斜单于逃到漠北后，第二年便派匈奴骑兵大举入侵右北平和定襄。这两地汉军防守相对薄弱，在匈奴单于北逃后放松了警惕，导致数千军民被杀，大量财物被抢掠。公元前 119 年，刘彻进行总动员，集中人力财力，确保军需供应，同时派出卫青和霍去病远征漠北，找到匈奴单于本部速战速决。

结果，汉军取得史无前例的重大胜利。匈奴骑兵战死近十万，大批平民投降汉朝，损失牲畜不计其数。左贤王部几被全歼。战后，匈奴势力从东到西都退出漠南，整体退往漠北苦寒之地。汉朝外部环境空前好起来——汉朝可以全力展开西进战略了。

漠北之战结束后，汉朝和匈奴处在不战不和的僵持状态。刘彻计划再次进攻漠北，但计划随着霍去病的突然去世而终止，改为重点实施长久以来制订的西进计划。他将目标指向西域诸国，尤其是那些匈奴附属国——只要把他们拉拢过来，匈奴就彻底孤立，汉朝就可以从战略上对匈奴形成夹击，更游刃有余地攻打匈奴，彻底消除来自北部的压力。

派谁去执行这一计划呢？刘彻想起同样有着远大理想的张骞。

张骞不是打仗的料，但搞外交是一把好手，既然暂时没力量再次进入漠北攻打匈奴，那么何不趁机让张骞再次出使西域，将汉朝战胜匈奴的消息传播过去，争取与西域诸国结盟，从而对匈奴形成战略夹攻势态呢？

公元前 119 年，为了抓住匈奴单于率领主力撤到漠北的机会，实施西进计划，刘彻召见已经削职为民的张骞。张骞一介平民，自然没资格主动要求见皇帝，但皇帝迫切需要召见他啊！

刘彻记得，张骞曾经告诉过他，西域的乌孙是与匈奴死磕的国家，乌孙东接匈奴，南靠焉耆、龟兹、姑墨、温宿、尉头，西与大宛、康居为邻，统治区域纵横有 5000 里，有 5 万多军队。而且，张骞曾经表示过，愿意再次出使西域，说服乌孙与汉朝结盟，以戴罪立功。该起用张骞，让他去做他想做又擅长做的事情了！

张骞接到传他进宫的圣旨，喜出望外，立即进宫面圣。他早有心理准备。得知汉朝占领河西走廊，设置郡县，他已意识到再次出使西域的条件已经成熟，皇帝迟早会召见他，只是没想到这么快。

张骞按捺住自己内心的激动，静静地等着皇帝分派任务。刘彻对其一番慰劳后，故意问张骞，依照你对时局的看法，下一步该怎么办。张骞吓得磕头不止，说自己是一介草民，一切听从圣意安排。

刘彻见张骞确实迫切想戴罪立功，回到朝廷来，就朝西边指了指，说："那再麻烦你去一趟！"张骞立即会意。

刘彻屏退左右，与张骞就出使西域的事进行密谈。如今，他出使西域大环境相当好，风险大大降低，能再次建功立业，是天大的恩赐！张骞满心喜欢地回家去，按照皇帝的授意拟定一份详细的出使西域计划，并进行前期相关准备。

没多久，刘彻批准张骞拟定的出使西域计划，任命 45 岁的张骞为中郎将，负责组建和率领使团出使西域诸国。张骞得到皇帝任命后，以中郎将身份积极筹划，很快组建了 300 人的使团。

与上一次秘密启程不同，这次张骞出使西域是公开且大张旗鼓的。张骞率领 300 名随从，赶着数以万计的牛羊，带着价值数千万钱的丝绸、漆器、玉器、铜器等贵重物品，浩浩荡荡地向西域进发。张骞认为，胡人"贪汉物"，也"恋故地"，只要送上厚礼，再劝他们回到祁连与敦煌之间的故土，就可以成为汉朝靠得住的"外援"。如果这些国家愿意作为"外援"，那么匈奴将处在夹攻之中，汉朝也可以借此对其保持高压态势。

事实上，张骞出使西域，寻求的"外援"仅仅是象征意义上的，对攻打匈奴很难起到真正的援助作用。

西域 36 国之间实力相差悬殊，大国人口有数十万，最小的国家不过 1000 余人。在这些国家中，乌孙人口多、军事实力强盛，曾经打败过匈奴，是张骞这次出使重点争取的对象。

张骞西行之路已经不受匈奴人阻扰。他们一行人很顺利地到达乌孙。乌孙昆弥第一时间接见张骞，与他进行了友好交谈。张骞向乌孙昆弥建议双方结盟，夹击匈奴，许诺打败匈奴后，允许乌孙人回到祁连山旧地居住。这个条件极其优厚，等于汉朝帮乌孙攻打匈奴，将攻占领土交给乌孙。

这时，乌孙复国已经 42 年，昔日英雄乌孙昆弥猎骄靡已经成了白发苍苍的老人，早已不复当年抗击匈奴的锐气和勇气。

看到汉朝送来的礼物，猎骄靡两眼放光，欣喜不已，但得知张骞出使的意图后，却无法作出令汉朝期盼的回应。他并不了解汉朝，汉朝对他而言遥远而陌生，匈奴却离他们不远，正时刻威胁着他们。猎骄靡虽然曾听说汉朝打败匈奴，但他自己也曾经打败过匈奴人，觉得汉朝不过如此，没什么值得稀奇的。

更重要的是，当时乌孙内部矛盾重重，除猎骄靡本人统率的军队外，他二儿子大禄手下有 1 万多骑兵，他大孙子军须靡也有 1 万多骑兵，二儿子和大孙子不和，经常闹矛盾，相互争斗。乌孙国出现裂痕，乌孙昆弥猎骄靡做任何一个决定都要小心翼翼，唯恐引起国内震荡。他没有立即答应张骞，表示跟大臣们商讨一下再说。

很多大臣根本不知道汉朝有多大，势力有多强。他们不敢下决心与汉朝结盟，夹攻匈奴，更不敢盲目东归，毕竟乌孙人眼前的生活还说得过去。他们虽然与匈奴人有仇，但匈奴人一时半会儿也没攻击他们，主动与匈奴人开战，回到故土，充满不确定因素。

汉朝目前还给不了他们足够的信心。他们不愿意冒险与匈奴翻脸，与汉朝结盟。

张骞对乌孙的反应表示失望。不过，乌孙昆弥猎骄靡不想因为此事得罪汉朝，在安慰张骞的同时，派人送张骞和他的副使分别去访问周边大宛、康居、大月氏、大夏、帕提亚、条支、奄蔡、身毒等国。他这样做，一方面是不想得罪汉朝，另一方面是想借机看看西域其他国家对汉朝的态度。

西域那些小国从没见过如此丰厚的礼物，对汉朝留下深刻印象。因在张骞第一次来到西域时就有过接触，大宛王这次表现得分外客气，派出使者携宝马，随同汉朝使者一同前往长安，以进一步了解汉朝情况。

最有意思的是张骞副使出使帕提亚的经历。副使到达帕提亚边境时，帕提亚正在东北部边境集结数万军队，准备与邻国开战。副使误以为帕提亚皇帝事先得到消息，特意派大军来迎接他们，丝毫不害怕，大摇大摆地走过去。

帕提亚军突然遇到一群“奇怪的人”，先是非常惊奇，随后将其当作间谍给包围起来。就这样，副使率领的使团被帕提亚军队拘留起来。

副使通过翻译对他们讲明自己是来自汉朝的使者，是来与他们缔结友好关系的，并表示要给他们的皇帝送丝绸。帕提亚人不相信副使说的话，但看到丝绸，眼睛就冒光了——那可是他们心目中的超级奢侈品啊！他们还曾经为争夺这种“天丝”打仗呢！随后，他们派一支小分队护送副使一行人去见帕提亚皇帝。

帕提亚皇帝见有人送丝绸，满心喜欢。为控制东西商道，在贩卖丝绸贸易中牟利，帕提亚军经常与邻国开战，如今有人送丝绸，怎么能不高兴呢！对他们来说，简直就是宝从天降。

帕提亚皇帝接受丝绸等礼物后，副使向他描述广袤而富饶的汉朝，讲述汉朝生产了很多丝绸，质量上乘，品种众多。当时，帕提亚人认为丝绸是“天丝”，非人间能够纺织出来的。帕提亚当时的领土从中亚一直到小亚细亚，与罗马帝国接壤，地大物博，物产丰富。帕提亚皇帝连罗马帝国的皇帝都不太放在眼里，怎么能相信东方还有副使所描述的那样地大物博的国家呢！

不过，帕提亚皇帝喜欢丝绸，虽然有几分怀疑，但还是同意与汉朝建立正式贸易关系，允许两国商人贩运丝绸等物品，至于建立军事同盟对抗匈奴，他既没见过汉军，也没见过匈奴军，所以没答应。

帕提亚一向重视商贸，深知向进行丝绸贸易的过境欧亚商旅抽税是可以致富的，也知道丝绸是罗马人购买的商品当中最昂贵的。如果能垄断进入罗马的丝绸，就可以借机牟利，增强自身实力，阻挡罗马人东侵。

在副使返回时，帕提亚皇帝赠送鸵鸟蛋和罗马杂技艺人给他，作为回馈汉朝皇帝的礼物。这礼物可是有寓意的。鸵鸟是世界上最大的鸟，罗马杂技艺人是从帕提亚军跟罗马军打仗获得的俘虏中挑选出来的。送这两样东西作为回礼，目的就是显示帕提亚富有而强大。

不仅如此，帕提亚皇帝还派出使团，随着汉朝副使一起回长安，看看汉朝是否真的存在，真的那么强大，真的生产丝绸。更重要的是，他们想知道汉朝副使究竟是从哪条路到帕提亚的，因为他们寻求东方商道好久了，一直没找到通往丝绸产地的道路。如果找到那条道路，他们将来从事丝绸贸易，就能赚西部罗马帝国大量的钱。

副使看得出帕提亚皇帝不相信他所描述的，也知道“百闻不如一见”的道理，非常乐意带那些帕提亚使者东归。

西域其他国家听说帕提亚帝国派出使者随汉朝使者东归，回访汉朝，也纷纷效仿。各路副使陆续到乌孙集合后，张骞率领随从以及各国回访使者东归。乌孙昆弥猎骄靡也派出几十名使者，带着宝马等礼物，随张骞回访汉朝。

就这样，西方寻找数千年未全线开通的丝绸之路，在张骞第二次出使西域回国途中，通过西域诸国回访的使者，介绍给西域诸国人。丝绸产出地已经不再是秘密，而是东西方各国都知道的事，东西方的商道开通了。

2. 西域诸国之行

第一次出使西域，张骞没实现其联合大月氏夹攻匈奴的使命，但带回有关西域的详细资料；第二次出访西域，张骞依然没实现与乌孙结盟夹攻匈奴的使命，但带回一大群西域诸国的使者，无意间全线开通了丝绸之路。

与第一次出使西域偷偷跑回长安不同，张骞一到敦煌郡就写了一封密信，通过当时的驿站，派人将带西域诸国使者来长安的消息报告皇帝。

刘彻苦等张骞 5 年了，得知张骞带着西域诸国使者回长安，下令有关官员做好准备，迎接张骞归国，接待西域诸国使者。这是丝绸之路全线开通以来第一次大规模的东西方交流活动。虽然张骞带西域诸国使者访问长安之事前没征得皇帝同意，但是，刘彻一直筹划着西进战略，也渴望了解西域诸国，西域诸国使者来长安，正好可以借机与他们交谈，了解西域诸国情况，并将汉朝详细介绍给他们。张骞的举动激发了刘彻的梦想。刘彻决定不追究张骞的责任，而且还要高规格接待西域诸国使者，向他们展示强大而富裕的汉朝，让他们瞻仰汉朝皇帝的天威。

公元前 115 年，张骞带着随从以及西域诸国使者，声势浩大地回到长安。此时，长安城早已经打扫完毕，官民都穿着节日盛装，站在城门口街道迎接张骞等人，欢迎从遥远西域来的客人。

一进城，西域诸国使者见识了汉朝的富庶和强盛——宽阔的街道，辉煌的宫殿，华丽整齐的房屋，穿着丝绸的人流……西域诸国使者大开眼界，瞠目结舌。他们发现长安的繁华和富裕，比张骞等人描述的有过之无不及。他们对汉朝产生了无限羡慕和向往，产生与汉朝结盟的强烈愿望。他们见与汉朝交往有巨大获利机会，此前一切怀疑和猜忌当然就烟消云散了。

刘彻接见张骞，了解他出使西域诸国的情况。然后，刘彻选定日子，召集群臣，一起接见西域诸国使者。

群臣对西域诸国使者奇异的服装和装扮感到新鲜而好奇。刘彻的目光却盯着西域诸国使者朝贡的礼品上。倒不是刘彻喜欢那些“稀奇古怪的玩意儿”，贪图个人享乐，他盯上的是西域诸国送来的宝马。尤其是听张骞说，那些马就是此前提过的日行千里的宝马，刘彻眼睛更是一亮：这不正是战胜匈奴的利器吗？

接见使者完毕，刘彻决定派人到西域求购好马，以改善汉朝战马质量，提高汉军骑兵作战能力。只要在马的质量和数量方面赶超匈奴，汉朝边境忧患才可能永远消除。

看到如此隆重的欢迎场面，张骞内心略略有点遗憾和愧疚：奉命出使西域两次了，两次都没完成结盟抗击匈奴的任务。

刘彻对张骞做出的成就很满意，不仅下旨表彰他，还任命他为大行，封他为博望侯，专门负责掌管汉朝与各族交往的事务。汉朝有“非军功不得封侯”的规定。张骞虽然也参与过军事行动，但表现得实在不如人意，不仅没封侯，还因罪差点被杀头，最终捐献资产才保住性命。刘彻破格给张骞封侯，无疑是将张骞此次出使西域看作一次巨大胜利，比得上在战场杀敌无数的将军。

刘彻如此并非对张骞功劳过分褒奖。张骞没完成使命，但他使中华儿女开阔了视野，获得前所未有的地理知识，使汉朝的声威和中原文化传到西域诸国，更重要的是，全线打通了经过西域诸国通往中亚、西亚、南亚的丝绸之路，让全世界的人都知道原来被称为“天丝”的丝绸产自中华大地，都知道走哪条商道能到达丝绸的产地。

从此以后，中亚、西亚、南亚以及西域诸国不断派使者或者商队来汉朝，追逐利益的东西方商人也沿着这条贯穿东西方的丝绸之路做生意。于是，中原大量的丝绸、瓷器、铜镜、桃、梨、杏、生姜、桂花、茶叶、白矾、砂糖等特产不断西运。西域特有物产也源源不断传到汉朝来。其中，植物有苜蓿、葡萄、无花果、石榴、核桃、芝麻、蚕豆、豌豆、黄瓜、大蒜、香菜、绿豆、菠菜、胡萝卜、番红花、茴香、葱等；动物有大宛马、驴、绵羊、犀牛、狮子、大象、安息雀、大狗、沐猴、鹦鹉、鸵鸟、孔雀、黑貂等；其他物产还有青金石、琉璃、珊瑚、琥珀、象牙、珠玑、犀角等。这些物资流通不仅大大促进原有东西商道的发展和繁荣，也大大丰富东西方人的物质生活。从某种意义上说，张骞两次出使西域都具有划时代意义，封侯并不为过。

一年后，即公元前 114 年，劳累过度的张骞带着遗憾病逝。但是，他给汉朝带来的积极影响却越来越凸显。

西域诸国使者回国后，向各自的国王描述在汉朝的所见所闻。诸国国王纷纷表示愿意与汉朝结盟和好，又派使者到长安结盟。公元前 108 年，原来一直不愿意答应与汉朝结盟夹攻匈奴的乌孙昆弥猎骄靡，得知汉朝富甲天下，很快派使者再次到长安，声称自己将取消王号，向汉朝称臣，并以珍贵的西域良马作为聘礼，请求和亲。

见乌孙主动称臣，要求和亲，又见送上自己日夜渴望的良马，刘彻非常高兴，答应将已故江都王刘建的女儿刘细君嫁到乌孙和亲。当时，刘细君被封为江都公主，只有 12 岁。刘彻答应乌孙，等江都公主一成年就嫁到乌孙去。

刘彻最开心的是得到乌孙朝贡的良马。他兴致勃勃地作了一首诗——《西极天马歌》："天马徕从西极，经万里兮归有德。承灵威兮降外国，涉流沙兮四夷服。"在这首诗中，刘彻的兴奋之情溢于言表。这是他向西北突围战略实施的结果，是张骞不辞劳苦出使西域诸国的回报，也是他日夜奋斗，击败匈奴，改善汉朝外部生存环境的结果。

汉朝成功将丝绸之路全线开通。丝绸之路将会给汉朝带来什么影响呢？汉朝能不能接着走向繁荣昌盛呢？历史将给出答案。

3. 绝不轻饶丝绸之路的破坏者

丝绸之路全线开通，汉朝与西域诸国正式有了大规模经贸往来。无论是对汉朝，还是对西域诸国，都是天大的利好，唯一没有得到好处的，是躲在漠北草原的伊稚斜单于。

伊稚斜单于得到相关消息，气病了。他原本以为躲到漠北，如果汉军追击，匈奴人可以对他们进行围歼，如果汉军不来，匈奴人也可以在此休养生息，东山再起，没想到刘彻抓住机会占领河西走廊，还将势力延伸到西域诸国。更可气的是，西域诸国见了好处都向汉朝朝拜。匈奴以前派个仆童校尉就可以在西域诸国收税称霸的景象一去不回。

公元前 114 年，伊稚斜单于病死，他儿子乌维继位。乌维单于决定躲避汉军锋芒，集中力量解决西域诸国。匈奴联络西域诸国比汉朝有地理优势，双方关系此前也有基础。匈奴控制住西域诸国，可以避免陷入汉朝联合西域夹攻自己的不利局面，还可以控制西域，胁迫西域诸国一起攻击汉朝。

乌维单于决定联络羌人以及西域楼兰、车师等国，共同打击汉军。他派出密使，前往羌人部落，相约于公元前 113 年合攻河西走廊；又令楼兰、车师等国拦截汉朝使者，抢掠财物，破坏汉朝使者在西域的外交活动，还阻拦其他国家的使者和商人去汉朝。

刘彻通过和平方式西进的设想，因乌维单于介入而破产。丝绸之路刚全线开通就面临被大规模破坏的局面。使用武力来争取和保障丝绸之路，成为不得不考虑的选项。

楼兰是西域交通要道。无论是从中原运去西域诸国的货物，还是从西域到汉朝的使团商队，都需要经过楼兰。楼兰曾是匈奴的附属国，由匈奴浑邪王管辖。浑邪王投降汉朝后，匈奴人失去对楼兰的控制。

乌维单于认为，楼兰在匈奴的势力范围中，其他国家使团或者商人没经过匈奴人批准，没有交税就随意经过楼兰，是侵犯匈奴的权威。楼兰是汉朝进入西域的第一站，为威慑西域诸国使者和商旅，乌维单于认为应先从楼兰下手。

乌维单于派人到楼兰和车师，要求他们组成联合巡逻队，设置关卡，截杀汉朝使者和商团，对其他西域诸国的路过者收重税。楼兰王和车师王害怕匈奴，不折不扣地执行命令，攻击汉朝使者，抢掠财物，同时还将汉朝使者在西域诸国的动向通报给匈奴，让匈奴派军截杀。

丝绸之路刚一开通，就因为匈奴、楼兰和车师的破坏，变成"恐怖之路"。刘彻能将强大的匈奴打得远远逃走，怎么能容忍楼兰王和车师王助纣为虐破坏丝绸之路通行安全呢？楼兰王和车师王都屡次派人遮拦汉朝使者，劫掠汉朝商队财物，严重影响汉朝在西域诸国的形象，导致西进战略的利益受损。

刘彻便派赵破奴去维护汉朝在西域的形象，保障丝绸之路畅通，教训一下楼兰王和车师王。公元前 110 年，赵破奴和曾担任出使西域诸国使者的王恢（不是参与马邑之谋的王恢）一起带着骑兵完成此任务。王恢刚从西域赶回，曾经在西域遭受过种种羞辱，对楼兰王有刻骨铭心的仇恨。因此，王恢在此行充当向导和参谋。

出征前，赵破奴确立了 3 个目标：歼灭匈奴在西域诸国驻军，教训楼兰王和车师王，震慑西域诸国。赵破奴率军启程不久，匈奴驻守西域的几千官兵闻风而逃。匈奴军在西域诸国耀武扬威地收取保护费，没想到遇到汉军时，吓得连保护一下西域诸国的样子都做不出来。

想痛打驻西域匈奴军的赵破奴只好改变原来的计划，他亲自率领 700 轻骑兵，日夜兼程直捣楼兰。在一天早上，楼兰王还没完全睡醒，就发现赵破奴的刀已经架到脖子上，他只好连声投降。

赵破奴又带上轻骑兵和楼兰王迅速赶往车师国。车师国国王猝不及防，看到攻入车师王宫的 700 轻骑兵齐刷刷地举起战刀，吓破了胆，带头将刀丢在地上，高呼投降。

在一天半时间里，赵破奴率领汉军连破两国，不损一兵一卒，震惊了西域诸国。西域诸国国王纷纷表示服从。

赵破奴因功劳被封为浞野侯，王恢被封为浩侯。赵破奴打通从汉朝北地郡，经过大漠到东西浚稽山，然后向西南直通车师、楼兰的通道，被称为"赵破奴故道"。经此一战，汉朝通向西域诸国又多了一条道路，为丝绸之路畅通提供了保障。

不过，此战也导致匈奴人重视起西域诸国，乌维单于听说赵破奴在西域采取军事行动后，深感在经营西域上失策，连忙采取补救措施。等赵破奴率军班师后，匈奴也派兵攻打楼兰，迫使楼兰王派质子于匈奴，要挟楼兰不要在匈奴与汉朝的战争中支持汉朝。为加强与汉朝的联系，乌孙向汉朝请求和亲。刘彻将细君公主嫁给猎骄靡。乌维单于得到消息，也将自己的居次[①]嫁给猎骄靡。楼兰和乌孙没有办法，都不敢得罪汉朝和匈奴两国。

从此，汉朝与匈奴争夺西域诸国的斗争越来越激烈，为维护开通不久的丝绸之路，刘彻不得不投入更多精力。

① 匈奴公主称为居次，当时汉朝和匈奴都通过和亲方式拉拢乌孙，将公主嫁给乌孙昆弥猎骄靡。

4. 河西走廊必须绝对安全

丝绸之路全线开通不容易，而要维持其畅通，保持中原和西域诸国交通畅通就更不容易。匈奴人怂恿楼兰王和车师王捣乱，制造了巨大麻烦。赵破奴长途奔袭，赢得战争，给捣乱者以教训。而他能迅速建功立业，跟此前汉朝经营河西走廊所做出的巨大努力有关。

当初，冒顿单于"破东胡，走月氏，威震百蛮，臣服诸羌"，汉朝无力对匈奴实行反击。为切断汉朝通向西域诸国的道路，从东西夹击关中，匈奴力图南下联结羌人酋豪。汉朝则努力隔绝匈奴与羌人之间的联系。

公元前121年，霍去病出兵居延，向北深入2000里，迫使匈奴浑邪王投降。为保证西域通道及"隔绝羌胡，使南北不得交关"，刘彻先后下令在河西走廊设立敦煌、酒泉、张掖、武威4郡。与此同时，刘彻下令筑令居塞，向湟水流域进军，建立特别军事机构西平亭，在西平亭以西设临羌县、破羌县。

汉朝花费精力把这些地区正式纳入己方统治范围，大搞基础建设，其目的是为西进战略打下基础，做好后勤补给通道。

不过，汉朝和匈奴对青海及河西走廊的争夺非常激烈。匈奴贵族和羌人酋豪不时联合反对汉朝，企图阻止汉朝西进西域，他们垄断向西通商的要道，控制东西方贸易，坐收关税。

公元前112年，青海先零羌与封养羌、牢姐羌等结盟，兵合十余万，进攻令居、安故，包围枹罕。与此同时，乌维单于令匈奴军攻入五原郡，策应羌人的军事行动。羌人和匈奴人联合攻击汉朝，目的就是想夺取河西走廊的控制权。

不过，匈奴人仅仅是策应羌人的行为，并不是大举进攻。乌维单于想让羌人与汉军恶斗，等到两败俱伤时，坐收渔翁之利，一举夺得河西走廊。

刘彻看透乌维单于的用意，决定借助羌人反叛之机，彻底扫清河西走廊的反汉势力，断绝匈奴人收复河西走廊的念想。他令李息和徐自为率10万人镇压西羌叛乱，同时派公孙贺率领1.5万精锐骑兵从九原出发，赵破奴率领1万精锐骑兵从令居出发，寻找匈奴主力决战。匈奴既然想和羌人联合起来破坏汉朝西进战略，刘彻就毫不犹豫地出击，同时打击羌人和匈奴人。

公孙贺率军深入草原2000余里，一直到浮苴井，未遇见一个匈奴人，无功而返。赵破奴在进攻途中接到命令，转而率军西征楼兰和车师。李息和徐自为一边率军强力打击坚决反汉的羌人部落，一边安抚和拉拢那些被胁迫反汉的羌人部落。

匈奴军攻到五原，就后撤到大漠深山中躲藏起来。羌人意识到被匈奴人出卖了，便向汉朝投降。羌人叛乱问题就此解决。

为了加强对羌人的控制，刘彻封羌人部落的酋豪为王，还在公元前111年"始置护羌校尉，持节统领"，掌西羌事务，秩比二千石。李息出任护羌校尉①，治护羌城。

部分羌人在战乱中"去湟中，依西海、盐池左右"，"河西地空"，汉朝又大规模移汉民前往屯田，以隔绝羌胡。

护羌校尉治所设置在令居塞。令居塞是陇西通往河西走廊的屏障，有重兵驻守。令居塞东边的陇道水草肥美，南北诸羌相互交通，也是要冲。羌人一旦切断陇道，河西、河湟、陇右与关中的联系就变得困难。

护羌校尉的设置，为汉朝开发西域提供了安全保障。刘彻赋予护羌校尉三项职能，可以想见它对维护丝绸之路河西走廊一段安全的影响。

（1）护羌校尉工作对象重点是塞外未归服的羌人部落，带有羁縻性质，强调政治抚绥。和郡守类似，护羌校尉巡行理事，按时巡视羌人部落，处理他们内部或与郡县吏民的纠纷，帮助解决他们生产生活困难。

（2）监视羌人动向，警备边境，保护交通要道。设置护羌校尉的意图是防止羌人与匈奴人互通声气，联合攻汉，隔绝羌胡是其重要任务。羌人和匈奴人同属游牧民族，是匈奴为对付汉朝的最佳拉拢对象。此外，针对羌人不相统属的情况，就要阻止各部落联合反汉。

（3）兼理屯田。屯田受农都尉管理，归朝廷大司农掌管，但也受属地长官

---

① 护羌校尉，汉朝官职，驻守在凉州令居塞，持节监领护西羌，跟西域都护、护乌桓校尉类似。汉朝设置护羌校尉主要是为镇压羌人部落叛乱，保障中原与西域交通要道河西走廊的安全，但在历任护羌校尉的主持下，沿河两岸，广置屯田，修治沟渠，种植五谷，发展畜牧，对西北开发起到相当积极的作用。

领导。屯田在控制、稳定边境任务中能起到政治抚绥、军事征伐所不能起到的作用。屯田可以保障军粮供应，减少运输开支，可以牢牢控制住当地经济命脉，达到威胁镇慑目的。

除此之外，刘彻还令人开辟海上丝绸之路，即汉军赢得平定南越、东越、西南夷等战争后，初步形成3条重要的海上航线：北起辽宁丹东，南至广西白仑河口南北沿海航线；从山东沿岸经黄海通向朝鲜半岛、日本列岛的海上航线；从广西徐闻、合浦启航出发，经南海进入马来半岛、暹罗湾、孟加拉湾，到达印度半岛南部的黄支国和已程不国（斯里兰卡）的航线。前一条航线是国内航线，后两条航线是国际航线，后来被称为海上丝绸之路。

海上丝绸之路同样具有巨大意义，丝绸运出海后，再通过印度转销到中亚、西亚和地中海沿岸各国。从番禺、徐闻、广西合浦等港口启航西行，与从地中海、波斯湾、印度洋沿海港口出发往东航行的海上航线，在印度洋相遇并实现对接。远至印度、罗马帝国的外国商人、使节，都沿着这条航路进入中国内地。

5. 你所不知道的丝绸之路基建

刘彻虽然打败半个多世纪以来威胁汉朝的匈奴，却并没有止步，占领河西走廊，平定西域叛乱，取得对匈奴战略优势，他接下来要做的是长期维持和保护丝绸之路。

为实现这一目标，刘彻凭借强大的财力，在西域修筑“西长城”和实行军事屯田[①]。

公元前 101 年，汉朝设置使者校尉，率士卒数百人在轮台、渠犁一带屯田积谷，以供应出使西域的使者。使者校尉是汉朝派驻西域的官员，后来成立西域都护府后，与西域都护这一职位合并，全称为都护西域使者校尉。

公元前 109 年，刘彻下令将烽燧亭障[②]从酒泉郡延伸到玉门。烽燧亭障是汉朝时的“信息高速公路”，由传统烽火台演变而来。烽燧就是烽火台和旁边的营房，它们修建在交通要道上，前后相望，派有专职的人守望。亭障则指边塞要地的堡垒，驻军的规模要比烽燧大。

在和平时期，商旅沿着这条路走，既有落脚和补充粮草水的地方，也可以受到军队保护，避免被土匪或者其他地方武装抢劫。在荒芜的大沙漠或者山野，来往商人的饮食供给和安全都能得到保障，来往贸易的积极性自然会增大。因此，烽燧亭障对促进丝绸之路（东段）商贸往来有极大的作用。

---

① 屯田是汉朝发明的为取得军队给养或税粮，由朝廷直接组织经营的农业集体耕作制度。屯田分为军屯、民屯、商屯。屯田组织性强，耕地面积大，应用先进耕作方法，劳动生产率较高，财政收入率也较高。汉朝非常重视在西域进行军事屯田，“吏卒五六万人”，设置屯田校尉进行管理。这些屯田士兵以保卫疆土的同时保证粮食自给自足为目标，平时种地，战时出征打仗，是汉朝经营西域成功的秘诀之一。

② 烽燧是烽火台和附属营房的合称。在交通线上，建立烽燧，前后相望，相互沟通信息和保护。遇到战事，白天由驻守人员点起狼烟报警传递信息，晚上则点起烽火，这是中国古代传递军情的重要方式。而在要地，则设置比烽燧规模更大的堡垒，称为亭障。

到公元前 102 年时，刘彻又决定“自敦煌西至盐泽往往起亭”，即沿着楼兰道，修筑从玉门关到楼兰的“西长城”。

玉门关是汉朝的西大门，往西是茫茫沙漠和盐泽，需要穿行 300 公里的沙漠才能到楼兰。如果没有畅通的通道，即使汉军占领楼兰，也难以站住脚。对于来往商旅来说，若没有固定可以提供补给的路线，就非常容易在沙漠中迷失方向，出了玉门关而到不了楼兰。

勤劳智慧的汉朝人就地取材，修筑了“西长城”。他们将芦苇捆在一定的间隔里，用泥巴层交互砌成一道城墙。材料全部经过盐卤渗透后，城墙就变得异常坚固。

城墙外部同内部成捆的芦苇秆形成直角形，还放有其他芦苇秆，捆扎得结结实实的，形成束状，抹上泥巴，做成一道堤坝。

这种墙外形奇怪，但异常坚固，墙顶芦苇秆捆还露出一个小布头，在沙漠或盐泽之中成为明显标志。

“西长城”先从玉门关经过罗布泊修到楼兰。后来，汉军在轮台、渠犁屯田后，又将烽燧亭障修到轮台和都护府所在地乌垒。这条“西长城”基本上保证五里一燧，十里一墩，三十里一堡，百里一城寨。烽燧亭障由郡太守属下都尉负责管理，都尉之下设有障尉、侯官、侯长、燧长，进行层层管理。每一燧配备 3 人至 30 人。由于烽燧亭障相望，“西长城”从河西走廊到塔里木盆地东北部，形成完善的“烽火通道”。

为确保西域诸国稳定，刘彻还在公元前 101 年设置使者校尉，率领数百汉兵在轮台、渠犁进行军事屯田，以便为来往的使者和商旅提供补给。

至此，丝绸之路不仅全线开通，而且其还在最艰难的西域路段中还建立了完善的保障体系。这一切的实现，源于刘彻的雄才大略，基于汉朝的雄厚财力。这些保障体系的修建降低了通过“死亡之海”的难度，保障了来往商旅的安全，促进了东西方的交流，推动了汉朝的进一步崛起。

第十章

经营西域，保障丝绸之路畅通

大宛位于葱岭西部，在西域诸国中是个大国。大宛使者到长安见识过汉朝的强盛富庶，但以为两国相距遥远而拒绝提供汗血宝马。汉武帝为震慑西域诸国，不惜一切代价派兵远征大宛。而在乌孙，和亲公主刘解忧及其随从冯嫽充分发挥才智，不仅巩固了汉乌之间的同盟关系，还在西域传播了汉文化和汉朝声望。

1. 李广利远征大宛求汗血马

西域诸国在汉朝和匈奴中游移不定。刘彻虽然不高兴，但也表示理解，并没有用武力教训它们的想法。

但是，一个偶然事件彻底激怒了刘彻，让他不惜一切代价发动战争。挑起这次事件的是位于西域西部的大宛。大宛是西域大国，距离长安城 12000 多里，出产汗血宝马[①]。汗血宝马属山地马种，抗疲劳、马蹄坚硬，能日行千里。

张骞出使西域归来，向刘彻绘声绘色地介绍过大宛汗血宝马。刘彻异常重视骑兵，对良马非常感兴趣，想借助汗血宝马培育出优秀的战马。

公元前 108 年，乌孙昆弥派人到长安称臣求和亲时，送来西域良马。刘彻非常高兴。公元前 105 年，刘彻在无意间问起出使过西域的人有关西域良马的事。那个人说，大宛的汗血马比乌孙“天马”还要优良和珍贵，只不过大宛王一直藏匿着，不肯交换。

刘彻早听张骞说起过大宛汗血马，但没想到比乌孙“天马”还要优良，便产生要见一见大宛汗血马的想法。

当时，大宛已经与汉朝建立同盟关系。大宛王不愿意赠送汗血马，刘彻并不生气，以为汗血马宝贵，交换筹码足够，大宛王不会不提供汗血马给汉朝。

公元前 104 年，刘彻派车令率领 100 余人出使大宛，求购汗血宝马。刘彻非常有诚意，准备了大批金帛和一尊金马，想换取大宛几匹汗血宝马。车令不辱使命，历尽辛苦来到大宛，诚恳地向大宛王毋寡表明来意。

汉朝极有诚意，价钱也出得很高，两国也有友好关系，“换马”应该轻而易

---

① 汗血宝马皮肤较薄，奔跑时血液在血管中流动容易被看到，肩部和颈部汗腺发达，出汗后局部颜色会显得鲜红，给人以流血的错觉，因此被称为汗血马。汗血马头细颈高，四肢修长，皮薄毛细，步伐轻盈，力量大、速度快、耐力强。如果作战时骑汗血马，机动性将大大增强。汉武帝刘彻为改变汉朝马的品种，不惜一切代价求得汗血马。

举，符合两国利益。

不知什么原因，大宛王毋寡毫不留情地拒绝与汉朝交易汗血宝马。不仅如此，他还对车令非常傲慢，说："汉朝与大宛远隔万水千山，汉朝不可能派大军进攻，你们能拿我怎么样？"

这话就伤人了，太不给面子。大宛此前对汉朝使者非常友好，且已经明确表示归附汉朝，汉朝使者诚心诚意来换马，大宛王毋寡怎么能如此傲慢无礼呢！车令非常生气，当着大宛王毋寡的面将带去的金马打碎，头也不回地率使团离开。

大宛王毋寡没觉得自己的话不占理，反而觉得汉朝使者生气让他受羞辱。在车令回长安经过大宛边境城市郁成城时，大宛王毋寡令郁成守将率军袭杀汉朝使者。

出使大宛国的使者团被杀光！这消息传回长安。刘彻被彻底激怒了。刘彻派李广利率军远征大宛，教训傲慢无礼的大宛王毋寡。

公元前 104 年，解忧公主嫁到乌孙的第二年，刘彻任命李广利为贰师将军，赵始成任军正，李哆为校尉，浩侯王恢为向导，率领 6000 骑兵以及从各郡国招来的几万"恶少"，远征大宛。

大宛位于天山西麓、葱岭西北部，不仅远离汉朝，甚至远离西域诸国。不仅如此，大宛还拥有 60 万人口，是西域诸国中名副其实的大国，非常具有政治影响力，其他国家不敢轻易得罪它。匈奴儿单于[①]也出来搅局，派人警告西域诸国不准帮助汉军。李广利率军攻打大宛时，遭到西域诸国一致抵制。他们既不给汉军提供补给，也不主动攻击汉军。汉军只好一路忍着饥渴过去。

面对这种不利局面，无能的李广利想了一个极其弱智的策略，指挥军队沿途攻击西域不提供补给的国家，打下来就抢些粮食做补给，打不下来就率军绕路而行。汉军一路上减员严重，抵达郁成城下时，只剩下几千名饥饿不堪的士兵。汉军忍着饥饿攻城，没有攻下。

攻城失败后，李广利失去征服大宛的信心。他认为，再向前进攻，只有死路一条，便私自撤军。逃回敦煌后，李广利给皇帝上书："道路遥远，缺乏粮草，士兵不害怕战斗而害怕饥饿。所剩下的士卒不多，难以攻下大宛王城。请求暂

---

① 儿单于本名詹师庐，是匈奴首领乌维单于的儿子。因为他很小就继任单于，称为儿单于。

且休整，等待补充兵力再去攻打。”

得到失利的消息，刘彻非常愤怒，派出使者守在玉门关[①]，并发出诏令“军人有敢入者，斩之”。李广利不敢违抗圣旨，也怕砍头，只好在敦煌玉门关外停留。

公元前 103 年，赵破奴与匈奴作战不幸被俘。有人建议暂停攻打大宛，集中力量对付匈奴。刘彻认为，攻打大宛的战争既然已经开始，就必须不计代价完成。打不下大宛，实力更强的大夏、帕提亚等国就会轻视汉朝。汗血宝马也不会送上门来。乌孙和轮台等国也会效仿大宛。更重要的是，多年经营西域、切断匈奴右臂的战略成果就会毁于一旦。

自从失去河南地、漠南草原、河西走廊后，匈奴越来越依赖从西域诸国征收的赋税。此时，汉朝咬牙打下大宛，夺取汗血马，把西域牢牢控制在手里，就断绝了匈奴人借助西域恢复元气的机会。

汉朝为保住刚刚全线开通的丝绸之路，再次征讨大宛，刘彻力排众议，并再次任命李广利为统帅。

公元前 102 年，李广利再度率军攻打大宛。他在敦煌大规模誓师西征。西征队伍十分庞大：有 6 万多士兵，10 万头牛，3 万匹马，数万驴子和骆驼，大量运送粮草的民夫。另外，刘彻还命令在酒泉和张掖以北新设居延和休屠两个军事重镇，征调 18 万士兵在那里布防——既防止匈奴军偷袭汉朝西征军补给线，又做好随时支援和接应西征军的准备。

一时间，整个河西走廊刀光闪射，鼓声轰鸣，到处都是汉军的影子。为得到汗血马，为报仇雪恨，为避免遭到西域诸国一致抵抗，贰师将军李广利提出“迎降者活命”的口号，派人提前到所经各国各城去宣传。

西域诸国大多是小国。得知汉朝派那么多军队来，他们纷纷顺风转舵，打开城门欢迎汉军，让汉军顺利通过。轮台国闭门据守，不让汉军通过。李广利下令攻下轮台国。随后，李广利又率军杀向大宛。

李广利率军向大宛王城贵山进攻。到贵山城外，李广利派人将当地河流改

---

① 此处玉门关是指旧玉门关，位于今玉门关市赤金镇，公元前 102 年，玉门关西移，即后世看到的玉门关。

道，断绝贵山城中的水源。河流改道后，贵山城里没有水，使城中军民陷入恐慌。李广利才下令攻城。经过40余天围攻后，贵山城外城被攻破。大宛军民死伤无数。

大宛王毋寡这才意识到汉朝的强大，汉军不可战胜。无奈之下，他龟缩在内城坐以待毙。

大宛贵族认为，这场祸害是毋寡招来的。在群情愤怒之下，他们杀死了毋寡，与李广利谈判。大宛方面提出，献出良马，给汉军提供所需粮草。如果李广利不同意，大宛将杀掉所有马匹，抵抗到底，并说康居国援军即将到来，到那时会夹击汉军。

康居在大宛西部，也是西域强国。康居王答应过要救援大宛，但畏惧汉军势大而不敢来。李广利并不知情。他召集部将商议，认为汉军长途跋涉，一路征战，已经很疲惫，如果陷入持久战，等康居援军到达，汉军必然大败。只要大宛愿意交出汗血马，他们就可以回去向皇帝交差。

双方握手言和。汉军挑选大宛汗血马数十匹，中等以下公母马3000匹作为战利品。李广利又指定与汉朝亲善的昧蔡为大宛王，然后率军回朝。

班师途中，由于担心沿途小国没有足够粮食供应，李广利便分兵几路回国。校尉王申生率领千余人经过郁成城时，郁成王坚决固守，拒不提供粮食。王申生大怒，率军攻城。郁成王窥知汉军人少，且距离主力有200余里，率3000精兵出城猛攻汉军。王申生所部几乎全军覆灭，只有数人生还。

李广利得知消息大怒，令搜粟都尉上官桀率军猛攻郁成城。郁成王抵敌不住，跑到康居。康居王见汉军势大，将郁成王抓起来献给上官桀。

刘彻终于见到梦寐以求的大宛汗血宝马。看到汗血宝马后，刘彻发现它果然比乌孙马要健美得多，要耐跑得多，将已经冠名“天马”的乌孙马改称为“西极马”，将汗血马重新命名为“天马”，并写一首《天马歌》：“天马徕，从西极，涉流沙，九夷服。天马徕，出泉水，虎脊两，化若鬼……”

大宛之战后，汉朝并未在大宛留下一兵一卒驻扎。大宛除贡献一些汗血马外，他们根本没其他实质性损失。

汉军撤走后，大宛贵族们不愿拥戴昧蔡为王，发动政变杀死昧蔡，另立毋寡的弟弟蝉封为王。蝉封吸取毋寡的教训，派儿子到汉朝做人质，表示永远忠于汉朝，每年向汉朝进贡两匹汗血宝马。刘彻见大宛王愿意臣服于汉朝，也就不追究政变的事了，随即派人去大宛，赠送礼物安抚他们。

此后，刘彻派了十几批使者去大宛以及其他西域国家寻求奇异之物。每批使者都要在大宛待一段时间，考察一下大宛王是否忠诚于汉朝。

大宛之战后，西域诸国集体倒向汉朝，寻求保护。连此前对汉朝和匈奴保持同等外交的乌孙，也公开表示归顺汉朝，与汉朝结成军事同盟。

2. 匈奴加大争夺西域力度

汉朝连年征战，国库空虚，暂时无力大规模攻打匈奴，而匈奴也极其虚弱，需要休养生息。公元前96年，狐鹿姑单于继位，没像以往的单于那样命令匈奴军频繁侵扰汉朝边塞，而是悄悄地在西域布局，任命一个子弟为日逐王[①]，以强化匈奴对西域诸国控制。日逐王下又设置僮仆校尉，负责对西域诸国收税。

设置日逐王使匈奴控制区由五部分变成六部分：单于直接管理的中部位于汉朝代郡、云中郡以北的草原；左贤王管理匈奴东南部，南与汉朝上谷郡、东与乌桓接壤；左谷蠡王管理匈奴东北部，北与丁零接壤；右贤王管理匈奴西南部，与氐羌接壤；右谷蠡王管理匈奴西北部，与坚昆、呼揭相接；日逐王则管理匈奴部，即西域诸国。

随后，匈奴发兵攻打归顺汉朝的楼兰。楼兰离汉朝较远，离匈奴却很近。匈奴军来攻，实力弱小的楼兰根本抵挡不住。楼兰王只能向匈奴妥协，表示暗中服从匈奴，将长子送到匈奴当人质，另派次子到汉朝做人质。

得知此消息，刘彻派屯驻玉门关的军正[②]任文从便捷通道赶往楼兰，逮捕楼兰王，并进行审讯。

面对审讯，楼兰王并没有狡辩，而是直截了当地说："楼兰作为一个小国，处在汉朝和匈奴两个大国之间，得罪了谁也不得安宁啊！如果非要我作出明确的归属，我只能申请带领全楼兰的人住到中原！"

确实，楼兰国力弱，夹在两个大国中间，谁也不敢得罪，倒向哪一边都是灾难。面对楼兰王的回答，任文也不知道怎么处理，只好如实上报。刘彻看罢表章，也理解楼兰王的无奈，下令将楼兰王放了。

---

① 日逐王是匈奴贵族封号，分左右日逐王，地位低于左右贤王、左右谷蠡王，但高于左右温禺鞮王、左右渐将王。

② 军正是军中执法官名称，掌军事刑法。

公元前 92 年，楼兰王去世。楼兰大臣要求在汉朝担任人质的王子回去继位。这是汉朝加强在楼兰影响力的好机会，对两国人友好相处不无益处。但汉朝却不能将这位王子送回去当国王。因这位王子在长安期间因多次违法，已经被阉割了。汉朝只好回复楼兰人，在汉朝的王子回不去，请另选他人吧！

楼兰只得立另一个小王子为王。新楼兰王继位后，立即按照约定向汉朝和匈奴两方派新人质。但是，新楼兰王没多久就死了。匈奴人立即把在单于庭做人质的楼兰王子安归送回楼兰，继承王位。

刘彻见没法掌握新任的楼兰王，心有不甘，派使者带诏书赶往楼兰，要求新任楼兰王到长安朝见，承诺汉朝天子会重重赏他。在此时，老楼兰王的遗孀提醒楼兰王安归："先王先后派遣两个儿子到汉朝当人质，如今，一个都没有安全回来，你为什么还想去见汉朝天子呢？"这段话让安归打消了去长安的念头。他对汉朝使者说："我刚刚继位，国家尚未安定，我将于成年后入见汉家天子。"

话说到这里，汉朝使者也无话可说，只好回长安向皇帝交差。等汉朝使者离开后，楼兰王安归就倒向匈奴。

在匈奴人的指使下，楼兰王安归先后攻杀汉朝派往西域的使者司马安乐、光禄大夫忠、期门郎遂成等人，还杀害大宛、帕提亚等国派往汉朝的使者。汉朝到西域诸国的通道一时间断绝。

楼兰王的举动迅速影响到龟兹。当时，负责轮台屯田并担任屯田校尉的是原打弥国太子赖丹[①]。李广利第二次远征大宛得胜班师时，正赶上打弥国太子赖丹去龟兹国当人质。路过龟兹时，李广利将龟兹王训斥了一顿，然后带赖丹带回了长安。论功行赏后，刘彻安排赖丹去轮台做屯田校尉。

赖丹昔日是龟兹的阶下囚，如今变成汉官，负责监管龟兹。龟兹王非常惊慌。在龟兹贵族姑翼怂恿和挑唆下，龟兹王调集大军，袭击在轮台屯田的汉军，杀掉了赖丹及其随从。事后，龟兹王害怕，又上书汉朝谢罪。

消息传到长安，刘彻恨得咬牙切齿，恨不得亲自率军去教训他们。不过，他要打击匈奴，只有夺取车师的控制权，汉军征伐楼兰和龟兹才无后顾之忧。

---

①　赖丹原为打弥国太子，后被汉朝委任为西域领护屯田，被龟兹贵族杀害。他是汉朝在西域任命的第一位当地官员。后来，汉朝为他报仇雪恨。

公元前 91 年，狐鹿姑单于突然下令匈奴军进攻上谷和五原，杀掠汉朝吏民。由于较长时间没有战事，汉朝的边境防御有所松懈。匈奴军轻松攻破五原，又攻破酒泉，大肆抢掠一番后撤走。

公元前 90 年，刘彻派李广利率领 7 万人从五原出发，商丘成率领 3 万人从西河出发，莽通率领 4 万骑兵从酒泉出发，三路大军同时向匈奴腹地进攻，以保障河西走廊安全。

商丘成率军出塞，因没有遇到匈奴军而不得不撤回。狐鹿姑单于派李陵率领 3 万余骑兵追击。商丘成率军转战 9 天，多次击败匈奴军，杀死不少匈奴兵，一直打到蒲奴水，才击退李陵。

莽通率军抵达天山后，遇到偃渠率领的 2 万余骑兵。偃渠见汉军军容强盛，斗志昂扬，不敢应战，率军撤走。莽通率军示威后，率军撤回。

刘彻担心匈奴勾结车师拦截莽通所部，派开陵侯成娩率领楼兰、尉犁、危须凡等西域六国的军队进攻车师。当开陵侯成娩率领偏师攻到车师时，匈奴右贤王率领数万骑兵前来救援车师。成娩自知不是对手，知难而退。

不久，汉朝援军 4 万骑兵抵达天山脚下，截住并吓退前往车师救援的 2 万骑兵。开陵侯成娩趁机顺利攻下车师，活捉车师王。汉军没留下一兵一卒驻扎，很快全部撤离车师。

等汉军撤走了，匈奴 4000 骑兵进驻车师，实行屯田，摆出一副永远不走的架势。刘彻根本不知道这一切。直到后来乌孙使者到长安求救时，刘彻才得知车师又被匈奴占领。匈奴和车师联军又去攻打乌孙。

李广利率军援救乌孙，起初频频赢得胜利，但他怀有异心，打算拼着全军将士性命博取战功，指挥作战不讲策略，一味猛攻猛打。趁汉军疲惫至极，狐鹿姑单于亲率 5 万匈奴骑兵袭击汉军。汉军损失惨重，李广利最终投降匈奴。

狐鹿姑单于把女儿嫁给李广利，派人去汉朝要求和亲。刘彻心有不甘，但长年的战争让汉朝耗费太多。他向匈奴派出使者，商议停战一事。同时，刘彻发布《轮台罪己诏》[①]，向天下谢罪，表示不再继续发动战争，同时放弃轮台屯田。

---

① 《轮台罪己诏》是公元前 89 年汉武帝刘彻下的一道自我反省罪过的诏书，宣布与民休息，是中国历史上第一份内容丰富、保存完整的罪己诏。

在某种意义上，他暂时放弃了对丝绸之路的控制权。

借着军事上的胜利，狐鹿姑单于派人到西域诸国宣传汉朝已屈从于匈奴，希望西域诸国认清形势，重新归附匈奴。部分西域国家又不得不迫于压力投向匈奴。

公元前 87 年，在位 54 年的刘彻去世。经过半个世纪的奋斗，刘彻虽然没能在有生之年实现击败匈奴的宏愿，但从根本上扭转汉朝对匈奴的弱势局面，成功实现汉朝开国以来数十年的愿望，首次全线开通丝绸之路，将汉朝影响扩展到西域诸国，为后来继续执行西进战略奠定了基础。

3. 和亲公主刘解忧的底气

刘彻死后，新皇帝刘弗陵只有八岁，由霍光、金日磾等人辅佐。狐鹿姑单于认为匈奴的转机来了，但他于两年后也死了。匈奴内部离心离德，出现内讧。壶衍鞮单于年幼，在匈奴威望不足，不得人心，于是想攻打酒泉和张掖，掐断汉朝与西域诸国的联系。

酒泉和张掖是汉朝通向西域的咽喉之地。汉朝虽然暂时受挫，但最终还是要重新开拓西域，因此酒泉和张掖是必须守住的地方。辅政的霍光是名将霍去病的弟弟。霍光提前得知消息，立即下令向酒泉和张掖增派援军，附近郡县互相配合，严阵以待。

这一次，壶衍鞮单于输得很惨。匈奴 4000 骑兵进入日勒、屋兰、番和劫掠时，张掖太守和属国都尉率领汉军进行猛烈反击。匈奴军大败，只有数百人逃脱。壶衍鞮单于又发起了几次侵扰，都被汉军击退。此时，匈奴东邻乌桓趁机抢夺匈奴的草原。汉军巧妙配合乌桓军，又将壶衍鞮单于一顿猛揍。

公元前 108 年，乌孙向汉朝称臣，请求迎娶汉朝公主。江都公主①刘细君于公元前 105 年远嫁乌孙。随刘细君出嫁的多达数百人，有宫娥、乐工、裁缝，也有工匠、武士，嫁妆更是前所未有地丰富。

为了显示汉朝威风，朝廷对公主远嫁乌孙大力宣传，公主尚未起程，西域诸国都已经知道了。匈奴单于抢先把女儿嫁给乌孙昆弥，被封为左夫人。江都公主到乌孙后，只能屈居右夫人，位居匈奴单于的女儿之下。

江都公主不适应西域的环境，对嫁给年迈的乌孙昆弥心存遗憾。年老的乌孙昆弥猎骄靡看出刘细君内心的忧伤，想把她改嫁给自己的孙子军须靡。军须

---

① 江都公主在乌孙创作了一首千古流传的《悲秋歌》(又名《黄鹄歌》)："吾家嫁我兮天一方，远托异国兮乌孙王。穹庐为室兮旃为墙，以肉为食兮酪为浆。居常土思兮心内伤，愿为黄鹄兮归故乡。"这是中国历史上第一首边塞诗，实现了"诗言志"到"诗抒情"的初步转变。

靡是乌孙昆弥的法定继承人，比老昆弥年少英俊，江都公主嫁给他，当然更般配。最终，江都公主“从其国俗”，改嫁给军须靡。

猎骄靡死后，军须靡继任乌孙昆弥。江都公主和军须靡感情深厚，却死于难产。军须靡非常悲伤，以维持汉朝和乌孙亲善为名，派人到长安请求再赐给一个和亲公主。

19岁的公主刘解忧于公元前102年踏上西去乌孙的路途。刘解忧是七国之乱的主谋楚王刘戊的孙女，从小生活在罪臣之家，养成了独立坚强的个性，长得丰腴健美，英姿飒爽，胆识过人，被人称为解忧公主。

解忧公主远嫁乌孙，开始时不开心，但由于有侍女冯嫽一路陪伴，就安下心来，转而以积极的心态，努力巩固汉乌关系，宣扬汉朝声威。

刚到乌孙时，解忧公主想念自己的国家，想念家乡的亲人，背着军须靡常常以泪洗面。

冯嫽苦苦相劝，悄悄买些关于西域神话传说的书籍，陪解忧公主一起学习乌孙语，一起读西域的各种书籍。解忧公主和冯嫽渐渐迷恋上读书，就逐渐适应西域生活了，在乌孙生活得越来越开心，而且渐渐影响起乌孙的政治，甚至西域其他国家的政治。

公元前93年，军须靡病危。他想册立与匈奴单于的女儿所生的儿子泥靡为新昆弥。泥靡年龄尚小，而军须靡的叔叔大禄的儿子翁归靡正值壮年，颇有威望和才智。大禄一直对军须靡当上昆弥不服气。军须靡也无力将其消灭。军须靡担心自己死后，翁归靡会从泥靡手中夺走昆弥之位，便以退为进，宣布传位给堂弟翁归靡，同时要翁归靡当乌孙所有贵族的面指天立誓：“泥靡长大后，以国归之。”很显然，军须靡只是让翁归靡代理昆弥几年而已。

翁归靡成为乌孙昆弥，乌孙再度统一。翁归靡看上去又肥又痴，乌孙人戏称他为肥王。按照当地习俗，翁归靡继承军须靡的老婆。解忧公主和匈奴单于的女儿同时又成为翁归靡的王妃。

解忧公主与翁归靡性情相投，此前没生育的她接连生下三个王子和两个公主。长子元贵靡被立为嗣子，打破乌孙昆弥继承人由匈奴王妃所生的惯例。长女弟史长大后嫁给龟兹王绛宾为妃子，深受龟兹王宠爱。在弟史的努力下，龟兹与汉朝保持了一个世纪之久的友好关系，成为汉朝西域都护府最可信赖的支持者。弟史后来被汉宣帝刘询特别加封为汉朝公主。次子万年后来成为莎车王。小儿子大乐官至左大将。次女素光嫁给乌孙若呼翕侯为妻。

渐渐地，解忧公主变成乌孙势力最强大的人。翁归靡对她关怀备至，言听计从。汉朝和乌孙关系迅速发展，一度沉寂的丝绸之路又恢复往昔的热闹，驼铃声再次在西域丝绸之路上响起来。

乌孙远离匈奴，亲近汉朝，匈奴单于的女儿居次受到冷落又心有不甘，决定借助匈奴力量改变这一切。她秘密派人将乌孙发生的一切详细地报告匈奴单于。当时，壶衍鞮单于对外战争频频受挫，苦闷至极。得知乌孙的情况后，他决定拿乌孙开刀。

壶衍鞮单于调集大军，长驱直入，攻打乌孙。他们声称只有得到解忧公主才肯退兵，企图逼乌孙人交出解忧公主，与汉朝反目为仇。

面对气势汹汹的匈奴骑兵，乌孙赤谷城内人心惶惶。亲匈奴的人趁机煽风点火，说只要交出解忧公主就能化解战争。翁归靡不愿交出解忧公主，但面临匈奴人的军事压力和国内亲匈奴势力的政治压力，一时六神无主。在关键时刻，解忧公主果断从幕后走向前台，说服翁归靡拒绝匈奴，并派使者向汉朝求救。

解忧公主有何底气如此做呢？此前，她和冯嫽已经做了十几年工作。冯嫽出面在西域诸国中积极经营，赢得很多国家的友谊。她相信，乌孙和匈奴打仗时，即使不能说服那些国家一起抗击匈奴，至少能让它们保持中立，不会在匈奴要挟之下进攻乌孙。这样，乌孙如果能得到汉朝支援，就能打败匈奴军了。

随解忧公主嫁到乌孙后，冯嫽又陪着她一起读书了解当地人文风俗和历史地理政治。经过长时间学习，冯嫽已经不是普通陪嫁丫头，而是非常有政治眼光的外交家了。在汉乌关系稳定的前提下，冯嫽主动出击，努力搞好与西域其他国家的关系。

当时，西域有三十多个国家，除了乌孙以外，还有很多国家在汉朝和匈奴之间摇摆。

汉朝与匈奴争夺西域虽然暂时失利，但她深知汉朝一定会继续经营西域。冯嫽提前主动做些准备工作，以乌孙为根据地，秉持汉节，以公主使者名义游说天山南部的城郭诸国。

每到一处，她先深切地问候各国人民，为他们送去美好的祝福，同时，还慷慨行赐，尽显汉朝礼仪风范。冯嫽的风范博得西域诸国人爱戴。人们尊称她为冯夫人。天山南部诸国虽然被迫臣服匈奴，但对汉朝人都有较好的印象。

冯嫽和解忧公主凭借好人缘，在西域开辟一片天地。这是汉朝意外的一笔收获。

4. 乌汉在西域联手痛击匈奴

解忧公主的求援信送到长安时，汉朝内部比乌孙还乱。重病之中的皇帝刘弗陵接到求援信，立即与大臣们讨论。还没有讨论出个结果，刘弗陵就一命呜呼。昌邑王刘贺被迎立为皇帝。刘贺仅当了 27 天皇帝，却干了许多荒唐事。辅政大臣霍光等人恳求皇太后下旨废掉刘贺，册立戾太子刘据唯一的遗孙、18 岁的刘询[①]为皇帝。

就这样，出兵援救乌孙的事拖了一年多。在这一年里，乌孙昆弥翁归靡不堪其苦，因为不愿献出解忧公主，匈奴人不断向他施加压力。翁归靡亲自写信向汉朝求救。同时，他听从解忧公主的话，利诱首尾两端的匈奴贵族，并扩充昆弥护卫军实力，奋力抗击匈奴兵侵扰，使匈奴铁骑始终不能进入伊犁河谷。

在此期间，冯嫽积极协助翁归靡和解忧公主，利用她与西域诸国的友好关系，说服那些迫于压力站到匈奴一方的西域小国临阵观望，不对匈奴军进行实质性援助。

得知刘询继位，军须靡和解忧公主再次联袂上书，力陈汉朝和乌孙联手夹攻匈奴的必要性和重要意义，并保证乌孙出动 5 万精锐骑兵，参与夹击匈奴的战争——“匈奴接连出动大军进攻乌孙，占领车延、恶师等地，抢掠百姓离去，派使者威胁求娶公主，想断绝乌孙与汉朝关系。昆弥愿意出动全国一半的精兵，共计 5 万人马，尽力进攻匈奴。恳请天子出兵援救公主、昆弥！”

刘询询问霍光的看法后，决定出兵西域，与乌孙一起夹攻匈奴。在西域，汉朝与乌孙联手攻打匈奴的战争爆发。

公元前 72 年，刘询下诏，征发关东精锐将士，下令郡国俸禄达到三百石的精于搏击和骑射的官吏全部从军。刘询摆出一副要与匈奴决战的架势，从战略

---

① 刘询登基前叫刘病已。

上支援乌孙抗击匈奴。

汉军分5路在通往西域的交通要道河西走廊一带发起进攻——田广明率领4万余骑兵从西河出击，范明友率领3万余骑兵从张掖出击，韩增率领3万余骑兵从云中出击，赵充国率领3万余骑兵从酒泉出击，田顺率领3万余骑兵从五原出击。刘询告诉各位出征的将领，出塞2000余里，对匈奴进行纵深打击。

与此同时，校尉常惠也征调西域诸国兵马策应乌孙。翁归靡亲自率领翕侯以下5万余骑兵，对匈奴发起反攻。如此一来，汉乌联军达到20余万人，对匈奴形成东西夹击之势。

壶衍鞮单于认为汉朝皇帝年轻，没有魄力大规模出征匈奴，乌孙和汉朝相隔很远，汉乌之间不可能对匈奴发起夹攻。当汉朝和乌孙联军20余万人浩浩荡荡杀向漠北时，壶衍鞮单于才傻了眼，没有率军迎战，而是下令各部逃走，驱赶牲畜远逃北方。

相比汉军在主战场上大张旗鼓进攻取得的胜利，校尉常惠率领西域诸国兵与乌孙联军取得的胜利显得更加辉煌。

汉朝和乌孙达成夹击匈奴协议后，翁归靡亲自披挂上阵，使者校尉手持节杖护卫乌孙军。他们一起率领5万多骑兵，千里奔袭，直捣驻在巴里坤草原的匈奴右谷蠡王，横扫匈奴右谷蠡王部和单于庭，俘虏单于父兄及嫂、居次、名王[①]、犁汗都尉、千长、骑将以下39000余人，牛、羊、马、驼、驴、骡等60余万头。此外，匈奴民众死伤不计其数。

战后，常惠带着十多名官兵跟随乌孙昆弥翁归靡回来。还没到乌孙时，有个乌孙人偷了常惠的官印、绶带、节杖等。常惠回长安后，自以为要被杀头，却被封长罗侯，让他携带黄金、钱币返回乌孙，赏赐有功的乌孙贵族。

常惠趁机上奏说："龟兹国曾杀害汉朝校尉赖丹，没有得到惩处，请求顺路进攻龟兹。"刘询没同意。霍光却暗示常惠根据实际情况相机行事。

翁归靡亲率5万骑兵奔袭匈奴后，乌孙在西域诸国中的威望激增，成为诸国的偶像，尤其是那些受匈奴欺负而敢怒不敢言的小国家，千方百计地讨好乌孙。丝绸之路南道上的莎车国，在其国王死后，将乌孙入侍长安的次子万年请

---

① 是指匈奴诸王中名位尊贵的人。

去做国王；丝绸之路北道上的龟兹王绛宾，求着要做乌孙人的女婿，最终娶了解忧公主长女弟史为王后；东部的车师王乌贵干脆投奔乌孙。

到此时，乌孙进入强盛时期，居民达 12 万户，63 万人，军队的规模达到 18.8 万人。

常惠带大量贵重财物和锦缎专程赶来乌孙奖赏那些奔袭匈奴立过大功的贵族和将军。在一片欢呼声中，与匈奴作战有功的人都得到了奖赏。与汉朝结盟的翁归靡于公元前 64 年通过常惠上书："愿以汉朝的外孙元贵靡为乌孙继承人，让他也娶汉公主，结两重姻亲，断绝与匈奴的关系。愿意用骡马各 1000 匹，作为迎娶汉公主的聘礼。"

乌孙昆弥翁归靡主动表示进一步友好的意愿，主动提出和亲。汉朝皇帝刘询接到奏疏也非常重视，召集公卿们商议此事。大鸿胪萧望之认为不答应和亲为好。

刘询认为，乌孙是汉朝在西域的重要盟友，乌孙主动表示跟汉朝进一步发展关系，对汉朝实施西进战略有好处，且乌孙最近打败匈奴军，汉朝也已经给予奖赏，此时拒绝乌孙和亲要求，等于过河拆桥，主动将盟友乌孙推向敌对方。更重要的是，汉朝推行西进战略，维护丝绸之路，离不开西域诸国的全力支持。乌孙是位于翻越天山关键隘口的大国，与乌孙和亲可以进一步保护汉朝利益。

这是汉朝第三次派公主去西域和亲。和亲公主选定为解忧公主的亲侄女刘相夫。刘询认为，刘相夫去乌孙，姑侄两人在一起相互有个照应，比较容易进一步巩固汉朝与乌孙的关系。于是，刘询为刘相夫配备百余仆从，让她进入上林苑专门补习乌孙语和了解乌孙的文化风俗习惯。

不仅如此，刘询还亲自去平乐观[①]，会见各国君长和使者，下令大演角抵之戏，以庆贺汉朝和乌孙和亲。

---

① 西汉长安城宫观名称，也叫平乐馆、平乐苑。

5. 冯嫽巧妙解决棘手难题

公元前60年，在长安，以长罗侯常惠为首的庞大送亲队伍，在300名乌孙人组成的迎亲队伍陪同下，载着大量金银财帛和生活用具，护送和亲公主徐徐走向乌孙。

和亲队伍到敦煌时，传来乌孙昆弥翁归靡病逝的消息。几天后，又从乌孙传来泥靡在乌孙贵族拥戴下当上新昆弥的消息。元贵靡虽然已经被确立为继承人，但乌孙贵族遵循原来的约定，都支持泥靡。因为军须靡曾在临终前与翁归靡约定，翁归靡继承昆弥之位，但等泥靡长大后，必须将昆弥位置还给他。

听说元贵靡没能继承乌孙新昆弥，送亲队伍只好停下来。常惠上书皇帝，请求下一步行动的指示。一直对和亲持反对意见的萧望之再次劝刘询唤回和亲公主。刘询一时找不到更好的解决办法，只好召回留在敦煌的和亲公主刘相夫。刘相夫一半落寞一半庆幸地回到长安。这场轰轰烈烈的和亲就不了了之。

事情并没到此结束。泥靡当上昆弥，汉朝和亲公主中途回去，元贵靡声威直线下降，解忧公主也失去往日的风光——她经营多年的汉乌关系一夜之间付诸东流。泥靡对解忧公主垂涎已久，当上昆弥后，竟然向解忧公主求婚。解忧公主没办法，只好按照当地习俗，又嫁给泥靡。

解忧公主对亲匈奴的泥靡没有一点好感，非常冷淡，但泥靡却越来越纠缠她，越来越迷恋她。解忧公主与泥靡同床异梦，形同陌路。泥靡的举动疯狂，倒行逆施，被人称为狂王。解忧公主担心泥靡为所欲为，导致乌孙衰落，被匈奴兼并，也担心汉朝在西域经营半个世纪之久的成果付之东流，丝绸之路彻底被掐断。

正好，汉朝卫司马魏和意、副侯任昌送侍子到乌孙。解忧公主私下会见他们，一起紧锣密鼓地谋划了一件大事。

一天夜里，解忧公主身边亲汉朝的人冲进宫殿，准备袭击并挟持泥靡，逼其退位。泥靡见此吓得目瞪口呆。由于缺乏经验，袭击者既没解除泥靡护卫队的武装，也没将他们绑起来。在惊呆片刻后，保护昆弥的贴身护卫拿起武器拼杀，而泥靡趁混乱逃走了。

解忧公主等人找不到泥靡，不得不撤离。但在撤离时，泥靡儿子细沈瘦已率领乌孙兵包围了王宫。解忧公主率领随从拼力搏杀，将细沈瘦及其支持者赶出城外。细沈瘦等人不认输，便进行疯狂反扑，将解忧公主一行围在赤谷城。双方在城内外长期对峙起来。

在很长一段时间里，双方都志在消灭对方。细沈瘦及其支持者打着“镇压叛逆”的旗号，发誓要攻下赤谷城。解忧公主和冯嫽等人控制着乌孙昆弥泥靡，也打着“镇压叛逆”的旗号，号召城内军民顽强抵抗。那些亲汉贵族和军民都积极支持“镇压叛逆”。细沈瘦率军发起一次又一次血腥进攻，而一次又一次被打败。一时间，城墙内众志成城，城墙外血流成河。

长期对峙下去，局势对城内解忧公主一行人不利。她只好一边抵抗一边暗中派人混出去寻找援助。

数月后，西域都护郑吉率领西域诸国兵马赶到赤谷城下。细沈瘦遭到内外夹击，只好率领追随者四散逃跑。郑吉进入赤谷城，一边安慰乌孙昆弥泥靡，一边安慰解忧公主和冯嫽等人。得知事情真相，他觉得兹事体大，不敢独自作出裁决，便派人将奏疏送到长安，请求皇帝裁决。

为顾全大局，刘询先派遣中郎将张遵带上良医良药前往乌孙，给乌孙昆弥泥靡治疗，并赐予 20 斤黄金和一匹彩色丝绸表示慰问，下令将刺杀案的主谋汉朝使者魏和意和任昌戴上枷锁，坐上囚车，押送到长安斩首。解忧公主得知此消息，泪如雨下，连与魏和意和任昌道别都不能，只能在赤谷城里等最终处理结果。

刘询既要安慰好乌孙昆弥泥靡以及其国内军民，给一个合理合情的交代，又不能折损汉朝声威和打击乌孙亲汉势力。想来想去，刘询只能派人去乌孙调查，暗地里替解忧公主解脱责任，将一切责任推到已经被押回长安的魏和意和任昌身上，或者直接将责任推到乌孙昆弥泥靡身上。

遗憾的是，派到乌孙的车骑将军长史张翁是个腐儒，不仅没理解透皇帝的意图，还以孔孟之道为准则，“大义凛然”地审查起解忧公主。案情真相水落石出。解忧公主受尽羞辱，含泪上书，讲述刺杀事件发生的前因后果，痛陈遭受张翁审讯和体罚的经过。张翁被撤职，押送回长安。不久，他被杀死。

在泥靡受伤时，前乌孙昆弥翁须靡与匈奴居次所生的儿子乌就屠带着少数贵族逃到北山。乌就屠扬言匈奴大军将要来了。很多人害怕，因此归附了他。在汉朝继续调查处理刺杀乌孙昆弥泥靡事件时，乌就屠趁机刺杀泥靡，自立为乌孙昆弥。这样，事情更为复杂。

刘询得知消息，担心乌就屠归附匈奴，给西域局势造成震荡，命令武贤率领 1.5 万人火速赶往敦煌，准备西征乌孙。

在一场恶战即将爆发时，西域都护郑吉得知冯嫽的丈夫乌孙右大将军与乌就屠关系密切，就把劝说乌就屠投降汉朝的任务交给冯嫽，希望通过她在西域多年外交和政治界的影响力化解这场危机。冯嫽也担心局势不可收拾，义不容辞地接受了任务。

乌就屠刺杀乌孙昆弥泥靡后，右大将军掌握着重兵，在乌孙国内有很大的话语权。乌就屠离不开他的支持。乌就屠跟右大将军私人关系不错。冯嫽出面劝降乌就屠，乌就屠是要掂量的。

冯嫽要去北山见乌就屠，右大将军反对。因为乌就屠不高兴时会杀人，右大将军担心乌就屠杀了冯嫽。冯嫽说服了右大将军，最终还是去见了乌就屠。

乌就屠听说右大将军夫人冯嫽来了，不得不接见。他自立为昆弥，右大将军掌握有重兵，一直没表态支持他。如果得罪右大将军，乌就屠将会面临更大的军事压力。

经过一番交谈，冯嫽和乌就屠达成口头协议：乌就屠主动让出王位，归顺汉朝，冯嫽为他争取保留小昆弥的职位。

他们还约定，冯嫽亲自去长安向汉朝皇帝争取，乌就屠必须在她回乌孙时原地待命，不能做进一步激化局势的举动。

随后，冯嫽回复西域都护郑吉后，带着乌就屠答应投降的条件，赶往长安向皇帝汇报。刘询认可冯嫽此前答应乌就屠投降的条件，任命冯嫽为正使，竺次、甘延寿为副使，持节回乌孙全权处理这件事。

冯嫽一行快马加鞭赶回乌孙。冯嫽以汉朝皇帝名义召集乌就屠和乌孙贵族，宣布册封元贵靡为大昆弥，乌就屠为小昆弥，分别授予印绶。乌就屠在大昆弥领导下可以行使一定权力。

乌孙暂时安定下来。为防止大小昆弥争夺权力，冯嫽上书皇帝，希望汉朝能够进一步采取措施管制乌孙。刘询派常惠率领三校尉的兵力，进驻乌孙首都赤谷城屯田，并将乌孙分为大昆弥、小昆弥两部分，明确划定地界，大昆弥元贵靡是乌孙国王，统辖6万户，小昆弥乌就屠听命于大昆弥，但在自己领地内有自主权，统辖4万户。

乌孙大小昆弥分治后，常惠率领三校尉官兵在赤谷城一边屯田，一边负责监护大小昆弥，调解他们之间的分歧，防止他们之间发生兼并战争。此后，解忧公主的子孙后代一直做乌孙大昆靡，为汉乌关系的发展作出贡献，奠定汉乌世代友好基石。

元贵靡去世后，他儿子星靡继位。星靡生性懦弱，亲匈奴的小昆弥想夺权。星靡束手无策，向汉朝求援。已经回中原的冯嫽主动请求出使乌孙处理此事。

冯嫽到乌孙后，分析当时的情况。星靡年幼，无法应付朝廷的事，冯嫽请求赐予乌孙大吏、大禄、大监金印紫绶，辅佐星靡处理政务。这样，乌孙政局稳定了。汉朝通过与乌孙结盟经营西域的策略从此稳定下来，丝绸之路北道经乌孙那段此后百余年保持着一路畅通。汉朝丝绸顺利通过乌孙，运到康居，再源源不断地运到中亚、西亚以及欧洲去。这段丝绸之路的畅通，离不开解忧公主和冯嫽的功劳。

第十一章

同一种情怀，同一个梦想

汉朝经营西域后，匈奴也加大经营西域力度，甚至设置专门机构统管西域事务。汉朝朝野奋发有为，积极经营西域，除了调整管理机构，加强对丝绸之路沿途的监管，还积极团结热爱和平的国家，打击破坏和平和丝绸之路的国家，尤其是匈奴。

1. 龟兹王明智的选择

积极争取西域诸国归附汉朝，远离匈奴，是汉朝维护丝绸之路畅通的基本政策。在汉朝全线开通丝绸之路后，汉朝派往西域诸国的官员，在执行这一政策和维护丝绸之路畅通方面作出了巨大贡献。

龟兹原本是西域一个不怎么强大的小国，位于西域诸国中间，在丝绸之路北线中道一个关键节点上。龟兹是否归顺决定丝绸之路北线中道是否能畅通。李广利攻破大宛回国时，曾带上入汉朝为人质的打弥国太子赖丹作为汉朝使者出使龟兹。在姑翼怂恿下，龟兹王居然派兵攻杀了赖丹。

连汉朝使者都被杀，其他过往商旅的安全又怎么能得到保障呢？龟兹王是在人为蓄意破坏这段丝绸之路，阻扰汉朝与西域诸国友好交往以及东西方商贸文化交流。汉朝使者被杀，龟兹王事后也觉得过分，上书向汉朝皇帝请罪。当时，汉朝忙于其他事，没有出兵龟兹。

汉朝没有及时出兵教训破坏丝绸之路的龟兹，并不代表认为那种举动合法。常惠在回朝途中，想起赖丹被杀的事，便想为他报仇。将在外，军命有所不受。常惠决定在西域广阔天地建立功业，传播汉朝声威，惩罚那些蓄意破坏丝绸之路的人。

公元前 72 年，常惠率领 500 骑兵到西域后，用皇帝赐给他的符节，从龟兹以西各国征调 2 万大军，同时派出副使从龟兹以东各国调集 2 万大军，再加上乌孙派出的 7000 人，从三面夹击龟兹，严惩龟兹王破坏丝绸之路袭杀汉朝使者的行为。

大战一触即发，龟兹面临亡国危险。此时，常惠卓越的政治军事才干充分显示出来，令人肃然起敬。近 5 万人的联军打败龟兹，甚至将其摧毁，没丝毫问题。但是，常惠发动这场战争的目的不是杀人，也不是占领地盘，而是教训曾经擅自杀害汉朝使者、破坏丝绸之路畅通的龟兹王，顺便威慑其他前来参战的西域各国：破坏丝绸之路畅通，袭杀汉朝使者，必将受到严厉的惩罚！

那么常惠决定恩威并施，严惩恶首，胁从不办。

在三路大军合围前，常惠派人去谴责龟兹王袭杀汉朝使者赖丹的罪状。本来，杀汉朝使者，龟兹人就自觉理亏。汉朝派出军队兴师问罪，他们更是害怕。当年诛杀赖丹的龟兹王已经死了，时任龟兹王是他的儿子绛宾。

龟兹在西域诸国中算是大国，扼守丝绸之路北道中段的咽喉，地处丝绸之路上的中西交通要冲，东西方商旅以及各种文化在这里交汇。它必须依靠某个占据绝对优势地位的大国而生存，而当时大国势力此消彼长，给龟兹带来很大不安全感。汉朝和匈奴争夺西域，龟兹虽然不是争夺的中心，但其对相关消息还是非常敏感的——汉朝已经在西域占有越来越明显的优势。

龟兹王绛宾深入思考后，决定投降汉朝，为以前杀汉朝使者的事认错。毕竟袭杀汉朝使者，蓄意破坏对西域诸国都至关重要的丝绸之路安全，走到哪里讲都是理屈的。在连连谢罪后，龟兹王绛宾试图推卸自身责任，说："先王之所以杀赖丹，全是听了姑翼的谗言。我是无罪的。"

谁都知道这明显是在推脱责任。但是，这也是唯一和平解决的办法。因为毕竟汉朝和龟兹能实现和睦才是上上策，找个替死鬼杀了，双方都有台阶下，还能消除历史恩怨，继续友好下去。

常惠便借坡下驴，派人对龟兹王绛宾说："既然如此，那就交出姑翼吧！其他人不咎！"

龟兹王绛宾听到"其他人不咎"，高兴得几乎要叫起来，立即令人抓来姑翼，将他交给汉朝使者。

常惠见到姑翼，为了让龟兹王绛宾放心地投顺汉朝，也为了让西域其他人看到危害丝绸之路通行安全的下场，连审问都没审问，当着西域诸国人的面，直接处决姑翼。他随即大声宣布破坏龟兹与汉朝友好关系的人已杀，破坏丝绸之路的恶人已杀，其他人都无罪，不再追究。

为深化与汉朝的关系，龟兹王绛宾想了个一举三得的好办法——娶乌孙国王后解忧公主长女弟史，与乌孙联姻，同时与汉朝也成为亲戚关系。绛宾认为，龟兹不够格直接要求汉朝派和亲公主，而他见过乌孙公主弟史，并已经从内心深深爱上了她。

常惠回长安复命不久，原来去长安学习的乌孙弟史公主就路过龟兹。绛宾想方设法将她留在龟兹国，派人去乌孙求亲。解忧公主考虑一番后，便答应了这门婚事。龟兹王绛宾非常高兴，立即举行隆重的婚礼。

公元前 65 年，解忧公主告诉女儿女婿，希望他们能比照汉宗室弟子，前往长安朝觐皇帝。于是，龟兹王绛宾带王妃弟史以及龟兹乐舞团赶赴长安朝拜。刘询非常高兴，封弟史为汉朝公主，赐予绛宾夫妇汉朝印绶，并留他们在长安居住了一年。龟兹王绛宾终于实现他的目标，不仅成为汉朝女婿，还赢得了汉朝皇帝的信任和喜爱。

归国时，汉朝皇帝赐予弟史公主车骑旗鼓，送上数千匹精美丝绸，赠送了数十人的乐队和钟鼓琴等乐器。回国后，龟兹王绛宾按照汉律治理国家，仿照长安样式建立宫殿，整修城墙，铺设道路，穿起汉服。

对龟兹王绛宾的改革，西域有些国家不以为然，龟兹国内也有部分贵族心存拒绝，甚至冷嘲热讽。龟兹王绛宾坚持学习汉朝，亲汉朝。

此后，绛宾带弟史多次到长安朝拜，诚心臣服于汉朝。甚至，绛宾的儿子也取汉名——丞德。龟兹学习汉朝后，不知不觉地成为天山以南最为强盛的国家，国祚延续了 1000 多年，直到 1006 年被回鹘人所灭。

更重要的是，龟兹国与汉朝友好，保障了丝绸之路北道中段畅通，为中西方交往作出重要贡献。为过往使者和商旅提供后勤服务，也是龟兹国能保持千年兴旺的重要原因。

2. 郑吉，不经意间创造第一

公元前 72 年，常惠和乌孙昆弥一起率骑兵突袭匈奴。匈奴在西域嚣张的气势得到遏制。匈奴派出的在车师屯田的骑兵惊慌逃走。车师王意识到大祸临头，向汉朝负荆请罪，诚挚要求接受汉朝统辖。

刘询决定在车师屯田。听说车师与汉朝交好，匈奴单于不禁大怒，要求车师王将太子军宿派往匈奴当人质。军宿是焉耆王的外孙，对去匈奴做人质又惊又怕，便跑到焉耆国避难。车师王既生气又无奈，只好册立另一个儿子乌贵为太子。不知道什么原因，匈奴单于并没要乌贵去匈奴做人质。

也许是因为感谢匈奴逼走军宿使他有当太子的机会，也许是因为感谢匈奴没让他去当人质，也许是匈奴人在新太子乌贵身上下足功夫，乌贵成为车师王后，立即宣布与匈奴和亲，再次阻碍汉朝与西域各国的交流，切断丝绸之路北线中段。无奈之下，刘询只好咬紧牙关，决定派兵给车师一点教训。

公元前 68 年秋，郑吉和校尉司马憙率领 1500 名士兵，以及 1 万余名西域诸国联军，从墨山国北上，悄然进入吐鲁番盆地，一举攻占交河城。车师王乌贵提前得知消息，龟缩在交河城北部的石城，等待匈奴人来救援。

考虑到军粮将尽，郑吉暂时退兵，没继续进攻石城。等到秋收后，郑吉再次发兵攻打石城。车师王乌贵逃到匈奴求救。当时，壶衍鞮单于刚死，虚闾权渠单于继位，发生严重的内讧。虚闾权渠单于自顾不暇，根本就没搭理车师王乌贵。万般无奈，车师王乌贵只好向汉军投降。

车师贵族苏犹建议，顺道抢劫靠近匈奴边境的小蒲类国，以示与匈奴决裂的决心，同时将抢掠的财物作为向汉军投降的见面礼。

当初，乌孙人被大月氏打败投靠匈奴后，匈奴老上单于立猎骄靡为乌孙昆弥，将其安排在匈奴西部的蒲类海一带安家落户。后来，猎骄靡借助匈奴势力成功复国，打败大月氏，将统治中心转移到伊犁河流域，在那里建立乌孙国。但是，猎骄靡并未放弃蒲类海。考虑到蒲类海周边草原人口的承载能力有限，猎骄靡将一个 2000 余人的部落留守在那里。

随着时间推移，这个与乌孙相隔遥远的部落逐渐形成蒲类国，统治中心在疏榆谷。它西有乌孙做后盾，北有匈奴支持，在天山北麓几个行国中最有发言权且威望最高，一度成为“山北六国”小盟主。

乌孙与匈奴决裂后，蒲类国遭殃，不得不臣服匈奴，成为匈奴打击乌孙的帮凶。不过，蒲类国表面臣服于匈奴，跟匈奴一起与乌孙敌对，但暗中也派出使者，与同宗的东且弥人一起到乌孙朝贡。

军臣单于发现此事，率军灭掉蒲类国，杀了蒲类国王，将俘虏的 6000 人发配到匈奴右部一个叫阿恶的地方。在匈奴撤军后，蒲类国躲进山谷的老弱在远离巴里坤湖的地方含泪重新建立蒲类国，号称小蒲类国。后来，小蒲类国投降匈奴，成为匈奴属国。

公元前 72 年，汉军分 5 路进攻匈奴时，赵充国被任命为蒲类将军，率军 3 万人与乌孙军在蒲类海附近夹击匈奴军。乌孙兵先到几天，没见到汉军，于是撤走了。赵充国率军赶到时，乌孙军已经撤兵，赵充国并未放弃进攻，领兵直捣匈奴右谷蠡王庭，占领蒲类海地区和车师，打通西域通向乌孙的丝绸之路西域北道。不过，汉朝没有驻兵，撤走后，小蒲类国逃走的人又回到故地，依然受匈奴控制。

小蒲类国原本不是车师国的对手，加上根本没防备，车师军没花费多大力气就将小蒲类国抢掠了一番。车师国王乌贵带着从小蒲类国抢来的财物和俘虏向郑吉投降。

当时，车师旁有个匈奴的附属国——金附国。它曾经跟在汉军后面趁机抢掠被打败的车师国军民的财物。车师王乌贵担心所立“战功”不足以取信于汉朝，又将金附国给灭掉，将夺得的财物和俘虏献给汉军。

车师国连灭两个附属匈奴的西域小国，只为求得汉朝原谅，让汉朝接受它投降。郑吉代表汉朝接受车师王乌贵投降，并将此消息上报朝廷。

匈奴单于得知车师王乌贵那些举动，便失去耐心，发兵攻打车师。郑吉得知消息，率兵从渠犁北上，准备与匈奴军决战，提升汉军在西域诸国中的声威。对郑吉早有忌惮的匈奴人并没有上当，他们收拢所控制的车师余部，册立乌贵弟弟兜莫为车师王，建立一个车师国，即车师后国。

郑吉留下一个军侯以及 20 个士兵保卫车师王乌贵，留 300 汉兵在车师屯田，自己率兵回渠犁屯田。车师王乌贵时时担心匈奴人去杀他，他根本不相信汉军 21 个官兵就能保卫他的安全，最后只身逃到乌孙避难。

车师王乌贵逃走后，惶惶不可终日，王后、王子和公主终日哭泣。郑吉又好气又好笑，派人将乌贵的妻子和儿女都接到渠犁。

匈奴单于得知汉军在车师只有 300 名屯田士兵，不断派出骑兵袭击。郑吉闻讯，将驻扎在渠犁的 1500 名屯田汉兵调到车师国。匈奴见汉军增兵，也加大袭击力度，派出上万士兵。郑吉所部抵挡不住，只好退回城内。

匈奴军将车师城包围起来，派人对着城头叫喊："单于必得此城，你们不要在此屯田了！"围城数日后，匈奴军撤去。不久，匈奴又派出数千骑兵来围城。周而复始，车师再无宁日。

有感于车师局势胶着，郑吉上书皇帝："车师远离渠犁千里，又有河山阻隔，北面靠近匈奴，渠犁的汉兵又不足以救车师，恳请朝廷增加屯田士卒人数。"

刘询召集公卿们商议对策。那些眼光有限、看不出车师国在丝绸之路北道上地位重要的公卿，居然一致认为应该撤销这一耗费巨大的屯田基地。刘询没别的办法，只好同意，但提出眼下最重要的是保证郑吉能率部顺利退回渠犁。

随后，刘询派出常惠率领张掖、酒泉驻兵，杀到车师以北 1000 余里的地方，迫使匈奴骑兵从车师解围撤走。郑吉趁机率兵回到渠犁继续屯田。

与此同时，郑吉将在焉耆国避难的原车师太子军宿接回来，奏请皇帝任命军宿为车师王。车师民众也带上一切能带走的财物，全部搬到千里之外的渠犁，将交河城留给兜莫和车师后国。放弃交河城后，丝绸之路西域北道暂时中断。

汉朝作出这一决策无疑是失败的。但比较幸运的是，交河城没多久又被汉军收回来了。原来，汉朝放弃车师 4 年后，即公元前 60 年，匈奴发生内讧，受到排挤的日逐王先贤掸率 1.2 万匈奴骑兵投降汉朝。至此，匈奴在西域的统治结束，西域诸国全处在汉朝监护之下，汉朝从此都护西域境内各地商道，保障丝绸之路西域段安全畅通。

为了高效管理西域，保护各路段畅通，汉朝在乌垒城建立西域都护府，正式在西域设官、驻军、推行政令，代表汉朝管理和监护丝绸之路。刘询任命郑吉出任第一任西域都护。西域都护是汉朝中央政府派遣管理西域的最高军政长官。其级别相当于郡太守，每年俸禄是二千石。其属官有副校尉、丞各一人；司马、侯、千人各二人。西域都护的职责是统辖西域诸国，管理屯田，颁行朝廷号令，诸国有乱，得发兵征讨，各路段有人破坏交通，也得发兵去惩罚。

汉朝西域都护府成立后，日逐王也下令撤销属下的僮仆校尉。郑吉趁此机会，护送亲汉的车师王军宿回到交河城，车师后国王兜莫被命令率众迁徙到天山北麓。车师被分为四国：位于天山南部的车师前国和车师都尉国，位于天山北部的车师后国和车师后城长国。四国都属于西域都护府管辖。

公元前 48 年，由于丝绸之路北道距离匈奴近，战略地位重要，而设在乌垒的西域都护府又鞭长莫及，时任皇帝刘奭下令设立戊己校尉[①]，作为负责西域屯田的最高军事长官，直属大司农管理，军事上则受西域都护管辖，俸禄比二千石，治所设在交河城。

戊己校尉府配备丞和司马各一人，俸禄比千石，戊己校尉下一级编制为曲，共计前后左右中五曲，军侯为曲的首领，俸禄比六百石，曲下设屯，为最基本单位，设有屯长一人，俸禄比二百石。

戊己校尉到任后，把屯田基地从交河城扩大到高昌壁。负责高昌壁屯田的为己校尉，负责交河城屯田的为戊校尉。后来，高昌发展成天山东部军事政治中心，戊己校尉府后来从交河城迁到高昌。这一带丝绸之路因西域都护府以及戊己校尉的设置而变得畅通。

① 戊己校尉是公元前 48 年为驻车师屯田长官设置的官名。

3. 侠士使者，容不得半点威胁

解忧公主和冯嫽在西域积极从事外交活动，传播汉朝声威，也使西域大国乌孙声威远播。周边一些国家纷纷向乌孙示好。其中，有个国家令人惊讶地邀请解忧公主的次子万年去当国王。这个国家就是莎车。

从莎车向南越过葱岭可以抵达大夏、大月氏、帕提亚，向西可以抵达疏勒、捐毒、大宛。由于独特的地理位置，莎车时刻被西域霸主们惦记着、窥视着、恐吓着。虽然莎车城池坚固，有 1.6 万民众，有 3000 士兵，但仅仅比周边皮山、西夜、子合、伊耐等小国强，跟于阗、疏勒等国势均力敌，在有超过 10 万军队的匈奴、乌孙、大宛、康居、帕提亚以及大月氏眼里不值一提。

莎车王没有儿子，便想了一个自认为很明智的办法，就是选择乌孙王子、解忧公主次子万年作为继承人。莎车王临终时，万年正在汉朝长安做人质。莎车王此举是既想讨好乌孙又想讨好汉朝，想将莎车变成亲汉朝国家，便上书汉朝皇帝，请求让万年继任莎车王。在征得解忧公主和乌孙昆弥翁归靡同意后，刘询答应莎车人的请求，派使者奚充国将万年送到莎车去继承王位。

万年之所以被请来当莎车王，并不是因为他多优秀，声望有多高，能力有多强，而是他有乌孙王子和汉朝公主之子的显赫身份，是因为乌孙和汉朝都是莎车人眼中的强国。

当上莎车王后，万年骨子里奢靡暴虐的本性显露无遗。在莎车，他拥有绝对权力，很快变得恣意追欢，固执己见，盛气凌人。

莎车贵族越来越不能容忍万年的荒淫残暴。既然能邀请一个外国人来做国王，为什么不能将一个残暴无能的国王赶下台呢？

公元前 65 年，流亡在外多年的前莎车王弟弟呼屠徵，在取得国内贵族支持后，悄悄潜回莎车城，杀死万年以及汉朝使者奚充国，自立为国王，并联合邻国背叛汉朝。

万年在莎车举动令人憎恶，但他并非十恶不赦，而且奚充国也是无辜的。

如果莎车人将万年的情况报告给汉朝皇帝，或者通过汉朝使者奚充国将这个情况报告皇帝，那么，皇帝命令万年改正，或者罢黜万年王位，重新册立莎车王，也是可取之法。毕竟，维护西域诸国和平稳定，维护丝绸之路畅通，才是汉朝的目标。呼屠徵的暴力举动将汉朝、乌孙和莎车推向战争的边缘。

万年的尸体被送到乌孙安葬时，解忧公主已经66岁高龄，看到次子的尸体，满脸皱纹抽搐在一起，非常后悔当初答应让万年去莎车做国王。此时她已经垂垂老矣，想为万年报仇也无能为力。时任乌孙大昆弥和小昆弥也只顾守住自己的那一块领地，对莎车的事不感兴趣，对万年的死漠不关心。

如果汉朝默许莎车的行为，不仅自己的颜面尽失，而且多年来与匈奴争得的成果就会拱手让给莎车，以后丝绸之路上任何一个国家发生政变，都可以肆意杀死汉朝使者和官员。不过，这件事还没等到交给汉朝皇帝处理，一个走在丝绸之路上的汉朝使者就果断处理了。

当时，汉朝使者冯奉世率领一队士兵护送大宛使者回国。他们一行到鄯善国内伊修城歇息时，得到莎车王万年和汉朝使者奚充国被杀的消息。不仅如此，新任莎车王呼屠徵还对外宣布，丝绸之路南道各国都应该臣服莎车，鄯善以西已经被他派兵占领。

冯奉世听到此消息，先是一惊，待镇定下来后，冯奉世决定在新莎车王呼屠徵狂妄至极时出其不意攻其不备，为奚充国等人报仇。

要不要上报皇帝呢？上报皇帝，不仅时间长，会失去建立奇功的最佳时机，而且他不知道朝廷会怎么处理，即使朝廷决定派兵，率军出征的将领是不是他，他心里也没有数。将在外，君命有所不受，冯奉世决定先斩后奏，教训新莎车王呼屠徵。他对副使严昌说："莎车政变，是引起西域动荡、交通断绝的主要根源，如果不趁政变者立足未稳铲除之，势必养痈成患，危及整个西域。然而，想要镇压莎车需要有军队，而按照规定，调动军队需要上报朝廷。西域与长安相距遥远，往返费时，而边境形势瞬息万变……"严昌赞同冯奉世的话，但说手中没军队。因为西域都护郑吉正忙于应付进攻车师的匈奴人，根本无法抽兵来攻打莎车。

冯奉世对严昌讲了自己的想法。随后，冯奉世和严昌分别到丝绸之路南道和北道上，对沿路各国宣称奉汉朝皇帝命令调集军队，前去讨伐莎车。那些臣服汉朝的西域国家立即准备粮草，调集军队，跟随他们一起去讨伐莎车。很快，冯奉世和严昌就征集到 1.5 万人。他们浩浩荡荡攻向莎车城。

莎车只有不到3000兵力，根本挡不住1.5万正义之师的进攻。莎车城被攻破，莎车王呼屠徵自杀。呼屠徵侄子被册立为莎车王。

平定莎车叛汉，冯奉世彻底威伏丝绸之路南道诸国。等到他抵达大宛时，诚惶诚恐的大宛王特意将一匹马奉上，作为贡品。

冯奉世将平定莎车的前因后果详细奏报皇帝。刘询看完奏章，也对其果断英勇的举动佩服不已，准备给他封爵。但少府萧望之认为，冯奉世本职是奉命出使大宛，出兵莎车是“擅矫制违命，发诸国兵，虽有功效，不可以为后法”，为防微杜渐，冯奉世不宜受封。虽然冯奉世封侯的事被搅黄，但后来出征镇压羌族人叛乱，因功被封为关内侯。

虽然冯奉世是擅自出兵，但在客观上却维护了丝绸之路的秩序和稳定。活跃在丝绸之路的汉朝使者和驻守官员，有高度责任心维护丝绸之路畅通、维护西域稳定，这是汉朝繁荣发展的重要因素之一。

4. 北单于纵横于丝绸之路要地

与波斯帝国、马其顿帝国、帕提亚帝国、罗马帝国等西方国家开通商道追逐利益不同，汉朝西进，开通丝绸之路西域段，主要是国家安全需要。汉朝追求丝绸之路畅通，在很大程度上是为了创造良好的外部环境，从战略上压制强敌匈奴。

匈奴控制西域诸国远远早于汉朝。汉朝开始与匈奴激烈争夺西域诸国控制权，想的不是去占领西域，统治西域，而是分化西域诸国，建立反匈奴联盟。

随着汉朝在西域不断运用军事行动和外交手段进行分化，亲汉国家变多，汉朝影响力变大了，而匈奴的影响力越来越小，直至退出西域。

公元前 60 年，匈奴虚闾权渠单于病死，握衍朐鞮单于继位。日逐王先贤掸与握衍朐鞮单于素来不和，而他统管的西域诸国多倒向汉朝，担心自己被杀，便直接率领数万骑兵投降汉朝。匈奴日逐王先贤掸投降，直接将匈奴控制的部分土地奉给汉朝。汉朝皇帝封先贤掸为归德侯。

握衍朐鞮单于任命新日逐王时，汉朝皇帝早任命郑吉为西域都护，率部去接管先贤掸献上的地盘，完全控制天山南北，将整个西域纳入监管范围，匈奴势力被完全排除在西域之外。

握衍朐鞮单于恼羞成怒，杀了先贤掸两个弟弟。此举引起匈奴贵族分裂，出现 5 个单于并立的局面。5 个单于相互不服气，相互争夺权力。几年后，匈奴出现呼韩邪单于和郅支单于并立的局面。郅支单于打败呼韩邪单于，占据单于庭，所部称北匈奴。呼韩邪单于率部南下，对汉朝称臣，所部称南匈奴。

汉朝抓住机会，在西域屯田，摆平一些不服的小国家，传播了声威，紧紧管控着丝绸之路的安全畅通。

公元前 51 年，郅支单于见消灭呼韩邪单于统一匈奴无望，又见汉朝优待呼韩邪单于，只得率军接近乌孙，派使者求见乌孙昆弥，要求联合攻打汉朝。

原来，掌握乌孙最多军队的小昆弥乌就屠是匈奴居次生的。因汉朝力挺元贵靡做大昆弥，乌就屠迫于形势，不得不妥协，最终做了小昆弥，与元贵靡达成和解。元贵靡死后，泥靡继任大昆弥，乌就屠还是小昆弥，心里多少有些不爽。郅支单于亲自给乌孙小昆弥乌就屠写信，表达兵合一处共谋霸业的愿望。乌就屠知道此举的风险，接过书信，冷笑几声，下令杀了郅支单于派去的使者，再将其头颅装进木匣，送到汉朝西域都护府那里。

为表明自己忠心耿耿，跟匈奴人没任何瓜葛，乌就屠派 8000 骑兵进攻郅支单于所部。乌就屠认为，郅支单于是丧家之犬，如果他能趁机打败郅支单于，既能提升自己的威望，又能获得汉朝倚重，更能彻底划清与匈奴人的关系。

理想很丰满，现实很骨感。乌就屠如此轻敌，难免要付出些代价。郅支单于毕竟是尸山血海中走出的枭雄，经历过无数次战争历练，其身边也有几万精兵，打不赢汉朝，打不赢呼韩邪单于，但打乌孙还是有把握的。郅支单于率部不费吹灰之力就击败了乌孙军。

不过，郅支单于并未趁机追杀到伊犁河流域，而是挥师向西北，击败和降伏乌揭部，又征发乌揭的兵马向西北攻下坚昆部，向北降伏丁零部，占领西域西北部，建立根据地。

降伏乌揭部、坚昆部和丁零部后，郅支单于再转身攻打乌孙，巩固新占领区域，并将单于庭设置在坚昆。

公元前 49 年，刘询病逝，刘奭继位。郅支单于也趁机上书，要求将质子送回去。刘奭很大度，同意了，便派谷吉将郅支单于儿子驹于利受送回去。

公元前 44 年冬，谷吉将驹于利受送到坚昆。郅支单于立即翻脸，痛斥汉朝偏袒匈奴叛徒呼韩邪单于，杀了谷吉等汉朝使者。

正好，一向对汉朝不太友好的位于西域最西部的大国康居派人前来请郅支单于出兵，共同攻打汉朝的盟国乌孙。见有西域大国主动找上门来结盟，郅支单于原有的焦虑一扫而光，决定在西域好好打上一仗。他认为，西域远离汉朝中心，与西域大国康居结盟，攻打汉朝盟国乌孙，是恢复和扩大匈奴影响力最好的机会。

康居在乌孙和大宛西部，位于咸海东部和阿姆河北部，有 60 万人口，12 万军队。康居经常与乌孙交战，是西域诸国中坚定的反对汉朝的国家。它之所以反对汉朝，不是因为它的战斗力很强、不惧汉军，而是因为它位于西域西端，汉军到那里要翻越天山，还要经过乌孙、大宛等国。

康居王请来匈奴郅支单于部，将他们安置在康居东面，联合一起进攻乌孙，等夺取乌孙土地后，将那里作为郅支单于部新根据地。这样，康居即使反汉，汉朝也不能将其怎么样。

在杀害谷吉等汉朝使者后，郅支单于害怕汉军远征。见康居请求出兵一起攻打乌孙，他趁机放弃坚昆，率领部众一路向西，朝着康居前进。郅支单于心里清楚，控制了康居，即使汉朝的货物运过了天山或者葱岭，匈奴人一样能轻易截断丝绸之路，到那时汉朝也鞭长莫及。

时值冬季，此去路途遥远，郅支单于仓促之间又没做好保暖防寒工作，长途跋涉后，很多人冻饿而死。最后，抵达康居境内时，郅支单于部下只剩下3000 人。

郅支单于与康居王各自心怀鬼胎，相互利用。他们结成姻亲，相互娶了对方女儿。但不久，郅支单于就用手段控制了康居王。康居王想让匈奴人当炮灰，郅支单于却成功让康居人当了炮灰。他频繁指挥康居兵去配合匈奴军一起攻打乌孙。

郅支单于是打仗的能手，很快将势力范围推进到乌孙都城赤谷城附近。乌孙上下既心惊胆战又不堪其扰。乌孙大小昆弥无能，竟然让郅支单于率军攻到赤谷城下，导致大批民众被杀，无数牲畜被抢走。乌孙西部国门大开。康居军打着郅支单于的旗号杀掠民众、驱掠牲畜。乌孙慑于郅支单于兵威，不敢出兵追击。乌孙西部虽有千里之地，无人再敢去那里居住游牧。

郅支单于打服了乌孙，又派兵向南攻击大月氏、大宛等国家，向西攻打帕提亚，导致天山西部到处都是匈奴兵烧杀抢掠，丝绸之路又一次被切断。

5. 乌垒，新来的都护带来希望

郅支单于对乌孙等国作战连续获胜，充分显示匈奴骑兵强大威力。在赢得一次又一次战争后，被胜利冲昏头脑的郅支单于认为，匈奴人已在康居立稳根基，这块土地远比漠北苦寒之地强，在康居领土内重建匈奴帝国也不失为一种选择。

郅支单于狂傲残忍的性格逐渐暴露出来。他不仅肆意欺辱对他有恩的康居王，杀掉自己的妻子——康居王女儿，还觉得不过瘾，索性又将一群康居贵人[①]杀掉。康居王亲近匈奴，没想到最终落得如此下场。

在康居杀人立威后，郅支单于出于自身安全考虑，一改匈奴游移不定的游牧传统，大肆征发康居人，在都赖水畔修筑郅支城。郅支城落成后，郅支单于又派人到大宛等国勒令纳贡。各国惹不起他，只好乖乖送上保护费。

康居王见郅支单于在他的地盘上为所欲为，才意识到请神容易送神难。虽然他手里有 12 万军队，却没胆量跟 3000 匈奴兵开战，只好苟且偷生，隐忍生活。

郅支单于在西域以匈奴单于的名义肆意欺凌周边列国，不仅给西域民众带来深重苦难，也直接威胁到汉朝在西域的利益，更威胁到丝绸之路的畅通。在郅支单于淫威逼迫下，西域诸国纷纷倒向匈奴，上交保护费。

这时，汉朝如果不作出强硬反应，势必让丝绸之路被匈奴所控制和破坏。那样的话，匈奴不仅会将汉朝赶出西域，还会控制丝绸之路，导致汉朝的丝绸即使运过葱岭或者天山，也无法运送到西方去。

遗憾的是，汉朝皇帝刘奭认为汉朝距康居路途遥远，出兵耗费巨大不说，还不一定有什么收获。他连续三次派使臣向郅支单于索取谷吉等人的尸骨，以此表明自己的态度。

---

① 是指康居身居高位的贵族。

郅支单于看出刘奭软弱，不但不肯归还谷吉等人的尸骨，还扣留汉朝使者，但同时表示自己愿意再度归附汉朝。当然，郅支单于归附汉朝是有条件的——要刘奭册封他为西域都护。换句话说，就是要汉朝将西域全部赠送给他。

公元前 36 年，刘奭派都护骑都尉甘延寿和副校尉陈汤驻扎乌垒。没想到，这不经意间的一次任命，竟然改变汉朝在西域的处境，也让面临被切断的命运的丝绸之路转危为安。

乌垒城以前叫轮台，又名苍头国，是一个只有数千人的国家。李广利第二次远征大宛国时，灭掉了轮台国。公元前 89 年，适合从事农业种植的轮台有数千兵屯田。刘彻下《轮台罪己诏》后，轮台被放弃。赖丹做屯田校尉后，率领汉军返回轮台屯田。公元前 72 年，轮台宣布复国，改名为乌垒。公元前 68 年，郑吉率领免除刑罚的犯人到轮台南部的渠犁屯田。

郑吉控制的范围有限，兵力极少，西域诸国大部分听命于匈奴。公元前 60 年，在匈奴内争中失势的匈奴日逐王派人与郑吉秘密商谈投降事宜。郑吉将日逐王及其部下安全送到长安后，趁机废除掉常驻焉耆的匈奴僮仆校尉。从此，西域所有国家，无论以前亲汉，还是亲匈奴的，都被纳入汉朝庇护之下。

公元前 59 年，郑吉被封为安远侯，成为首任西域都护。考虑到乌垒城位于西域中心，郑吉将都护府设在乌垒城。西域都护府的职责是统领大宛以东诸国兼督察乌孙、康居等行国，颁行汉朝朝廷的号令。

汉朝统领西域后，西域诸国国王仍然各自管理各自国家，但必须接受汉朝皇帝册封和任命。西域诸国各级官员都要经过西域都护府报请朝廷任命后才能正式赴任。当时乌垒国王就是汉朝皇帝任命的城都尉，受西域都护府直接统辖，西域都护府和乌垒国基本是“一班人马，两个身份”。

在西域都护府范围内，乌垒、渠犁、车师、伊循、姑墨等地屯田士兵总数一度达到 50000 多人，垦田将近 10 万亩，为保障丝绸之路畅通和维护西域都护府运转提供物质基础。

汉朝没有向西域诸国收任何赋税，经营西域的费用，除西域屯田收获的物资外，就用内地财政收入来补充。而内地财政收入，除来自各郡县的赋税外，还有很重要一部分是来自贸易的盈利。

6. 明犯强汉者，虽远必诛

“汉之号令班之西域矣，始自张骞而成于郑吉。”郑吉是首任西域都护府都护，功勋彪炳史册。从郑吉上任到王莽时期，汉朝一共派出过18任西域都护府都护，在史册中有记载的，分别是郑吉、韩宣、甘延寿、段会宗、韩立、廉褒、郭舜、孙建、但钦和李崇等[①]。除郑吉外，甘延寿是最出名的都护。

甘延寿之所以成为著名都护，是因为他和副手陈汤在西域做了一件影响历史走向的事。

公元前36年，甘延寿出任西域都护府都护，陈汤担任副都护。那时西域形势很不稳定。郅支单于力图以康居、大宛和乌孙三国为基地重建匈奴帝国，把匈奴势力推向整个西域。

陈汤意气风发，甘延寿却老成持重。他们到乌垒城后，直接面对在西域西部不可一世的郅支单于。郅支单于已经控制康居国，传令西域诸国进贡，切断丝绸之路，坐地课收重税。

陈汤想像冯奉世一样，果断征发西域诸国兵力，打击敌对势力。他对甘延寿说：“蛮夷之国往往只畏惧武力而不向往道德，向强者低头是他们天性。郅支单于凭借匈奴余威占据康居，现在又试图吞并大宛和乌孙。一旦他的阴谋得逞，必定会向北攻占伊列，向西攻取帕提亚，向南打击大月氏。这样不出数年，整个西域都将为他所有了！他们彪悍善战，一旦让他强大起来，必然会成为朝廷的心腹大患。我们应该将在西域屯田的士兵全部调集起来，再联合乌孙军，直接进攻郅支城。郅支城守备还不算坚固，容易攻破，这是千载难逢的好时机！”

甘延寿同意陈汤的见解，但认为这是件大事，应事先奏请朝廷批准。他是正都护，要对所作出决策负责。

---

① 李崇是西域都护府最后一任都护，在焉耆发动的军变中不知所终。1928年，考古工作者在新和县玉奇喀特乡一带发现李崇印章。

陈汤认为，远在千里之外的朝廷大臣们根本不可能全面了解西域局势，一旦不被批准，将坐失良机，眼看着匈奴人在西域坐大。将在外，君命有所不受。最好的办法就是出兵之后再向皇帝请罪。

甘延寿不愿意冒杀头的风险，坚决要请示皇帝，陈汤坚持先斩后奏。两人发生激烈争论。在两人僵持不下时，甘延寿病倒。陈汤索性假传皇帝命令，调集西域15国兵马和驻车师的汉军，共4万多人，一起去攻打盘踞在康居的郅支单于。

甘延寿病好后，见大军已经集结起来，而陈汤也志在必得，就不再坚持己见，而是主动出来领导军队作战。

大军分两路出发，北路由甘延寿和陈汤亲自率领，由温宿横越天山，经过赤谷城，进攻康居北部；南路由三个汉军校尉率领，翻越葱岭，经过大宛，进攻康居南部。两路大军神不知鬼不觉地向康居国进发。

陈汤在西域调兵时，郅支单于不以为意，不仅没做好相关准备，其军队还在周边抢掠。

甘延寿和陈汤率领北路军到阗池以西时，康居副王抱阗正奉郅支单于的命令率千余骑兵在乌孙都城赤谷城以东掳掠。得知汉军西征，抱阗未立即截击，也未立即派人回康居报告，而是率部尾随汉军，企图袭击汉军辎重。

抱阗这点小心思瞒不过甘延寿和陈汤。甘延寿率军为先锋，装作不知道后面有康居军尾随，继续向前走，陈汤率领一部在中途隐藏起来。抱阗率军继续尾随时，陈汤突然从其背后纵兵攻击，大败抱阗。陈汤将夺回的人口交给乌孙大昆弥安置，将牲畜留作军粮，率部继续向康居进发。

陈汤熟读兵书，此次出征，并不是想攻打康居，而是想教训匈奴郅支单于。陈汤首先派人联络不满郅支单于的康居贵人屠墨，与他歃血为盟，命令他统管好部众，不得与汉军为敌。就这样，陈汤初步分化康居人，使之无法与匈奴人团结在一起。

随后，汉军继续向康居境内进攻。陈汤约束部众，严明军纪，一路上秋毫无犯，以争取康居民心。由于康居此前曾经坚定反汉，康居人起初对汉朝远征军具有强烈的戒备心理，见汉朝远征军与匈奴军截然不同，没有伤害他们，也就让开了道路，并且也没及时向郅支单于报告。

进入康居后不久，陈汤派人联系屠墨的侄子开牟。开牟父亲贝色早已同郅支单于结下仇怨，正担心郅支单于会报复，惶惶不可终日。开牟见汉朝远征军到来，立即投降，并主动担任汉军向导，将郅支单于的虚实和盘托出。

如果说康居贵人屠墨对汉军远征作壁上观，那么他侄子开牟则积极支持和协助汉军攻打郅支单于。有了开牟的帮助，汉朝远征军在康居境内几乎没遇到什么抵抗，各地康居军不是积极提供协助，就是主动避开，保持中立。

在开牟引导下，甘延寿和陈汤率领汉军径直向郅支城进发，在离城 30 里的地方安营扎寨。到这时，郅支单于才发现这支深入康居国内的汉朝远征军。他派使者询问汉兵为什么到这里来。

陈汤回答匈奴使者："因为单于上书天子说自己地处偏僻，穷困不堪，愿意归汉朝见汉朝天子。汉朝天子怜悯单于遗弃匈奴故国，蜗居康居，特派我等护送单于全家老小到汉朝。只因害怕大军惊动单于家小，所以没有直抵郅支城下。"

陈汤的话很客气，也带着威胁成分。他这样说的目的，是想不战而屈人之兵，让郅支单于主动臣服，从而"接回"长安。郅支单于好不容易控制远离汉朝的康居，又怎么会主动臣服汉朝呢?

郅支单于打不过陈汤率领的远征军，一边拖延时间，一边悄悄派人去康居各地调遣援军，准备寻机对汉朝远征军进行内外夹击，将其一举消灭。

陈汤和甘延寿看穿其意图，率军向郅支城逼近。郅支城城墙有两层，外层是用大木头编连而成的木墙，内层是夯土筑成的土墙。匈奴兵在西域横行已久，气焰熏天，耀武扬威地向城下的汉军挑衅。汉军发起猛攻。

经过一段时间的激烈战斗，甘延寿和陈汤采用火攻，烧掉外城。匈奴守军被迫向内侧的土墙内撤退。等火熄灭后，甘延寿和陈汤立即率军缩小包围圈，防止郅支单于率军突围。郅支单于亲自率军与汉军交战。部分忠于郅支单于的康居军赶来救援。

甘延寿与陈汤见状，决定围点打援，急令暂缓攻城，留下一部分军队继续围城，抽出精锐去迎战康居骑兵。此前，康居军没有与汉朝正式交手过，以为汉军战斗力跟乌孙兵差不多。没想到，康居骑兵连夜数次猛攻汉军营帐，也没有多大进展。

半夜时分，甘延寿和陈汤派一支奇兵渗透到康居骑兵后方，趁其疲惫发起攻击。这支康居军溃不成军，只有数百人侥幸逃生。随后，汉军乘胜攻破郅支城内墙。郅支单于率领男女百余人退入宫内，顽强抵抗，做困兽之斗，但最终被杀死。

甘延寿和陈汤将所获金帛、牲畜等都赏赐给从军将士，厚赏西域诸国随征的兵士。在俘虏中有很多康居兵，也有部分来自罗马的雇佣军。甘延寿和陈汤将多数俘虏送给随汉军远征的 15 国国王，而将罗马战俘带回中原。

大功告成后，甘延寿和陈汤没有揽功诿过，一起联名向皇帝上奏："臣等认为，普天之下莫非王土，率土之滨莫非王臣，汉天子自当统御四海。如今匈奴的呼韩邪单于已经称臣，唯独郅支单于叛逆不服，自以为躲在遥远的西域，我汉朝便无法将其制服。郅支单于暴行无道，荼毒西域百姓，可谓罪恶滔天。臣等二人率义兵替天行道，诛除郅支单于，多亏陛下洪福庇护，我军旗开得胜，斩杀了郅支单于。臣等认为可以将郅支单于人头悬挂在长安，以示：明犯强汉者，虽远必诛！"

得知相关消息，刘奭虽然觉得他们有先斩后奏之嫌，但毕竟取得成功，干成几代汉朝皇帝和无数名将想干而没有干成的事，龙颜大悦，没有追究他们私自发兵的责任，传旨犒赏出征将士。不久，刘奭将甘延寿封为义成侯，升为长水校尉；将陈汤封为关内侯，升为射声校尉，每人 200 户食邑，各自赏赐 100 斤黄金，俸禄为二千石。

甘延寿和陈汤得到升迁，依依不舍地离开乌垒城，离开实现其建功立业梦想并为其带来无上声誉的西域，到新的岗位上去任职。

甘延寿和陈汤斩杀郅支单于一战是汉匈一百多年来交战中汉朝最成功的一次胜利，也让汉朝在西域声威达到顶峰。此时，整个西域为汉朝控制，连西域西边的康居等国也不得不对汉朝刮目相看，对来往的汉朝使者友好相待。丝绸之路东段各道都畅通无阻，包括西域诸国在内的各国使者和商旅享受着难得的和平，东西方商贸在此期间实现空前畅通和繁荣。

第十二章

不用心耕耘，一手好牌也能打烂

甘延寿和陈汤在西域击败匈奴人，给汉朝赢得巨大声威。继任者段会宗虽然能保持较高的声望，但其他人的失误，最终导致西域都护遭到西域各国的憎恶，汉朝不得不退出西域。

1. 西域都护，一个偶像的存在

陈汤回到中原后，因被妒忌他的同僚告发而被罢官，便去军队里当了士兵。

当了几年普通士兵后，陈汤突然被召进宫。原来，遭乌孙围攻的西域都护段会宗[①]请求朝廷发兵援助，朝廷百官讨论数天，仍未拿出可行方案。大将军王凤想到陈汤曾在西域立功，建议皇帝把他召来，咨询一下他的看法。

贫困潦倒的陈汤委婉推辞："将相九卿皆贤才通明，我已经没任何官职，不足以谋划大事。"刘骜听得出陈汤有怨气，笑着说："国家有急，君其勿让。"

陈汤慢慢地说："这件事没什么值得忧虑的！一般情况下，5 个西域兵的战斗力才相当于 1 个汉兵，因为他们的武器原始笨重，弓箭也不锋利。如今，他们也学汉朝武器制作技术，装备改善，但是，西域兵的战斗力仍然不如汉兵。我认为，围攻的乌孙兵马不足以战胜段会宗。因此，皇上尽管放心。即使现在发兵去救助段会宗，轻骑兵平均一天走 50 里，重骑兵一天走 30 里，也根本救不了他……据我估算，现在那里的包围已经解除，不出 5 天，皇上就会收到好消息。"

陈汤对西域诸国士兵的战斗力了如指掌，料定乌孙军即使战斗力有所提高，也不过是乌合之众，无法持久进攻，只要段会宗咬牙坚持一会儿，就能打退乌孙军。

刘骜听完半信半疑。过了 4 天，他果然接到来自西域的战报，说乌孙军已经撤围而去。

陈汤为何断定段会宗必胜，乌孙军必败呢？段会宗是今甘肃天水人，从小就生活在大西北，对西域环境适应能力非常强。公元前 33 年，50 岁的段会宗出任西域都护、骑都尉、光禄大夫。

段会宗身居乌垒城，眼观六路，轻赋税，废苛捐杂税，深受西域军民敬重。

---

① 段会宗才能出众，治绩卓著，名闻京城，当杜陵县令时被五府推荐（三公、太傅和大将军等联名推举）为西域都护、骑都尉、光禄大夫。

他虽然没有陈汤的果敢和谋略，但远比陈汤有自律意识和亲和力。西域军民都认为，在陈汤手下当差，不用担心打败仗，却要时刻准备因犯错接受训斥；跟着段会宗，也许在战场上会遇到困难，但他忠厚和蔼，让人觉得惬意与安稳。

段会宗也知道自己担任西域都护的任务是维护稳定，发展经济，保障丝绸之路畅通。他以诚待人，以情感人，以义服人，在西域军民中有非常高的声望。

任期满后，段会宗先后调任沛郡郡守、雁门郡郡守。随后几任西域都护都声名不佳，无功而返。西域军民怀念段会宗。西域诸国国王纷纷上书，请求汉朝皇帝再次派段会宗去西域当都护，并一再声称："段大人任西域都护，我们言听计从。"不难看出，段会宗的人格魅力要远远大于后几任都护。

接到请求，刘骜既无奈又欣慰又担心。西域诸国国王的态度表明他们与现任都护的关系已经非常紧张。作为皇帝，他必须及时更换尚未满任期的西域都护。欣慰的是，西域诸国国王虽然不满现任西域都护，但还不至于反叛。

公元前 24 年，刘骜将段会宗调回长安，将西域的情况以及自己的想法告诉他。段会宗毫不犹豫地表示愿意再次出任西域都护。

段会宗第二次出任西域都护的消息传遍西域诸国。他一路所到之处，各国国王都派出子弟出城数十里迎接，走时也派出子弟出城数十里相送。乌孙小昆弥安日还特地远涉千里，赶到龟兹来迎接。

段会宗每到一个国家或城郭，都会与国王或守将谈笑风生，像久别重逢的生死战友一样畅谈离别之情，抚恤当地军民，了解当地风土人情以及与邻国关系，解决当地纠纷或者困惑等。

段会宗像凯旋英雄一样再次出任汉朝西域都护的消息传到康居。康居太子保苏匿既高兴又惭愧——他既对曾经受匈奴威逼叛汉感到心中不安，又坚信段会宗是一位值得信赖的都护。他亲自率领数万部众，翻越天山，前来西域都护府归顺汉朝，亲自拜见一下声望遍及西域都护府都护段会宗。

汉朝派遣卫司马去迎接，段会宗调派戊己校尉带着兵马随同卫司马前去迎降。谁知道，卫司马不知道变通，因为胆小怕事，唯恐他们诈降，竟然命令康居王子等人相互捆绑住手脚，在汉军监督下前往乌垒。保苏匿大失所望，深感受到羞辱，虽然没下令攻击汉军，但带着数万人逃回康居，不愿再归顺汉朝。

有人将此事报告皇帝。皇帝刘骜认为这件事段会宗有责任，没进行详细调查，宣布免除段会宗西域都护职务，调往金城担任太守。不过，刘骜也一时没找到合适的人继任西域都护。当时，段会宗病了，新任西域都护也没到任，就待在乌垒城，一直没去金城就任。

西域都护府都护空缺，段会宗就这样名不正言不顺地待在乌垒城养病，等待下一任接替自己。

2. 名不正言不顺，令不行事不成

段会宗名不正言不顺地待在乌垒，一待就是好几年。朝廷好像已经完全忘记西域都护这个岗位空缺着。

几年后，乌孙小昆弥安日被杀，乌孙大乱。乌孙小昆弥安日亲近汉朝，汉朝不可能不管。于是皇帝刘骜命令尚在乌垒城的段会宗全权负责处理此事，但没恢复其都护职位。这让段会宗处理事务总有名不正言不顺的感觉。

陈汤在康居国消灭掉郅支单于，乌孙大昆弥星靡、小昆弥乌就屠比时任汉朝皇帝刘奭还要高兴，因为匈奴长久威胁乌孙安全，即使郅支单于率领余部逃到康居后，也没有丝毫放松对乌孙的攻击——在汉军远征康居时，康居就有一支军队受郅支单于指派在抢掠乌孙。郅支单于一死，康居归降汉朝，受汉朝西域都护府统辖，就没再进攻乌孙。

消除外患后，乌孙原本应该走向稳定繁荣，却令人失望地爆发内乱。

当初，乌孙是汉朝和匈奴争相拉拢和亲对象。为避免乌孙分裂，调剂乌孙内部矛盾，常惠和冯嫽采取灵活妥协办法，将乌孙昆弥分为大昆弥和小昆弥——有汉朝公主血统的王子继任大昆弥，有匈奴居次血统的王子继任小昆弥。这表面上解决了问题，但实际上大昆弥想吞并小昆弥，小昆弥不服大昆弥，哪一方都试图灭掉对方，一统乌孙。

在解忧公主东归汉朝后，大昆弥星靡因为人怯懦，难以服众，乌孙发生内乱。冯嫽便回到乌孙进行调解。大昆弥星靡和小昆弥乌就屠从此保持了 17 年表面和平友好。

冯嫽死后，乌孙小昆弥乌就屠也死了。乌就屠的儿子拊离被汉朝册立为小昆弥。这是乌孙大昆弥认可的。不过，乌就屠其他儿子对其不认可。公元前 30 年，小昆弥拊离被弟弟日贰刺杀。日贰刺杀拊离时，想得很简单——杀了拊离当上小昆弥。

得知册立的乌孙小昆弥被杀，刘骜大怒，派使者到乌孙调查，惩处凶手，防止变乱进一步扩大危及西域丝绸之路的安全。日贰畏惧汉朝天威，害怕被查出来后受到惩罚，闻声逃到康居去避难——当时，康居已经因为卫司马事件不再臣服汉朝。

汉朝使者一时抓不到凶手日贰，就杀掉日贰的亲信，册立拊离儿子安日为乌孙小昆弥。与此同时，他还派遣部队屯驻在姑墨，准备发兵追杀躲在康居的日贰。

汉朝在行动，要巩固乌孙小昆弥权威的安日也没闲着。安日年龄不大，胆量不小，且善于心计，颇有乌就屠遗风。他将计就计派贵族姑莫匿等三人伪装成叛逃者，前去康居投降日贰。

日贰自以为与姑莫匿等三人同病相怜，毫不犹豫地收留他们。在赢得日贰信任后，姑莫匿等三人趁日贰不备杀死他。

安日此举一箭三雕，报了杀父之仇，巩固了小昆弥的地位，提升了自己的威信，也为汉军省去千里远征的劳苦。得知消息，时任汉朝西域都护廉褒特别赏赐姑莫匿等三人 20 斤黄金，300 匹绸缎。

相比出兵远征康居，这点赏赐确实划算，是花小钱做大买卖，但事实上，这种赏赐鼓励了乌孙人的刺杀举动——从此，刺杀变成乌孙政治斗争的常用手段。廉褒的举动给日后汉朝对西域诸国以及丝绸之路的监管埋下巨大的隐患。

公元前 17 年，乌孙小昆弥安日也被降民所刺杀。小昆弥属下各个翕侯趁机争权夺利，小昆弥辖地范围陷入一片混战之中。

刘骜令段会宗前往处理。年将 70 岁的段会宗顾不上年老，毅然前往乌孙进行调解。他利用自己声望，与多方进行协商，同时照顾多方诉求，最终促使多方达成协议——刺杀事件到此为止不再追究，安日弟弟末振将为新的小昆弥。

段会宗此时处理西域事情已经名不正言不顺。他的声望也已不足以让乌孙小昆弥的位置稳定下来。没多久，乌孙又爆发内乱，小昆弥与大昆弥之间发生矛盾。

在乌孙小昆弥辖区内发生内讧时，乌孙大昆弥辖区内十分平静，国泰民安。新任乌孙大昆弥雌栗靡为人厚道，公平、公正、公开地处理各类事务，辖区内万民一心。小昆弥辖区内许多人纷纷投奔到大昆弥雌栗靡帐下。

小昆弥末振将内心非常嫉恨大昆弥雌栗靡，想先下手为强干掉大昆弥，统一乌孙。他安排亲信贵族乌日投奔大昆弥雌栗靡，寻机刺杀大昆弥雌栗靡。

事变发生后，段会宗又负责处理此事。他拥立解忧公主三儿子大乐的孙子伊秩靡为乌孙大昆弥，末振将继续出任小昆弥，末振将在长安的侍子替父受罚。

见此，小昆弥末振更为狂妄，他认为，汉朝想息事宁人，害怕将他逼急了。乌孙大昆弥部众对此不服。一个叫难栖的翕侯寻机也将小昆弥末振将杀死。

消息传到长安后，刘骜非常生气，也没考虑是什么原因导致乌孙接连出现刺杀事件，传令段会宗征发戊己校尉和各国联军，前往乌孙赤谷城问罪。一场战争眼看就要爆发了。

段会宗经验丰富，沉着冷静，没有机械地执行皇帝的命令，而是选择以最小的代价去解决这件事。他像以前历次巡视一样，带着 30 名精壮弓箭手到赤谷城内。

段会宗将小昆弥末振将的儿子番秋找来谈话，趁机杀死番秋。番秋的一名随从侥幸溜掉，将番秋被汉朝使者杀死的消息传出去。安日的儿子乌犁靡闻报，率领数千骑兵将段会宗等人包围在赤谷城中。

乌犁靡年少气盛，一到城下便破口大骂段会宗。段会宗举起剑，远远指着乌犁靡："如今，你率领大军来杀我，如同拔掉汉朝一根牛毛一样容易。但是，你千万不要忘记，大宛王、郅支单于等比你强大百倍，但汉军割取他们的头颅如同探囊取物一样。你是想步他们后尘吗？"

乌犁靡吓得立即从马上跳下，跪倒在地，哀求饶命。段会宗当即宣布："你不死。你们不必惊慌，也不要潜逃。小昆弥的事，与你们无关！"乌犁靡等人率军撤去。

段会宗继续在赤谷城内调解大小昆弥之间的矛盾，重新册立新的小昆弥，让乌孙逐步实现和平。

公元前 11 年，皇帝刘骜下诏封段会宗为关内侯。公元前 10 年，75 岁的段会宗病死在乌孙。

后来，末振将弟弟卑爰疐率领 8 万多人投奔康居，试图借助康居的力量来兼并乌孙大昆弥和小昆弥，统一乌孙。乌孙大昆弥和小昆弥担心被卑爰疐各个击破，便比以前更加紧密地团结，都紧紧依附于汉朝西域都护府保护之下。汉朝与乌孙同盟关系不断延续，继续努力维护着丝绸之路的畅通。

3. 不合格的调解大损汉朝形象

呼韩邪单于死后，其子孙与汉朝维持友好正常的关系，直到乌珠留单于时，才有些变化。因此，在郅支单于死后的近半个世纪里，匈奴势力完全退出西域，汉朝在西域维护地方和平。

公元前 5 年，乌孙军突然向匈奴发起攻击，在其西部边界抢走不少牲畜，杀死不少匈奴百姓。各国共享和平 30 多年，匈奴也 30 多年没发动战争，可乌孙突然主动挑起战争，于情于理都说不过去。汉朝作为当时西域各国的管理者，有责任维护丝绸之路的安全，也有责任惩罚破坏和平者。

不过，事发双方都没请汉朝解决纠纷，而是私下达成协议。当时，得知乌孙入侵的消息，匈奴乌珠留单于立即派左大当户乌夷泠率 5000 骑兵去追击。

匈奴骑兵一阵冲杀，杀死数百名乌孙人，俘获千余人，夺回被乌孙掳掠的牲畜。乌孙想趁匈奴衰弱之际“报仇雪恨”，抢夺匈奴的土地和人口，没想到被匈奴人猛揍一顿。

乌孙大小昆弥害怕匈奴人反攻，抢掠乌孙国土，也怕汉朝知道此事后责备他们，于是就悄悄地派人质到匈奴，请求讲和。

乌珠留单于野心勃勃，发现乌孙自知理屈而不敢将此事上报给汉朝皇帝，在接受乌孙人质后，将此事上报时任汉朝皇帝。

如果匈奴人在打退乌孙人后上书汉朝皇帝，那么汉朝皇帝会很高兴地做仲裁人，甚至很大程度上会支持匈奴，让乌孙赔礼道歉，乃至赔款。如今，乌珠留单于先斩后奏，将乌孙威逼成臣属国后，再来通知汉朝皇帝：从今天开始，乌孙也是我的臣属国了。皇帝刘欣非常生气，乌孙和匈奴都是臣服汉朝的属国，属国只有派遣侍子到汉朝做人质的义务，岂有接受其他国家人质的资格?

刘欣有理由生气，但其处置方法欠考虑。他没有去深究事情起因，只根据结果做了相关处置。刘欣派中郎将丁野林、副校尉公乘音出使匈奴，责备乌珠留单于此举并不正当，命令他把乌孙质子归还乌孙。乌珠留单于没有办法，只好一一照办。

这一处置并没有什么错。但是，乌孙和匈奴之间的冲突是由乌孙先挑起来的。乌孙送质子到匈奴，也是瞒着汉朝私下进行的。乌孙虽然在冲突中是失败者，但它对冲突的发生有着不可推卸的责任。汉朝惩罚完乌珠留单于，接下来应该惩罚乌孙大昆弥这个肇事者。

遗憾的是，刘欣对乌苏大昆弥连个象征性的谴责都没有做出。这事等于给西域诸国以及匈奴一个错误暗示：乌孙有汉朝罩着，即使挑事也不会受到惩罚。

这件事后，汉朝在西域诸国心目中的形象大跌。原本就有野心的乌珠留单于恨上了汉朝。公元前 1 年，刘欣去世，8 岁的刘衎继位，安汉公王莽辅政。带有理想色彩的王莽没有处理好内外矛盾，导致汉朝西域都护府深陷危机之中，最终不得不撤出西域，放弃此前数代皇帝奋斗而来的成果，将丝绸之路的控制权拱手让出去。

4. 粗暴举动破坏了和平局面

汉朝皇帝年幼，朝政落在外戚王莽手中，匈奴乌珠留单于蠢蠢欲动，西域诸国也渐渐不安分起来。动乱首先在车师后国发生。

当初，设立在乌垒城的西域都护府管理丝绸之路南道诸国驾轻就熟，但对于离匈奴较近的丝绸之路北道诸国，尤其是车师，则费尽心思，吃尽苦头。公元前 48 年，汉朝在车师设置戊己校尉，负责督察管理包括车师在内的丝绸之路北道诸国，维护丝绸之路北道的畅通。

公元 1 年至公元 5 年，驻扎在交河城的戊己校尉叫徐普。徐普勇猛过人，善于思考。当时，出玉门关经楼兰前往车师，是丝绸之路一条重要路线。不过，这一路的环境极其恶劣，供给困难。徐普想寻找一条新路，减少来往使者和商旅的旅途之苦。

徐普询问了很多路人，实地考察了很多次，才有一个新的发现。在一次商议时，他对部下说："车师后国有一条新道，从五船北部可以直达玉门关，既可以节省一半路程，还可以避开险恶的白龙堆。"

鉴于位于车师后国内部的新道所在地与匈奴南将军的领地相连接，徐普想在地图上将此界线画清楚，便邀请车师后王姑句前来画边境线。

姑句接到徐普的信，见徐普想在其国内开辟丝绸之路新道，心里很不高兴。姑句认为，丝绸之路新道开通后，将会贯穿车师后国全境，将对其国家安全不利。因此，车师后国国王没有理睬徐普。

按照规定，戊己校尉徐普负责监管车师后国。姑句不理会徐普的邀请，就是对汉朝的蔑视。徐普一怒之下，派人将姑句和妻子抓到交河城。

姑句和妻子几次许诺用牛羊贿赂汉朝官吏，要求放他们出去，但都被拒绝。徐普也并非想杀他们，只是想打击一下姑句的气焰，让他知道顶撞上司是要受到惩罚的，让他醒悟后配合自己开拓丝绸之路的新道。

当时，徐普将姑句等人关押起来，仅仅是不让其走出住所而已，姑句的妻子股紫陬跟他住在一起，甚至其随身武器也被允许保留。

有一天，姑句使用的长矛“意外地”冒出火花。这原本就是静电现象。姑句妻子股紫陬趁机别有用心地说：“矛头上冒火花，这是兵气，有利于用兵。你还记得车师前王被都护司马杀死的事吗？这是前车之鉴啊！如今，你长时间被关押在这里，说不定哪天就会被处死。我看，我们还是投降匈奴吧！”

股紫陬的话，不仅是对自然现象的曲解，更是毫无政治见识的体现。匈奴自呼韩邪单于在位以来几十年没跟汉朝对抗过，更遑论为西域小国车师后国与汉朝对抗。

姑句原本是没有什么政治见识的人，被徐普控制起来后一直忐忑不安，于是听了股紫陬的话，杀死几个看护的汉兵，策马跑回自己的驻地，带着部属一路向北，投靠匈奴去了。

没过多久，去胡来王唐兜因为怨恨汉朝都护不及时援救他，致使他遭到羌人侵害，也率领部众逃亡匈奴。乌珠留单于来者不拒，将他们安置在左谷蠡王领地，再如实报告汉朝。

王莽接报，派中郎将韩隆和王昌、副校尉甄阜、侍中谒者帛敞、长水校尉王歙等人出使匈奴，警告乌珠留单于：“西域是大汉属地，匈奴不能接受叛逃汉朝的西域人，现在请单于把人交出来。”

这话说得很有火药味。乌珠留单于还想蒙混过去：“孝宣（刘询）、孝元皇帝（刘奭）哀怜，双方建立条约，自长城以南归大汉天子所有，长城以北归单于管辖。一方有边关将士侵扰对方边塞的，对方要及时通报情况；对方有叛臣前来投降的，双方互不受降。臣心里很清楚，父亲呼韩邪单于蒙大汉无量之恩，临死前他留下遗言：‘有从中国来降者，勿受，辄送至塞，以报天子厚恩。’我们一直遵守这一遗命，只是诸位大人这次所索要的车师王、去胡来王不是大汉人，我们接受他们率部投降，并没有违反双方的约定。”

听完这番话，汉朝使者板着面孔责备：“当初匈奴骨肉相攻，国家都差点灭亡了。承蒙大汉的大恩，如今你们国家得以延续，十分兴盛，对汉朝的大恩大德，也总应该有所报答吧！”

话说到这个份儿上，乌珠留单于知道再辩解下去意味着什么。他赶紧叩头谢罪，将车师王、去胡来王交给汉朝使团，派人随汉朝使团前往长安朝见。

王莽不给乌珠留单于留面子，以皇帝的名义，命中郎将王萌前往西域召集西域诸国国王，由乌珠留单于派人将车师王、去胡来王当着西域诸国国王面将二人斩首，以此警示其他国王：背叛汉朝者，这就是下场。

此后，徐普开通新道。这条通道后来被称为大海道的新道南段，从今鄯善县迪坎尔乡出发，经过恰舒阿山谷、卡瓦布拉克泉、大洼地、笔架山谷地新月形沙丘、疏勒河河谷，直抵玉门关。新道北段则是从车师后王廷到疏勒城，沿着今吐鲁番与鄯善交界处的二唐沟南下，经今鄯善县连木沁镇，抵达柳中。

乌珠留忍辱负重、小心翼翼地与汉朝维持和平关系。十几年后，匈奴国力得到很大恢复，人口已经超过鼎盛时期的一半。汉朝却被王莽夺取，被新朝取代。新朝看上去很强大，内部却存在各种矛盾，并且矛盾还在不断激化。双方实力此消彼长。王莽并没看到这点，还一味盲目自大，把两国推向战争边缘。

新朝建立后，乌珠留单于向新朝称臣，希望双方能像汉朝时一样保持和平共处关系。王莽为树立新朝权威，强行将乌珠留单于的旧印“汉匈奴单于玺”变成“新匈奴单于章”，把匈奴单于置于与汉朝大臣同等的地位。

乌珠留单于非常生气，命令10余名将领率领1万骑兵，以护送乌桓俘虏为名，率兵到朔方塞下，耀武扬威。乌珠留此举意在警告王莽：别把我逼急了，到此为止吧！王莽却不想到此为止，他认为皇威受到侵犯，必须对匈奴加以严惩。

公元10年，也就是新朝建立第二年，王莽任命广新公甄丰为右伯，前往西域视察。新车师后王须置离听说新朝右伯要经过车师后国，顿时慌了手脚。因为，此前武威守将王奇经过车师后国时，带大量随从大吃大喝，将车师后国吃穷了。如今，右伯级别更高，所带随从更多，再大吃大喝，那岂不是要吃得车师后国倾家荡产啊！

没办法，车师后国国小财力差，经不起中原派出去的那些官员或者使者挥霍。车师后王须置离立即召集右将股鞮以及左将尸泥支商量对策。三人议论来议论去，都拿不出什么好办法。

车师后王须置离既无可奈何又气愤地说：“还是走一步算一步吧！实在不行，我们投降匈奴算了！”

这是一次秘密聚会，车师后王须置离哪里知道自己身边也会有戊己校尉的耳目呢？很快，戊己校尉刀护就接到密报。刀护胆气过盛，谋略不足，立即将须置离抓起来严刑拷打。须置离忍受不了，如实招认了密谋。

刀护愚蠢而暴力的做法，非常不得人心。但他认为自己做得很好，见须置离自己招认了，将其戴上木枷，派人送到当时西域都护但钦所在的埒娄城。须置离的亲属以及车师后国的国民都不停地向刀护求情，请求看在须置离并没有真正投降匈奴的分上，给他一条生路。刀护坚持认定自己是在执法，不能徇私枉法，派人将须置离送到了埒娄城。

戊己校尉刀护处理这件事不讲方法，不问青红皂白就抓了须置离，并动用私刑，这已经导致汉朝在车师后国民心尽失了。如果他有点政治头脑，也可以将此危机化为挽救当前局势的良机，将其安抚一番，然后送回去，可以向西域诸国显示新朝还是对他们宽大的。

奇怪的是，西域都护但钦虽在属国受到攻击时不肯援助，但此刻反应却相当敏捷，不等须置离辩解，就砍下他的头颅，这等于在西域诸国怨恨新朝的烈火上加了一勺油。事实上，当时西域诸国已经开始对匈奴暗送秋波，只是身处西域中心地带的西域都护但钦平时不了解民情，被蒙在鼓里而已。

须置离的哥哥狐兰支极其痛恨但钦，立即率领 2000 余人，赶着牲畜逃到匈奴。

乌珠留单于已经跟新朝翻脸，见狐兰支率部前来投降，非常高兴地接纳了他们，并派兵与狐兰支一起攻打车师后国。和平了半个世纪的西域再次燃烧起了战火。不仅如此，这次战火燃烧起来就一发不可收拾。

就在危急时刻，戊己校尉刀护属下的陈良、韩玄、任商等将领见西域诸国纷纷背叛新朝，又听说乌珠留单于派大军入侵西域，夺回他们的故土，害怕在这场战争中被杀，挟持手下数百名士卒，合谋杀死了生病的戊己校尉刀护及其全家男丁，然后派人与匈奴南犁汗王南将军接洽投降一事。匈奴南将军奉命率 2000 骑兵前往西域迎接这伙叛徒。

西域都护但钦得知这一消息，怕上面怪罪下来，立即上书王莽说匈奴南将军和右伊秩訾王即将率大军入寇西域诸国，却并没积极率兵去平息叛乱。

王莽得知消息，勃然大怒。他原本打算将匈奴分为 15 块，设置 15 个单于，以使其无力造反。接到但钦的奏报后，他没有立即派兵去增援西域都护府，收复失地，而是立即派中郎将蔺苞、副校尉戴级等人率领 1 万骑兵，携带珍宝财物到云中塞下，诱招呼韩邪单于的子孙们入塞，依次将其封为单于。

蔺苞派人诱骗左犁汗王咸及其儿子登、助入塞。他们刚进入长城内，就被新朝军控制。蔺苞强迫咸接受孝单于的封号。随后，蔺苞放咸一人出塞，将助和登带到长安做人质。

孝单于咸脱身后，立刻将事件的前后经过禀报乌珠留单于。乌珠留单于将咸贬为匈奴贱官。咸的儿子助在长安因水土不服病死。王莽立即宣布登为匈奴新任顺单于。

虽然乌珠留不断在西域动手脚，但其行为不算太出格，给双方留下了和谈余地。王莽的做法却相当极端。乌珠留单于召集匈奴各部贵人，愤怒地宣布：不承认王莽的皇帝地位，匈奴与新朝誓不两立。

此后，丝绸之路不再全线畅通，不时遭受匈奴人的破坏和侵扰。而车师后王跟在匈奴军后面亦步亦趋，逐渐取代原来“山北六国”的盟主蒲类国，成为新“车师六国”的盟主。

5. 西域都护府都护被杀了

为缓和国内外矛盾，王莽决定通过战争的胜利来树立皇威，巩固统治。新朝国库充实，有能力发动一场大规模的对外战争。

王莽派出 12 位将军，分 12 路出击匈奴。结果，新朝 12 路大军抵达长城边塞后就停滞不前，军心涣散，毫无作为。乌珠留单于却令匈奴军加紧侵扰和进攻新军。一时间，新朝边郡百姓伤亡惨重，长城沿线到处都是累累白骨。战后，双方经过反复交涉，匈奴表示臣服新朝。

王莽虽然让匈奴在表面上臣服，使其交还那些叛变新朝的将领，也对他们进行了惩罚，但没阻止新朝丧失整个西域的步伐。这不是因为别的，而是王莽的西域政策不得人心。

公元前 13 年春，乌孙大昆弥、小昆弥派使者到新朝朝贡。当时，王莽已经向匈奴宣战了。匈奴人一直采取不抵抗、不投降政策，回避与新朝军交战，同时消耗新朝远征军实力。王莽想通过与匈奴单于的外孙乌孙小昆弥进行接触进而与匈奴缓和关系，让匈奴承认新朝的宗主国地位。

在接待大小昆弥的使者时，王莽一反常态，将小昆弥的使者位次排在大昆弥的使者之前。这让大昆弥的使者非常不满。乌孙与汉朝和亲结盟 100 多年来，还从未出现这种情况。王莽建立新朝，如此不顾及乌孙人感受，随意改变传统习惯，在西域诸国大多心有不满时，对最传统盟友西域大国乌孙使者不尊重，令人遗憾。

这位大昆弥使者在回乌孙时，路过焉耆国，受到焉耆王热情接待。这一冷一热的境遇相对比后，那位使者对焉耆王感恩戴德，将其当作知己，将自己在新朝的遭遇一五一十地说了，还谈了自己对新朝的不佳观感。

使者的一席话唤醒了焉耆王压抑已久的野心。新朝已经江河日下，自身难保，匈奴已经答应做自己的后盾，西域的格局正面临着洗牌，焉耆为什么不趁机夺取西域都护府的良田，做西域霸主呢？

面对这种局面，但钦并没想办法去安抚西域诸国军民，也没想办法去缓和与匈奴的关系，而是等着王莽快点将他调回中原，将西域这个火药桶丢给别人。

根据三年一任的惯例，但钦早就该调走了。不过，王莽没顾得上这些，也许是因为找不到合适的接替人选或者根本就忘记了这回事。但钦滞留在西域，本可以离开乌垒城，到与新朝关系亲密的龟兹国去。

但钦没有这样做，一来他认定王莽不会批准，二来都护府不能一日无帅，如果他走了，丢失整个西域的责任就要他来负，如果他坚持不走，说不定能把局面维持到下一任西域都护到任时。但钦在乌垒城抱着一副不战、不和、不走、不守的态度，得过且过，患得患失，畏首畏尾，苟延残喘，只期望着奇迹出现——王莽能将他召回中原，让其他人接替西域都护一职。令但钦失望的是，他等来的不是王莽召他回中原的圣旨，而是焉耆王派来砍他人头的6000精兵。

焉耆离西域都护府所在的乌垒城只有400里，在赵破奴西征时就臣服于汉朝。汉朝对焉耆也非常重视，任命焉耆人担任击胡侯、却胡侯、辅国侯等官职——这些都是拿汉朝俸禄的官。

西域都护府都护但钦消极防御，最终自尝恶果。他被焉耆军打了个措手不及，很快就被杀死。西域都护府其他官兵要么被杀，要么被俘，乌垒城被焉耆军完全占领。

西域都护府都护被杀是建立西域都护府以来头一回的事。自负又迂腐的王莽不甘心，派出武威将王骏、新任西域都护李崇、新任戊己校尉郭钦率军进入西域，企图恢复对西域诸国的控制，惩罚焉耆王。

迫于新朝大军威势，西域诸国国王不得不违心赶到郊外迎接，在口头上表示臣服。毕竟西域国家太小，经受不住新朝远征军攻击。

王骏、李崇等人看到这局面，内心禁不住惬意起来。他们如同旅游一般顺利到达乌垒城。焉耆国王闻讯放弃了乌垒城。当远征军进入乌垒城后，他们先痛斥姑墨兼并温宿国行为，然后宣布征调各国兵马，准备大举进攻焉耆——莎车、龟兹等国共同出兵7000人，尉犁、危须也派出人马随行，连刚被痛斥的姑墨也派出军队“将功补过”。

尉犁国在乌垒城南部300里处，位于孔雀河流域，人口不到1万人，它参与新朝与西域诸国联军的目的，除了自保之外，那就是等着消灭焉耆后分一杯羹。

危须是传说中蚩尤与黄帝大战兵败西迁后逐渐形成的国家。危须与焉耆为邻，人口只有 5000 多，比焉耆的军队人还少。它打不过焉耆，只好私下给焉耆上贡，向焉耆称臣。它参加联军是极其不情愿又不得已的，毕竟它比焉耆势力小得多。等远征军撤走后，焉耆第一个教训的可能就是危须。

姑墨出兵更是带着一肚子怨气。公元前 13 年，焉耆王突然攻入乌垒城，杀死西域都护但钦，西域大乱。姑墨王趁机兼并温宿，杀死温宿王。新朝远征军一来，就不得不把这块土地让出来。王骏和李崇不但训斥姑墨王，令温宿复国，还下令将姑墨改名为积善。

姑墨王极其郁闷，极不情愿地同意出兵参与远征，却制定策略：主动出兵，暗通焉耆，两面夹击，赶走汉朝人。

王骏和李崇一下子调集了 2 万多兵马，军队总人数是焉耆军的三倍，战争胜负似乎是没有悬念的。但是，由于联军中有尉犁、危须和姑墨这样几个身份特殊国家的军队，让战争的胜负难料。

焉耆王早就得到姑墨王派人送来的消息，便将计就计，装作很害怕的样子，假装派人向王骏和李崇请降。

姑墨王率军赶到乌垒城时，尉犁和危须的军队已经先到。三方将领见面后，还没来得及寒暄就异口同声地说：“见机行事！”

由于焉耆王派人请降，急躁冒进的王骏决定兵分数路，同时去接管焉耆统辖的几个城。他不知道联军里有人已经出卖了他，将行军路线派人告诉了诈降的焉耆王。结果，王骏率领大军进入焉耆布置的埋伏圈内。他指挥军队突击时，身后的姑墨军、尉犁军、危须军纷纷反戈一击。

王骏还没搞清楚什么原因，就被“友军”的箭射成刺猬。他率领的士兵也被焉耆军以及姑墨军、尉犁军、危须军杀死。

另外两路远征军也遭到伏击。在龟兹军配合下，西域都护李崇率领残兵败将杀出重围，退到龟兹，但已经挽回不了大局。后来，李崇死在龟兹，具体原因不详。担任后卫的戊己校尉郭钦及时发现焉耆人的阴谋，率领军队成功撤退，狼狈地回到中原。

战后，乌垒被并入龟兹国。尉犁国“趁火打劫”，也赢得了巨大利益。在焉耆王允许和支持下，尉犁趁机吞并位于西南部的渠犁国。

渠犁国在乌垒城南部，是汉朝最早进行屯田的地方，也是西域都护府最早的所在地。渠犁王深受汉朝信任，也对汉朝最忠心。新朝远征军在西域惨败后，渠犁国成为他们发泄不满的对象。尉犁王率军趁机消灭渠犁国。

汉朝设置将近 70 年的西域都护府就这样消失在历史的长河中。原先一路畅通的丝绸之路，也因西域诸国各自占地为王而使得来往商旅和使者再也无法像以前那样安全自由地通行，他们不得不看各国国王的脸色和向各国缴纳赋税。从此，丝绸之路西域段进入纷乱时期。

第十三章

西域无都护，小霸兴风作浪

新朝势力退出西域。势力强大的莎车不愿归顺匈奴，挟天子以令诸侯，打着“西域大都尉”的旗号，兼并邻国，抵制匈奴。新朝之后建立的东汉一时无力经营西域，也只好暂时默认莎车为“西域大都尉”，维护秩序，保障丝绸之路畅通。此举虽不得已，但总胜过西域被匈奴兼并。

1.“挟天子以令诸侯”梦想

赶走了新朝远征军后，西域诸国自相攻击，匈奴乘虚而入。与汉朝不收赋税，通过屯田维护基本支出，还大量投入建设各种基础设施不同，匈奴对西域诸国横征暴敛，甚至逼迫西域诸国在重归匈奴后，把拖欠数十年未付的“保护费”加倍偿还。

西域诸国过惯了到长安朝见请赏和在丝绸之路上接待来往客商做生意的生活，哪里受得了匈奴人。西域诸国中一些实力较强的国家便萌生反抗匈奴之心。其代表就是实力较强的莎车。

莎车位于丝绸之路西域段的十字路口上，向西北行进可以达到疏勒，向东可以达到皮山、于阗、精绝、且末、鄯善，向南可以沿着叶尔羌河向西南，然后转向西，到达蒲犁，跨越葱岭后，既可以去大月氏、帕提亚，也可以到罽宾和身毒，如果一直沿着叶尔羌河走，然后沿着其支流提孜那甫河可以到达今莫木克村，然后向西到布仑木沙，再转向西北经过瓦恰，到达蒲犁。

莎车王延曾在西汉末年作为侍子生活在长安，一向亲近中原。回国做莎车王后，完善莎车的政治军事体制，出台与汉朝法典一脉相承的法律，成为西域诸国中最像汉朝的国家，也逐渐强大起来。王莽失去对西域的控制后，莎车王延一直没依附卷土重来的匈奴，也没趁机宣布称霸西域，而是继续低调发展实力，等待时机恢复与汉朝关系，继续维护丝绸之路的畅通。莎车王延经常教育儿子们，要世代以汉朝为宗主，任何时候都不能辜负汉朝。公元 18 年，莎车王延去世时，王莽赠其谥号为“忠武王”。

莎车王延死后，继任莎车王的康依旧坚持亲近汉朝政策，联合诸国抵御匈奴。东汉初期，莎车王康派人通过河西关塞上书皇帝刘秀，表明他的亲汉政策，请求归附汉朝。

这时，东汉立国不久，境内还有隗嚣、公孙述等几大割据势力，皇帝刘秀当务之急是统一天下，根本没精力去管西域的事。不过，既然莎车王康找上门来了，也不能拒绝人家，总得给人家一点表示。公元 29 年，刘秀封莎车王康为汉莎车建功怀德王、西域大都尉，诏令西域 55 国皆属莎车管辖。从某种意义上讲，就是由莎车替代原来的西域都护府，代替汉朝管辖西域诸国。

虽然刘秀对莎车的册封纯属一张空头支票，但莎车王康还是非常乐意，因为在此之前，西域都护由汉朝官吏担任，西域诸国臣属于汉朝，如今他被授权代表汉朝节制西域诸国，成为东汉认可的国家。

新朝远征军惨败后，很多西域人认为，从此西域将会是龟兹和焉耆的天下，却没想到不起眼的莎车壮大起来，还在西域肩扛“挟天子以令诸侯”的大旗。那些怀念汉朝的国家也从内心承认其为西域霸主，愿意接受莎车王康领导了。

公元 33 年，莎车王康去世，刘秀赠他谥号为“宣成王”。康的弟弟贤成为新莎车王。

2. 以西域大都尉的名义

莎车王贤继位后立即以东汉册封的西域大都尉的名义，征发周边各国军队，一起去攻打拘弥国和西夜国。

拘弥国原名扜弥国，在李广利征大宛时就臣服于汉朝。扜弥太子赖丹还做过汉朝的屯田校尉，被妒忌的龟兹王杀掉。为了此事，汉朝还为赖丹复过仇，降伏龟兹，逼迫龟兹王交出了凶手。

随着处于交通要道上的莎车逐渐强大起来，扜弥国遭到莎车觊觎。

贤继任莎车王后，派使者到东汉京城洛阳朝贡，借以观察东汉朝廷的政策方向，发现东汉暂时无力去管理西域。

莎车王贤认为，他是东汉皇帝封的西域大都尉，既然东汉暂时无力经略西域，那他就要去摆平那些不服的国家，做名副其实的西域霸主。当上西域霸主，控制西域诸国，掌控了丝绸之路，莎车将会源源不断地获得财富。

扜弥人口比莎车多，兵力跟莎车差不多，且一直忠诚于汉朝，只认汉朝官员为西域都护府都护，对莎车王这个狐假虎威的冒牌西域大都尉根本就不愿搭理。莎车王贤摸清东汉的政策方向后，以“扜弥破坏丝绸之路交通”的名义，征调周围国家的兵力，围攻和教训扜弥。周围国家见贤有东汉皇帝赏赐的印信，便调兵跟随他去攻打扜弥。

扜弥遭到围攻，不敌其他各国联军。扜弥王被斩杀在马下。莎车王贤下令将扜弥改名为拘弥，册立前任莎车王的儿子为拘弥王。

在调兵过程中，西域另外一个由羌族人建立的西夜国也认为莎车王贤是冒牌的西域大都尉，并不听从调遣。在消灭掉扜弥后，莎车王贤趁机率军将西夜国给灭掉。他又将前任莎车王的另一个儿子立为新西夜王。

东汉忙于治理内乱，恢复经济，一时半会儿没精力去管理西域诸国的事，也没有精力管控丝绸之路。莎车王贤打着西域大都尉的旗号，连灭两国，周边国家见此便臣服于他。不过，他对周边国家仍然不放心。一年后，莎车王贤做了一件令人发指的事——他毒杀了周边几个国家的国王。

一天，子合王接到莎车王贤的请柬。莎车王贤请他到莎车参加自己的寿宴。子合王一年前表示臣服于莎车王贤。当时，子合王对莎车王的承诺是："亦步亦趋，言听计从。"这种言听计从的态度非常符合莎车王贤的口味。

莎车王贤过生日请子合王吃饭。子合王找不到合适借口拒绝。因为他不去的话，就会招来战祸。如果去了，子合王又担心自己被杀掉。在忐忑不安和自我安慰中，子合王便带着贴身侍卫到莎车城。

迎接子合王的莎车官员很热情，看到于阗王、拘弥王以及姑墨王也在，子合王的心才稍微宽了些。晚上，莎车王贤举行盛大的欢迎晚宴。大家一起举杯喝酒，庆祝莎车王贤的生日。

谁也不曾料想到，莎车王贤令人在酒菜里下毒。子合王、于阗王、拘弥王以及姑墨王相继昏迷。莎车武士趁机杀了他们。随后，莎车王贤以西域大都尉身份向这几个国家军民宣布他们的国王有罪，已经被处死，然后派莎车将领去管理那几个国家。此时，虽然子合、于阗、拘弥、姑墨的国名保存着，但国王已经全部换成莎车人。莎车事实上已经兼并了子合、于阗、拘弥、姑墨四国。

3. 名副其实的西域之王

公元 38 年，莎车王贤与鄯善王安一起派使者到洛阳朝贡。西域诸国开始与东汉正式通好。这时，葱岭以东的西域诸国都属莎车王贤管辖。

随着地盘扩大和实力增强，莎车王贤想法也多了起来，想借助汉朝威望独霸丝绸之路，让汉朝承认它在西域的霸权。公元 41 年，他向刘秀“请都护”，要求东汉正式册封他为西域之主。刘秀当时在全力恢复和发展经济，无力经营西域。于是，刘秀满足了莎车王贤的请求。

得知此消息，敦煌太守裴遵大吃一惊。因为莎车成为汉朝承认的西域之主后，实力将会进一步坐大，不仅西域诸国会彻底沦为莎车的属国，与西域接壤的敦煌也可能将直接受到莎车的威胁。到那时，别说东汉重新进入西域管控丝绸之路没任何希望，甚至连河西走廊的敦煌、酒泉、张掖、武威等地，都可能成为莎车觊觎的对象。

敦煌太守裴遵立即写一封言辞恳切的奏章，派人快马加鞭送到洛阳。刘秀看罢，猛然醒悟，下诏收还都护印绶，派人快马加鞭去追赶莎车使者。莎车使者不肯交还都护印。裴遵便在敦煌将他们包围，强行夺走都护印绶。

莎车王贤得知都护印绶在中途被夺走，愤恨不已：我父子三人为汉朝与匈奴奋战多年，难道就是为得到几个封号吗？你不愿意给我封号，我还不愿意帮你对抗匈奴了呢！

莎车立即对东汉采取报复性措施。这一下子就暴露了他企图打着汉朝旗号称霸西域牟私利的本性。

莎车决定与东汉绝交，向匈奴伸出橄榄枝，发兵攻打西域那些不服莎车的国家，攻打那些对东汉表示友好的国家。匈奴单于大喜，当即表态支持莎车王贤。有了匈奴支持，莎车屡次率军攻打龟兹等国，弄得那些不愿意臣服莎车的西域国家整日提心吊胆。西域诸国的生存环境就这样恶劣起来。

在匈奴和莎车双重压迫下，公元 45 年冬，不堪压迫的车师前国、鄯善、焉耆等 18 国遣子入侍洛阳，献上珍宝，请求归附。在拜见东汉皇帝刘秀时，他们一个个稽首再拜，泪流满面，希望东汉在西域重置都护，保护他们领土和人民不受侵犯，保护丝绸之路畅通无阻。

刘秀依然没看到眼前能重回西域的巨大良机。他认为，东汉消灭各地割据势力不久，国力疲惫，匈奴也没屈服，暂时无法出兵平息西域之乱，更没财力去重新设置西域都护府。

事实上，西域 18 国前来请求援助，并不一定需要东汉派出多少远征军，只需东汉声援，并派出小股军队和有战略眼光的将领去西域，就可以领导西域 18 国与匈奴和莎车交锋，而东汉的财力和人力都多于匈奴和莎车，假以时日，可以完全夺回西域，掌控丝绸之路。刘秀放弃了送上门的机会。西域 18 国失望了，不得不投降匈奴。

公元 46 年，已经对东汉毫无忌惮的莎车派出使者到鄯善，要求鄯善王安断绝东汉进出西域的道路。丝绸之路上的使者和商旅来往产生的消费经济是鄯善国的支柱产业。鄯善王安当然不会听从莎车王的建议。生气之余，鄯善王杀掉了莎车派出的使者。

在西域称霸的莎车，此时已经毫无顾忌，毫不犹豫地发兵攻打鄯善。鄯善王抵挡不住，逃到南部山中。莎车军将未来得及逃走的千余鄯善人全部杀掉，带着所有可以带走的战利品撤回了莎车。

鄯善王安回到洗劫后的家园，意识到汉朝设置西域都护府的好处，上书东汉皇帝刘秀，表示愿意送儿子到洛阳做人质，请东汉重新设置西域都护府，不要让莎车王充当西域大都尉，否则，西域诸国就只能奉匈奴人为宗主。

当时，刘秀集中精力解决国内问题和应对匈奴，再一次放弃送上门的机会，回复“如西域诸国力不从心，可以便宜从事”。鄯善王没办法，只好归顺匈奴。

莎车王贤攻打鄯善后，又转过兵锋，攻入龟兹国，杀死龟兹王，册立自己儿子则罗为新龟兹王。这样，莎车事实上已兼并龟兹。后来，他考虑到则罗年幼，就从龟兹分出原来归属乌垒国的一部分，重新建乌垒国，任命妫塞贵族驷鞬为乌垒王，协助经验不足的新龟兹王则罗控制龟兹。

几年后，无法忍受外来统治者横征暴敛的龟兹人杀掉龟兹王则罗和乌垒王驷鞬，投降匈奴，请匈奴册立龟兹王，并报上新王侯选人名单。

汉朝无力管西域的事，还给莎车王贤册封了西域大都尉的封号，龟兹反对莎车，当然只有跑去匈奴那里寻找庇护了。匈奴单于册立龟兹贵族身毒为龟兹王。

莎车王贤在西域的征服战争一直没停。接下来，他以大宛缴纳的贡赋减少为理由，率领数万西域诸国联军，翻越葱岭去攻打大宛。大宛王延留被迫出城投降。莎车王贤将延留带回莎车，软禁起来，然后任命乔塞提为大宛王。

不过，乔塞提在大宛除了吃喝就是玩乐，既不与大宛贵族搞好关系，也不与邻国搞好关系。他任凭大宛贵族自行其是。结果，在大宛贵族配合下，与大宛同宗的康居多次发兵攻入大宛，声称“只要乔塞提当一天国王，康居就不退兵”。在内忧外患下，乔塞提指挥不动任何一个大宛贵族，甚至指挥不动任何一支军队。他绝望了，为了保命，只好丢掉大宛王不当，逃回了莎车。

莎车王贤见此，也无可奈何，只好放了被软禁的延留回去继续当大宛王，同时命令他要按时向莎车缴纳贡赋。

莎车王贤打着西域大都尉旗号疯狂兼并西域诸国，这让刘秀始料未及，也对其无可奈何。为了自保，受到欺负的西域诸国纷纷归顺匈奴。

一时间，西域诸国赋税源源不断输入匈奴，让呼都而尸道皋若鞮单于的腰包迅速鼓了起来。呼都而尸道皋若鞮单于信心十足地实施着复兴匈奴计划。没过多久，志得意满的呼都而尸道皋若鞮单于不仅成功将西域诸国收入囊中，还通过威逼利诱，迫使乌桓和鲜卑再次成为匈奴的附属。

4. 于阗，西域又一个小霸主

于阗原本被莎车兼并。莎车王贤派君得当于阗王。君得残暴荒淫，让于阗人恨之入骨。趁着莎车王贤率军远征其他国家的机会，于阗贵族刺杀君得。在汉人韩融的支持下，于阗贵族休莫霸自立为于阗王，并没等莎车反应过来，就帮助同宗拘弥人复国，杀死莎车派到皮山的将军，并将渠勒国和皮山国统一到自己麾下。

于阗王休莫霸在迅速崛起后，意识到迟早要与莎车王贤对决。虽然此时莎车王贤正在率军攻打其他西域国家，暂时没有精力来对付于阗，但毕竟莎车与于阗相隔很近，休莫霸未雨绸缪，提前做起军事准备。

在汉人韩融支持下，于阗军加强练兵。烈日当头时，于阗王休莫霸就在室内给将士讲战术配合问题；当士兵们走出户外时，他就训练将士们搏杀和战术配合。这一切，都参照汉军来训练。

果然，如同于阗王休莫霸所料，莎车王贤派莎车太子和相国率领 2 万兵马杀来于阗。他们来势汹汹，要与于阗王休莫霸决一高下，拿他的人头祭奠死去的君得。

经过汉人韩融的指点和训练，于阗军战斗力已经与往昔大不一样。于阗王休莫霸率军迎战。莎车军低估了于阗军的战斗力，以为他们还是如同以往一样不堪一击。结果，于阗军灵活的战术在战场上发挥巨大作用，莎车军惨败而逃，竟然有 1 万多人被杀。而当时于阗总兵力也才 1 万人。

于阗王休莫霸以少胜多，取得如此巨大的胜利，无异于给当下顺风顺水的莎车王贤当头一棒。莎车王贤不服气，又征发西域诸国数万军队，亲自率领联军前来进攻于阗。对莎车来说，不搞定于阗，其在西域的地位将会很快不保，而且莎车本国的安全也会受到很大威胁。

休莫霸早就料想到莎车王贤会亲自率军与他决一高低。得知消息后，他既没有被吓倒，也没有选择与联军硬碰硬作战，而是派人在大路上设置陷阱，利用周边沙漠进行游击战，消耗和寻机歼灭联军。

没多久，联军疲惫不堪，士气受挫。休莫霸趁机发起攻击。联军一败涂地，死伤过半。莎车王贤不得不率领残部逃回莎车城。

休莫霸率军乘胜追击，一口气追到莎车城下。莎车王贤和莎车军只好龟缩在城内，坚守不出，跟于阗军打消耗战。

于阗兵力总数只有 1 万人，追击战败的莎车军，显然不是什么上策。双方长时间在莎车城下耗着，莎车王贤很可能派人混出去找来援兵，毕竟他能调动西域一些国家的兵力。这样的话，攻城的于阗军就可能被切断粮草，反而被包围。

眼看莎车城难以攻下，休莫霸非常愤怒，便亲自带着士兵攻城。他要一鼓作气猛攻，拿下莎车城，不给莎车王贤任何反攻机会。

在休莫霸的带领下，于阗兵如同蝗虫般涌向莎车城墙，顺着云梯往上爬。

莎车王贤见拼命时刻到了，命令莎车军民拼命射箭，不惜一切代价阻止于阗人攻城。结果，勇敢的于阗王休莫霸被一支流箭射中胸膛，从云梯上掉到城下，当场摔死。

国王战死，严重影响于阗军士气。他们抢出休莫霸的尸体，且战且走，带着悲伤回到于阗城。

于阗军撤走了，但莎车城下的厮杀并未停下来。原来，在于阗军进攻莎车城的同时，那些平时受尽莎车凌辱不得不臣属莎车的国家，都接到莎车的求援命令。莎车王贤命令他们率军来莎车城下夹击于阗军。他们恨透了莎车王贤，不仅没有攻击于阗军，反而帮助于阗军攻城。于阗军撤走，他们接着攻城，意图趁着混乱杀掉莎车王贤。

当时，匈奴也派军来坐山观虎斗。看到其他西域国家即将攻破莎车城时，匈奴军也加入攻城的行列。一时间，昔日西域霸主成为西域诸国群攻的对象。

莎车王贤见此，只好向匈奴人投降。匈奴人和其他西域诸国以胜利者姿态进入莎车城。最终，莎车臣服于匈奴。而莎车王贤不得不放回原来在莎车做人质的新于阗王广德的父亲，并将自己最心爱的女儿嫁给新于阗王广德，以实现和亲。

原来，于阗王休莫霸的尸体被抬回去后，他侄子广德立即继位为王。广德继任后，一边安排休莫霸的丧事，一边派他弟弟倓仁率领于阗军再次杀向莎车城。不过，当于阗军再次来到莎车城下时，匈奴和其他西域诸国已经以胜利者的身份进城了，莎车王贤已经向所有交战对手投降了。于阗兵不血刃地进城，仁以征服者身份向莎车王贤提出两个和平条件。

广德娶了莎车王贤的女儿，但心里依然有些不甘。后来，广德又与莎车相国且连里应外合，一举俘获自己的岳父，并占领莎车城。

莎车王贤趁东汉无力经略西域，打着汉朝西域大都尉旗号称霸西域，没想到最终被人征服，沦落为阶下囚，被杀死。他如同过山车一般的人生经历，实在令人感叹。

于阗王广德擒获莎车王贤后，势力空前壮大，拥有 32000 户，83000 人，军队也达到 3 万人。从精绝到疏勒等 13 个国家，都成为于阗的附属国——于阗成为西域又一个小霸主。

没有汉朝西域都护府，西域出现权力真空，但西域诸国并未因此过得更好。他们要么不得不接受匈奴的奴役，要么不得不接受西域小霸主的奴役，而这些比起归顺汉朝，在西域都护府监管下过着太平日子，要艰苦得多。

更重要的是，各国严重阻碍丝绸之路上的人员往来和商贸交流。这不仅仅损害了商旅的利益，还损害了西域诸国的利益，大家“共输”。这是当年焉耆人杀害西域都护府都护时始料未及的。

第十四章

抓住时机，汉朝再向西域行

随着匈奴再次分裂，南匈奴再次臣服东汉。打击北匈奴，进军西域成为朝野共识。班超率领36人深入西域，一举打开局面。耿秉等人誓死与北匈奴血战，而窦宪率军攻打匈奴，更是再现大汉雄风。

1. 所谓隐忍，都是在等待机遇

公元 46 年，匈奴呼都而尸道皋若鞮单于死去，诸王争位。不久，匈奴又遭遇罕见灾难，日逐王与蒲奴单于彻底决裂，于公元 48 年春请求“愿永为蕃蔽，捍御北虏”。

刘秀见匈奴南北分裂，南匈奴自愿为汉朝保卫边塞，决定扶持南匈奴，抗击北匈奴，同意南匈奴通好的请求。与此同时，刘秀又趁机拉拢乌桓，让乌桓人成为牵制匈奴的有生力量。乌桓人见此举有利可图，也投向了汉朝。

在汉朝的庇护下，南匈奴开始逐步恢复实力，北匈奴却处境艰难，经济上陷入窘境，时常受到丁零、乌桓、鲜卑和南匈奴的夹击。为了生存和发展，北匈奴势力逐渐向西转移，加强对西域诸国控制，以保障北匈奴经济发展。

为摆脱困境，公元 51 年，北单于派人到武威郡，请求与东汉和亲。刘秀命令武威太守拒绝北匈奴请求。第二年，北单于又提出要派使者前往洛阳朝见天子，并表示西域现在已经被他们控制，如果汉朝反复拒绝他们的善意，那么他们将与西域诸国联合出兵侵扰。

这句带有威胁意味的话，让东汉臣民想起此前忍痛放弃的西域。原本，东汉臣民认为，西域虽然失守，丝绸之路中断，但匈奴也无力控制西域，西域处在莎车控制下。如今，北匈奴拿整个西域来要挟东汉同意与其和亲，一下子引起刘秀的不快。

刘秀召集大臣商议对策，制定应对战略。

司徒掾班彪说：“匈奴一向欺软怕硬，又有外强中干的毛病。我认为其礼物越重越殷勤，反而说明其国力越虚弱，遣使来访越频繁，表明他们对我们的恐惧越大。北匈奴请求和亲，不过是为向西域诸国立威，以显示汉朝承认他们控制西域，杜绝西域诸国亲汉力量归汉的念头。如果真如他们自夸的那么强盛，那北匈奴早就入寇劫掠了。不过，话虽如此，我们还是应该静观时局的变化再做决断！”

班彪的建议不无道理，匈奴分裂和内讧，最大的受益者是东汉。北匈奴侵占西域，害怕遭到东汉与南匈奴联合打击，才向东汉请求和亲，完全是一种政治敲诈。

刘秀基本上采纳班彪的意见，给北单于蒲奴回了一封长信，不痛不痒地说了几句。此后，北单于又几次派使者来请求和亲，刘秀的态度依旧不明确。最终，北匈奴失去耐心，转而以武力侵扰南匈奴和东汉。东汉虽然极其愤怒，但始终保持克制，汉军严阵以待，击退北匈奴军后，从不主动追击。刘秀死后，刘庄继位，对北匈奴依旧很克制，以防守为主，而对南匈奴以安抚为主。

北匈奴于公元 72 年征发西域诸国军队，一起入侵河西走廊。

皇帝刘庄忍无可忍，便下令汉军向北匈奴发起进攻。

刘庄此举并不是一时心血来潮。在作出决定之前，他审时度势过。经过光武中兴[①]和刘庄十多年苦心经营，东汉已经百姓殷富、府库充实、国力强盛，有能力打赢一场大规模战争。

由于东汉一直注重边防建设，军队训练有素，防御体系完备，还有南匈奴、乌桓和鲜卑等少数民族骑兵辅助，因此具备大规模征伐北匈奴条件。

在朝廷内，武将请战积极性非常高。刘庄下旨以前，驸马都尉耿秉就已上书要求汉军主动攻击北匈奴，消除北匈奴威胁。

决定开战后，刘庄把出击的目标指向西域诸国。西域诸国是北匈奴维持生存的生命线。只要控制西域诸国，掌握丝绸之路控制权，就等于斩断北匈奴经济来源，为汉朝增加新的财富来源。到时，东汉要降伏北匈奴就容易多了。

公元 73 年春，东汉军分为 4 路出击北匈奴：窦固和耿忠率领酒泉、敦煌、张掖三郡的汉军及卢水羌人共计 12000 名骑兵，从酒泉塞出发；祭肜和吴棠率领西河羌兵及南匈奴兵共计 11000 名骑兵，从高阙塞出发；来苗与文穆率领太原、雁门、代郡、上谷、渔阳、右北平、定襄等郡的兵及乌桓、鲜卑人共计 11000 名骑兵，从平城塞出发；耿秉、秦彭率领武威、陇西、天水士兵及羌兵共计 1 万名骑兵，从居延塞出发。

---

① 光武中兴也称建武盛世，是指东汉光武帝刘秀统治时期出现的盛世，因为是在西汉衰落后出现的盛世，所以称光武中兴。

北匈奴单于平时虽然骄横狂妄，不可一世，但得知汉军联合南匈奴、乌桓、鲜卑、羌人进攻自己时，也充分认识到形势严峻，只能望风而逃。

联军轰轰烈烈地出征，却因找不到目标，几路大军不得不空手而回，只有窦固率领的一路有些收获——他们碰上猝不及防的北匈奴呼衍王所部，一举将其击溃，斩首千余级，占据伊吾卢城，留下部分士兵屯守后，大军班师回朝。

北单于躲过联军攻击后，竟然趁着联军后方空虚之机，派军进入汉朝云中和渔阳。北匈奴想退兵回去时，却遭到汉军反击，北匈奴军自相践踏，死伤数千人。

2. 36 人特战小队

远征北匈奴空手而归，刘庄多少有些失落，但配合这次军事行动的一群外交人员在西域取得令人刮目相看的成绩。

窦固率军驰骋天山后，公元 73 年夏，刘庄派班超率领 36 人西出阳关，前往西域了解诸国情况，离间西域诸国与匈奴的关系。班超西行的任务，与张骞当年非常相似。

班超是史学世家出身，他父亲是史学家班彪，他哥哥是班固、妹妹是班昭，也在史学方面造诣颇深。班超年轻时替人抄书写字，觉得一辈子跟笔砚打交道没出息，便投笔从戎，到窦固手下做假司马。所谓假司马，就是代理司马。

窦固向刘庄建议派人出使西域诸国，同时推荐班超和郭恂为正副使者。刘庄认为，东汉经济实力已经恢复得差不多，北匈奴公然武力侵扰，纠合西域诸国侵犯汉朝边疆，解决北匈奴、收复西域诸国刻不容缓。

班超胆大心细，特别善于从风险中发现机会。启程前，他对西域诸国做过详细分析，决定先易后难，从匈奴控制力薄弱的天山南部诸国下手。于是，他率领 36 人先去鄯善。

鄯善遭莎车蹂躏后，曾经请求归顺东汉，让东汉出兵去教训莎车。当时限于实力等原因，皇帝刘秀一脸无奈地婉拒了。鄯善从此投靠匈奴。在匈奴分裂后，鄯善臣服于北匈奴。

鄯善王早已得知窦固击败北匈奴呼衍王的消息，见班超等人前来，害怕惹事上身，便热情地接待他们。但是，几天后鄯善王的态度就变了——由友善变得冷淡。班超敏锐地捕捉到这一变化，发现鄯善王态度转变的原因。

这一定是因为北匈奴使者来了，鄯善王在归汉还是臣服北匈奴的问题上犹豫不决。班超心里清楚，西域诸国大多是小国，在汉朝和北匈奴的夹缝中求生存。汉朝已放弃西域控制权数十年，一场胜利并不足以使鄯善消除对北匈奴的畏惧，毕竟汉朝离西域远，北匈奴离西域近。北匈奴使者到来，鄯善王对汉朝使者态度便微妙起来。如果照此情形发展下去，则形势非常不利。

一天，班超出其不意地问鄯善的侍者：“北匈奴使者都来好几天了，现在住在哪里呀？”侍者猝不及防，在回答时一下说漏嘴，说出了实情。

为防止走漏消息，班超扣押鄯善侍者，召集随从人员，说：“大家和我来这里，无非就是为立大功、求富贵。现在北匈奴使者才到达几天，鄯善王就对我们疏远冷淡。如果他将我们抓起来送给北匈奴使者，我们都将死无葬身之地！你们说该怎么办？”

大家纷纷表示：“如今身处危亡之地，是死是活我们都听司马的！”

班超说：“那好，俗话说‘不入虎穴，焉得虎子’！当今之计，只有趁夜火攻。北匈奴使者不知道我们的虚实，见火起，必然大为恐慌。我们趁势出击，定可一举歼灭他们。只要杀光那些北匈奴使者，鄯善王必定吓破胆。我们就大功告成了。”

有人提出应该和郭恂商量一下。班超大怒：“还犹豫什么？死活就在今天！郭恂不过是一个书生，参与这样的大事定会因惊恐而泄密。如果因此而败，我们还算什么壮士？”大家再无异议。

天黑以后，班超率领属下一起奔向北匈奴使者驻地。正好刮起大风，他们便于纵火。班超命令 10 个人拿着鼓，藏在北匈奴使者驻地后面，一见火起就猛敲战鼓，大声呐喊，又令其他人拿着刀枪弓弩埋伏在门两边，伏击逃出的北匈奴使者。

安排好后，班超顺风纵火。一时间火焰冲天，有人前后鼓噪，声势喧天。北匈奴使者没料到有人敢袭击他们，又听见外面鼓声雷动，喊声四起，以为来了很多人，一个个惊慌失措，刚出门就遭到汉军袭击。100 多个北匈奴使者被消灭。

第二天，鄯善王得知真相，震惊之余，只好归顺东汉，请求东汉保护。

班超将消息快马奏报给窦固。窦固上书皇帝为班超请功，同时请求趁机派人到西域其他国家去，说服他们归顺汉朝。

刘庄得知班超一把火逼降鄯善王归汉，非常高兴，大笔一挥：像班超这样有胆有识的官吏，为什么近在眼前不加以重用呢？从现在开始，班超就别当什么假司马，当真司马吧！

刘庄没把班超召回长安，而是鼓励他再接再厉。窦固打算给班超多派些人壮声势，不过班超表示 36 人足够。见班超信心满满，窦固也只好作罢，放手让他去干。班超得到皇帝旨意后，便带原来的 36 人沿着丝绸之路南道来到于阗国。

此时，于阗王广德刚刚攻破西域小霸莎车国，威震丝绸之路南道诸国，成为西域新的霸主。不仅如此，于阗国背后还有北匈奴支持。北匈奴在于阗国设置专门监护的使者。于阗王广德对班超一行 36 人非常冷漠。

班超等人来到于阗后，受北匈奴收买的巫师在作法时代表神训斥于阗王："我们做神仙的都看不惯你与汉人友善。汉朝使者不是有匹黑嘴黄马吗？必须立即宰了那马祭祀我！"

于阗王是虔诚的信徒，立即派人强索班超的黑嘴黄马，说要杀马祭神。班超让使者先回去，说跟大家商量商量，等等再作答复。使者只好回去复命。班超派人去进行暗中调查，发现是巫师作祟。

班超不信邪，得知巫师作祟，决定将计就计惩罚巫师，威慑于阗王，促使他归顺汉朝。

于阗王广德又一次派人来要马的时候，班超爽快答应，但要求巫师亲自来牵马。为了完成祭祀任务，于阗王立即让巫师来牵马。当巫师来牵马时，班超便直接杀了他。

于阗王惊呆了：巫师能预知未来，怎么就算不出自己面临血光之灾？班超果然名不虚传，是位不折不扣的猛人，惹不起。他思前想后，决心归汉。于是，他杀了北匈奴的镇抚使者，请求归顺汉朝。

班超安慰于阗王后，代表东汉与他签订盟约。见于阗都归附了东汉，天山南部诸国就不再犹豫，纷纷归附东汉。

丝绸之路天山南道诸国归附后，班超又把目标指向天山北道诸国。天山北道诸国离北匈奴近，最强悍的龟兹王是北匈奴所立。说服龟兹归汉是重中之重。

公元 73 年，龟兹王建仗着有北匈奴支持，在天山北部横行霸道，不久前还攻杀疏勒王，另立龟兹人兜题为新疏勒王。

公元 74 年春，班超在稳定于阗后，带着 36 人从偏僻小路进入疏勒。在距盘橐城 90 余里处，他们停下来商议对策。

经过谋划，班超派田虑一人前去劝疏勒王兜题归汉。田虑武功高强，却貌不惊人，班超派他一人去，是想消除对方的防范之心，起到出其不意的效果。

班超嘱咐田虑："疏勒王兜题不是疏勒人，他手下不会为他卖命。如果他不投降，只管把他抓回来就是！"

一进盘橐城，田虑就直奔疏勒王宫。疏勒王兜题见东汉使者田虑并不是什么彪形壮汉，身子看上去很"轻弱"，且又是孤身一人前来，就再也不担心会发生意外，根本不把他放在眼里。

田虑很礼貌地说明了来意：请疏勒归顺汉朝，与汉朝签订友好盟约。疏勒王感到非常滑稽可笑。疏勒王兜题很傲慢地拒绝归降，勒令田虑赶紧走，否则对他不客气。

看似"柔弱"的田虑突然一个箭步上前将兜题劫持住，并在转眼间把他捆绑得严严实实。左右卫士见状，一个个惊惧不安，没有一个人敢上前相助。

田虑命令他们放下武器，退出去。随后，田虑劫持着疏勒王兜题，一路走出王宫，拎着兜题纵身上马，飞奔出城。

班超等人绑着疏勒王兜题，大模大样地进城，召集疏勒群臣，宣布：兜题已被抓获，奉大汉天子之命，废除不合法的疏勒王兜题，重新册立已故疏勒王的侄子忠为王。

疏勒人早已恨透龟兹人兜题，见故主的侄子被大汉册立为王，纷纷请求杀死兜题。为显示东汉的恩德，班超派人将兜题送回了龟兹。就这样，疏勒成为东汉的属国。丝绸之路上最为关键的节点再次被打通。

3. 大汉铁骨，玉门 13 勇士

在班超出使西域诸国同年的 11 月，刘庄命令窦固、耿秉率领 14000 名骑兵从玉门关出发，进军天山地区，用军事行动声援班超。

汉军先在蒲类海击败北匈奴呼衍王属下白山部，将目标对准依附北匈奴的车师国。此前，车师国在北匈奴支持下吞并郁立、单桓、孤胡、乌贪訾离等邻国，气焰嚣张。车师国有后王、前王，前王即后王儿子，二王相距 500 余里。

窦固认为，汉军距离车师后王较远，一路跋涉，行军艰苦，不容易攻打，主张先捏软柿子，拿车师前王开刀。耿秉主张先打强大的车师后王，认为只要打败了他，就可以迫使车师前王放下武器。

耿秉是个胆大心细的人，性格勇壮，喜欢简便行事，行军作战常常身先士卒，冲在最前面，驻扎休息时，也不修筑营垒，而是远远派出斥候巡逻警戒，一旦有警，军阵立成，将士们能在瞬间投入战斗。见窦固犹豫不决，耿秉索性自己行动，其余诸军不得不跟随他前进。

当耿秉挥军抵达车师后王安得驻地时，车师后王安得毫无准备。汉军以迅雷不及掩耳之势发起攻击，大败车师后王。车师后王安得大为震恐，只好率领数百骑出城迎接耿秉，投降东汉。

耿秉志得意满地等待受降，没想到窦固手下的苏安却抢先跑到车师后王安得面前说：“你找错人了，你应该向汉军主将奉车都尉窦固投降才对！”车师后王安得一想：对呀，我为什么要向你投降呢？我应该向汉军主将投降。

于是，车师后王安得命部将前去迎接耿秉，并没有亲自出城投降。

耿秉勃然大怒，率领手下精锐骑兵来到窦固面前，说：“车师后王说要投降，到现在还没来，请派我去砍了他的头！”窦固大惊，连忙阻止耿秉不要鲁莽行事。耿秉厉声说：“受降如受敌！”说罢，他率军直奔车师后王安得驻地。

车师后王安得一看耿秉来者不善，连忙跑出去向他投降。随后，车师前王也率部投降。至此，车师全境平定。丝绸之路北道再次畅通，再次为汉朝控制。

趁着这次胜利，东汉皇帝刘庄下令重新设置西域都护府，任命陈睦为都护，驻扎在乌垒城，负责统领西域诸国的军政；同时设置戊己校尉，任命耿恭为戊己校尉，屯驻在车师后国的金蒲城；任命关宠为戊己校尉，屯驻在车师前国的柳中城，以镇抚西域诸国，防御北匈奴发起攻击。

耿恭等人到任后，立即向乌孙示威，乌孙昆弥知道与东汉交好的益处，就献名马朝贡，并把儿子送到东汉做人质。乌孙再次成为汉朝的属国。

见东汉迅速控制西域诸国，北单于怒火中烧，积极策划反击。首当其冲遭到北匈奴攻击的，就是驻守在金蒲城的戊己校尉耿恭所部。

耿恭是名将耿弇的侄子，班超的同乡。班超只身闯虎穴，在西域建立奇功，耿恭也按捺不住，积极参与收复西域的行动，负责防御北匈奴。

耿恭深知北匈奴不会坐视丢失车师国，因此到任后就立即采取 3 项措施：注重远交，他派人出使乌孙，说服乌孙再次坚定地站在汉朝一边；安抚当地人，与车师后王安得的夫人结成联盟；抓紧时间进行训练，打造一支人数虽少但信心十足、战斗力强的军队。

不过，耿恭虽然在做准备，但北匈奴人的反扑还是比他预想的要来得早一些。公元 75 年 2 月，北单于遣左谷蠡王率领 2 万骑兵进攻车师后国。

耿恭闻讯立即派出 300 人进行援助，但援军在路上被北匈奴人全部截杀。随后，北匈奴骑兵杀死车师后王安得，麾军猛攻耿恭坚守的金蒲城，大有一口吞下此城的气势。因为耿恭手下只有 1000 多人，而匈奴骑兵有 2 万人之多。

耿恭是耿秉的堂兄，为人沉稳机智，临危不惧。面对蝗虫般的匈奴兵，他让将士在箭矢上涂上毒药，一边向城下猛射，一边大声喊："汉军手中的箭是神箭！中者创口必然生怪状！"他想通过此方式，扰乱匈奴兵的军心。

起初，城下的匈奴兵并不相信。但是，很快有人中箭，创口迅速溃烂。于是，匈奴军大为惊恐。正好天降暴雨，北匈奴人便认为汉兵神勇，便迅速撤退。金蒲城暂时转危为安了。

匈奴兵退去后，耿恭立即做两件事：一是招募当地的勇壮之人，迅速补充到军队之中；二是将防御据点从金蒲城转移到东部的疏勒城。因为耿恭看到了疏勒城的防守价值：疏勒城地势险要，易守难攻；疏勒城中有涧水，可以保障军民在防守期间的用水；疏勒城位于车师新道北段，可进可退，既有利于汉军驻扎下来震慑天山北麓西域的各国，又可以防止匈奴进攻天山南部诸国。

耿恭的意图很快被北匈奴人识破。北匈奴人在7月卷土重来，准备将耿恭所部消灭掉。

得知匈奴人来攻，耿恭做了两手准备：派出几名骑兵带着自己的亲笔信，分别向戊己校尉、西域都护以及敦煌太守求救，其中，派往敦煌的军吏范羌还肩负着领取守城士兵过冬衣服的重任。与此同时，他率军固守待援，适时出击，消耗着匈奴的有生力量。

北匈奴人刚刚到，耿恭就以逸待劳、先发制人，率领募集的数千士兵直冲敌人阵营，给予北匈奴人迎头痛击。北匈奴兵被击溃，但并未撤走，而是稍稍后退就驻扎下来，并切断了汉军的水源，等待汉军投降。他们认为，没有水源，汉军也支撑不了几天。

汉军在城中挖了很深的井也不见泉水涌出。耿恭向井跪拜，为全军将士性命而祈祷，片刻之后清水泉涌而出，汉军士气大振。城下的北匈奴人以为汉军又有神明相助，便立即撤走。

在耿恭奋力解围时，西域都护府却被北匈奴、焉耆、龟兹联军攻破，都护陈睦、副校尉郭恂以及2000多汉军被杀；柳中城被北匈奴军围困，遭到日夜攻击，戊己校尉关宠生死不明。军司马班超此时也被围困在盘槖城。更为不利的是，东汉皇帝刘庄也在这个时候去世了，东汉朝廷陷入暂时性瘫痪之中。

不久，柳中城也被北匈奴攻陷。汉朝在西域的据点只剩下耿恭驻防的疏勒城仍在坚守。见东汉援军迟迟不到，车师王认为汉朝已无力救援，便转而反叛东汉，与北匈奴共同围困疏勒城。

在内外交困之下，耿恭和将士们“推诚同死生，故皆无二心”，加上车师后王王后是汉人后裔，常常把北匈奴军的动向情况透露给耿恭，还暗中给他们运送粮食，才使得疏勒城始终未被攻陷。

在经历数月围困之后，疏勒城中已到了山穷水尽的地步。数千士兵只剩下几十人，粮食早已经吃光，甚至连老鼠也被抓着吃光了。面对的境遇越来越险恶，但他们的意志却越来越坚定。耿恭与守城士兵宣誓：同生共死，绝无二心，誓死不降。由于耿恭等人有着强大的精神力量做支撑，虽然疏勒城中只剩下数十人，但北匈奴人始终无法进入城中。

北单于趁机招降，派出使者对耿恭喊话："你若投降，单于封你为白屋王，并把女儿嫁给你！"耿恭假装答应，把匈奴单于的使者骗到城头，当着城下众多北匈奴人的面，亲手将其杀死，并将其人头丢到城下。

北匈奴使者的随从看到这一幕，吓得号哭着跑走了。北单于羞愤交加，下令士兵拼死攻城。北匈奴人以轻骑兵为主，擅长野战，却不擅长攻坚战。他们没有攻城器材，不是试图从光溜溜的城墙爬上去，就是朝着城头胡乱射箭，一不小心还会伤到自己一方的人。

在公元 75 年冬天，疏勒城下这种"攻守游戏"断断续续地上演着。耿恭和他手下的几十个饿汉，凭着一腔为国尽忠的热血，不仅顽强地活下来了，还使疏勒城成为北匈奴人不可逾越的障碍。

汉朝新皇帝刘炟登基，即汉章帝。刘炟有理想，有作为，在得知北匈奴在西域连破汉军的城池，不禁勃然大怒。刘炟决定好好地教训一下北匈奴人，夺回东汉在西域丢掉的城池和属国。

公元 76 年 1 月，刘炟派都骑尉秦彭与谒者王蒙、皇甫援征发张掖、酒泉、敦煌三郡及鄯善兵共计 7000 人，向车师发起进攻。东汉援军一路打到柳中城，攻下交河城，斩首 3800 人，俘虏 3000 余人，获驼驴马牛羊等共计 37000 头。他们取得了东汉西进西域以来又一个重大的胜利。

一路上，汉军多带旌旗，行军神速。北匈奴军见汉军旌旗招展，以为人数很多，便逃跑了。车师国见汉军到来，又一次归降东汉。

公元 76 年 1 月，一支 7000 人的东汉救援军到达柳中城，而带路的就是前往敦煌领取冬衣的范羌。看到柳中的汉军全军覆没，前来救援的汉军以为临近北匈奴的耿恭所部也早就全部战死。于是，负责率领援军的秦彭、王蒙、皇甫援等将领纷纷准备班师回朝。他们不想去天山以北做无所谓的冒险，而想趁着建立战功迅速回去领取封赏。

范羌想起他苦难中的兄弟，向其他将领直言兄弟袍泽之情、国家英烈之忠，强烈要求大军一定要去疏勒城看看，"只要还有一线希望，都要率领援军去救他们"。秦彭、王蒙、皇甫援等将领觉得不可思议，柳中城已是一片废墟，耿恭等驻守将士已经凶多吉少，生存机会渺茫了，范羌为什么还要冒险，坚持去疏勒城看看呢？

一番激烈争论后，秦彭、王蒙、皇甫援等人在处理这件事上达成妥协：他们率领 5000 士兵班师回朝，分派 2000 士兵陪着范羌去疏勒城看看。

范羌率军从天山北部进军，踏过茫茫雪原，历尽艰辛，才到达疏勒城下。他们很幸运，一路没遇到北匈奴人。但更幸运的是，他们居然真的找到了耿恭等人。

这时，疏勒城中仅剩下耿恭等 26 人。听到城下有军队的脚步声，他们还以为北匈奴人前来偷袭，不禁陷入绝望之中，纷纷拿起武器，准备拼死作战。

起初，范羌看到破乱不堪的疏勒城，也以为它早就被攻破了，守军也早已经死亡殆尽。抱着试一试的心态，范羌小心翼翼朝着城头喊道："我是范羌，我是范羌，我是范羌，专门来接耿校尉的！专门来接耿校尉的！专门来接耿校尉的……"

耿恭等人听到声音后，迅速在躲藏的地方伸出头，朝下看了看，居然真的是范羌带着援军和冬衣来了。

他们顿时来了精神，高呼着万岁，便快速打开城门，扑向远道而来的战友。这 26 人凭着对东汉的无比忠诚和坚毅，终于坚持到了最后援兵到来，终于在绝望的边缘看到了希望。

第二天，经过一番分析后，耿恭果断下令放弃疏勒城，向东撤回东汉。对他们而言，撤退比坚守更困难，因为在撤退过程中，北匈奴轻骑兵将会充分发挥优势，追杀围堵他们，而他们也没有城墙可以依托。但是，他们必须撤回去，继续坚守在这里，最终只有死路一条。

耿恭率领汉军且战且退，北匈奴骑兵仗着人多，一路紧追不舍。汉军苦战两个多月才撤到玉门关下。此时，疏勒城活下来的耿恭等 26 名勇士，只剩下耿恭等 13 人。他们个个衣衫褴褛，面容憔悴，形销骨立。

在玉门关接应的中郎将郑众一边安排他们沐浴更衣，进行休养，一边立即上书皇帝刘炟，报告这件事，并为耿恭请功。等耿恭等 13 人回到洛阳后，东汉皇帝刘炟任命耿恭为骑都尉，石修为洛阳丞，张封为雍营司马，范羌为共县丞，其余 9 名士兵都加入皇家禁军——羽林军，这是许多普通士兵梦寐以求的理想。

不过，东汉皇帝刘炟虽然表彰了他们的功绩，但出于种种考虑，不愿再次出兵西域，并罢除西域都护府与戊己校尉。就这样，刚刚与中原恢复联系的西域北部交通又告中断。西域北部的控制权再度落入北匈奴手中，西域南部也由于焉耆与龟兹两国作乱而面临丢失的危机。丝绸之路又面临着严重的危机。

西域都护府不存在了，耿恭也被救走了，唯有班超还在西域。班超不愿意放弃苦心经营了几年的西域。汉军撤走后，他与驻扎疏勒的王忠形成掎角之势，首尾呼应，据守盘橐城，等待时机好转。

4. 趁机击败北匈奴，为前往西域铺路

在与东汉争夺西域的同时，北匈奴与南匈奴、乌桓、鲜卑之间的战争也没有间断过。更为严重的是，北匈奴又发生内讧。这不仅直接导致北匈奴争夺西域失败，而且逼着它不得不寻找新的生存空间。

公元 76 年，北匈奴皋林温禺犊王率部回到涿邪山一带游牧。南单于长知道后，派轻骑兵与汉朝边防军及乌桓兵联合出塞攻击。一战下来，北匈奴军被斩 100 多人，其中有三四千人主动投降。

北匈奴遭遇特大蝗灾，不仅没有外援，还面临着来自各方面的压力。再加上人祸不断，内部离心离德，北匈奴许多部落都打算南下投降东汉。公元 83 年，北匈奴三木楼訾部落在大人稽留斯等人率领下，前往五原塞投降东汉。北单于非常恐慌，在公元 84 年匆忙派人前往洛阳，再度请求东汉开通互市，友好相处。汉朝皇帝同意与北匈奴人互市。

公元 85 年正月，北匈奴大人车利、涿兵等纷纷南逃入塞，归降东汉。这些归降者先后竟然多达 73 批。北匈奴的国力遭到严重削弱。令北匈奴雪上加霜的是，公元 85 年继位的南单于宣派兵杀了北匈奴的温禺犊王。北匈奴陷入内外交困的境地。北匈奴部众见南匈奴人受到东汉厚待，纷纷南下归附。这样，又有数千北匈奴人归降东汉。

公元 87 年，匈奴昔日的仆从部落鲜卑侵入北匈奴东部，大破北匈奴。北单于优留被杀死。一时间，北单于庭大乱，屈兰、储卑、胡都须等 58 部人口 20 万人前往云中、五原、朔方、北地等郡归降东汉。

祸不单行的是，蝗灾又一次袭击北匈奴，军民饥饿不堪，匈奴贵族又为由谁继承单于之位而分裂。原来，北单于优留被斩杀后，匈奴贵族曾在慌乱中立优留弟弟为北单于。不久，骨都侯又立优留的异母哥哥右贤王为北单于。北匈奴部众见此，纷纷四散而去。

公元 88 年，刘炟去世，9 岁的刘肇继位，窦太后[①]临朝听政。南单于屯屠何上书，请求趁北匈奴连年天灾内部大乱之际，出兵讨伐。

窦太后召集群臣讨论此事。耿秉曾经是出征西域的主要将领，为东汉设置都护府和戊己校尉府立下汗马功劳。耿秉认为机不可失，必须趁机出兵打击北匈奴。

绝大多数大臣认为，北匈奴没有入侵，没必要劳民伤财万里远征，汉朝刚遇大丧，不宜出兵。更重要的是，此战可能促成匈奴再度统一，统一的匈奴必将再次成为汉朝威胁。

窦太后认为，虽然国家刚遇到大丧，但如果能一战雪耻，也是对曾经在西域蒙受耻辱的先帝最好的安慰。而且北匈奴人不会料想到东汉军会在国丧时发起进攻。

在大臣们发表意见后，窦太后表示接受耿秉的意见，同意出兵。

窦太后封窦宪为车骑将军，令他率军出击北匈奴。窦宪确实是个将才，此前，汉军与匈奴军作战，通常因为找不到匈奴军主力不得不空手而归。窦宪率领大军出塞，在稽落山遇上北单于率领的匈奴主力军。他派副校尉阎盘、司马耿夔等与左谷蠡王师子各自率 1 万精锐骑兵迎战。结果，东汉远征军大败北匈奴军主力。北匈奴部众四处溃散，北单于率领残部逃跑。

窦宪率军紧紧追赶，接连打败北匈奴诸部，一直追到私渠比鞮海[②]。这一仗，窦宪战绩辉煌，直追当年的卫青、霍去病。

在班师回朝时，窦宪派军司马吴汜、梁讽等人率军继续寻找北单于下落，力图将北单于抓获或者杀死。吴汜和梁讽在西海[③]找到失魂落魄的北单于。梁讽劝北单于效法呼韩邪单于，归附东汉，以保国安民。北单于听后转忧为喜，便率领着残部与吴汜等人一起去洛阳朝见东汉皇帝。

到达私渠海时，北单于听说汉军已经入塞，又犹豫起来。他派弟弟右温禺鞮王奉贡入侍，自己留在草原上徘徊观望。不难看出，他对投降东汉有疑虑。

---

① 汉朝有三个窦太后，西汉孝文窦皇后、东汉章帝窦皇后、东汉桓帝窦皇后，此处窦太后是指东汉章帝窦皇后。

② 是指位于稽落山西北的乌布苏诺尔湖。

③ 此处是指巴尔喀什湖。

窦宪认为，北单于不亲自前来，缺乏诚意，就奏请送还右温禺鞮王。北单于见东汉不接受右温禺鞮王，又派车谐储王等贵人到居延塞，请求朝见。

见北匈奴要归附东汉，南匈奴统治者心慌了。南单于积极鼓动东汉趁机消灭北匈奴。窦太后竟然同意了南单于的提议。

公元 90 年春，窦宪派班固与梁讽前去迎接北单于归附。与此同时，南单于在获得窦太后同意后，派左谷蠡王师子等人率领 8000 骑兵，从鸡鹿塞[①]出发，攻击北匈奴，中郎将耿谭率军支援南匈奴的军事行动。

两军趁着夜色包围北单于的营地。北单于大惊，率千余精兵仓促应战。在混战中，北单于受伤坠马。他忍着伤痛爬上战马，率领数十轻骑兵趁混乱突围而去。北匈奴玉玺被缴获，北单于阏氏及儿女等都被俘。

此战，北匈奴被杀 8000 多人，被俘获千余人。南单于通过此战大发横财，前来投靠他的北匈奴部众源源不断，一时“党众最盛”。

出塞迎接北单于的班固直到私渠海也没发现北单于踪影。窦宪得到报告后，一下子改变了主意，认为北匈奴微弱，应趁势将它彻底消灭。

窦宪很快弄清北单于准确位置。北单于此前连遭大败，势力非常弱小，加上他根本没想到东汉军会长途奔袭 5000 里。东汉军突然出现在眼前时，北单于傻眼了，他身边的军队也傻眼了，还没有来得及迎战，就被东汉 800 精锐骑兵打得溃不成军。北单于又一次率领身边数人逃到了乌孙。

北匈奴再也无法在漠北生存下去。北单于统率的军队被彻底摧毁后，匈奴残部各逃生路。从此，东汉可以全力经营西域，丝绸之路终于可以再次全面开通。

---

① 汉代通塞北的隘口，位于内蒙古自治区西部磴口县西北的狼山西南段哈隆格乃峡谷南口。

第十五章

一个英雄创造一个黄金时代

在东汉皇帝包容和支持下，班超成为那个时代毫无争议的英雄。他一人都护西域，享受崇高威望的同时维护着丝绸之路的秩序。他一生献身西域，每当遭遇困境时，皇帝也能积极给予支持。丝绸之路在他任职期间也享受了少有的和平。

1. 坚持梦想，只为不辜负一片赤诚

东汉时代最伟大的英雄人物班超。

班超的伟大不仅仅在于他率领 36 个人收复西域丝绸之路南道诸国以及北道部分国家，更在于他宁可违圣旨也不放弃自己的梦想——虽然东汉在西域全线失利，他接到皇帝命令撤退的诏书，但为兑现对西域对汉友好国家的承诺，毅然留下来，抗击北匈奴势力。最终，班超不仅坚持下来，还干成了一番伟大事业——再次建立西域都护府。

此前，新皇帝刘炟在西域实行收缩战略，担心班超在西域的人身安全，便亲自下诏书，让他回中原。

班超接到新皇帝刘炟命他撤出西域的诏书。他不得不率部离开。得知班超要走，疏勒举国忧恐，都尉黎弇大哭着说：“汉朝使者弃我，我必复为龟兹所灭耳。诚不忍见汉朝使者去。”说完，他自杀而死。

班超垂泪而去。途经于阗时，于阗国贵人们纷纷号泣：“依汉使如父母，诚不可去！”于阗人抱着班超的马腿不放他走，毕竟于阗王曾砍下北匈奴使者头颅，北单于岂能饶他。况且，班超当初曾许诺过于阗降汉的好处，如今好处没来，倒引来亡国的灾祸。

班超用目光征询身边的 36 位勇士。他们都舍不得离开，都没有丝毫畏惧。班超见此，便大手一挥：“不走了！返回疏勒！”

于阗国贵人们见班超这一行勇士将返回疏勒，意识到自己有安全保障了。于阗军民唱出山呼海啸般的颂歌。班超一行人走了很远，于阗国都城还久久回荡着赞美的歌声。

在班超东归那几天里，疏勒有两座城池已经归降龟兹，北部的尉头也与这两座城池一起联合作乱。班超立即率军平叛，做好独自护卫西域诸国的准备。朝廷放弃西域诸国，班超坚决不放弃，他要承担起保护西域诸国安全，维护丝绸之路畅通和抗击北匈奴的重任。

班超一回到疏勒，便带兵捕杀反叛军，抓住了600多人，叛军首领侥幸逃回山谷一个山洞中。

叛军首领惊魂稍定后，他意识到自己只有派亲信去向班超请罪一条路了，班超最终饶了他一命。

收拾完叛军，班超下一步就是收拾姑墨。公元78年，班超率领疏勒、康居、于阗和拘弥等国士兵1万多人，一起攻打姑墨。联军攻破阿克苏西岸的姑墨军事重镇石城，斩杀了姑墨军700余人，打通疏勒和乌孙之间的通道。

这一仗后，班超萌发一统西域诸国的雄心。他向皇帝刘炟上书，请求派兵，指出龟兹王是北匈奴所立，破龟兹便是打击北匈奴。

看完班超的上书，刘炟佩服他的勇气和智慧，觉得这个建议不错，投入小，收获大，随即派与班超志同道合的假司马徐干率军前往支援。这是一支由罪犯和志愿者组成的大军。

此时，莎车又一次投降龟兹，疏勒都尉番辰也趁机造反，班超忙于镇压叛乱，手头又没有多余兵马，见徐干率军前来，心里大喜。班超率军攻打番辰，迅速平定叛乱。

平定疏勒叛乱，班超下一个目标就是降伏龟兹。龟兹兵多将广，仅仅依靠班超手下的各国兵马，是不能够轻易就解决的。

为了实现目标，班超决定向皇帝刘炟请求援助。他写了一封奏章："乌孙乃西域大国，控弦之士超过十万。过去孝武皇帝①曾派公主远嫁乌孙，到孝宣皇帝②时，最终得到了乌孙的帮助。当下，陛下可以派遣使者前往乌孙招抚慰问，使乌孙国与我们同心协力。"

刘炟采纳班超的建议，于公元83年任命班超为将兵长史、徐干为军司马，另派卫侯李邑护送乌孙使者回国，向乌孙大小昆弥赏赐锦帛，联系合作事宜。

这个汉乌联合使者团到于阗国时，正遇到龟兹国进攻疏勒，李邑不敢继续前进，他居然上书朝廷称西域之功难成，一再强调班超"拥爱妻、抱爱子、安乐外国，无心国内"，将班超在西域的奋斗描绘成为满足他个人私欲的冒险行为。

① 是指汉武帝刘彻。

② 是指汉宣帝刘洵。

刘炟以宽容著称，接到李邑写的告状信，立即明白是怎么回事，下诏责备李邑："纵然班超拥爱妻、抱爱子，那么他手下思念家乡的千余士兵为什么都与他同心同德呢？"

刘炟对班超非常欣赏，也深知其为人。因为如果班超在西域的所作所为是为了满足私欲，那么上次下诏让他回中原，他就没有任何理由会抗旨留在西域。中原环境远比西域好，贪图享受也不至于跑到那里去啊！

刘炟命令李邑接受班超节制调度，即就地接受班超领导，还诏告班超："如果李邑胜任在外职务，可以留下担任你的从事。"

班超并没有将李邑留在身边，而是让他带着乌孙侍子回洛阳了。

心直口快的徐干认为此安排便宜了李邑，直接质问："李邑之前亲口诋毁你，试图破坏平定西域的大业。如今，你为什么不借着皇帝的旨意将他留下，还派他护送乌孙侍子回洛阳呢？"

班超当即回答："是何言之陋也！以邑毁超，故今遣之。内省不疚，何恤人言？快意留之，非忠臣也！"这话讲得挺有意思的。意思就是你大错特错了。李邑陷害过我，我才决定将他遣回洛阳去！

疏勒人被班超的人格力量感动，民风竟然随之大变，死心塌地追随着汉朝，听从班超的命令。正是班超这种人格的力量，在敌寇林立的铁血残阳中，克服一切困难，支撑起东汉在西域的一片天。

刘炟也为班超的举动所感动，不仅不在意班超"抗旨"，还于公元 84 年给班超派出了援兵——假司马和恭等四人率领 800 精兵赶往疏勒，听从班超调遣。班超实力获得增强后，调集疏勒、于阗的军队，与汉军组成联军，准备前去攻打听命于北匈奴的莎车国。

2. 奋力拼战，他一人都护西域

莎车王是个诡计多端的人，意识到班超迟早会收拾他，因而先下手，采用釜底抽薪的狠招，派人带上重金去收买疏勒王。疏勒王的王位是班超给的。如果没有班超的帮助，他就会一直生活在兜题的冷眼和淫威之中。但是，莎车王了解疏勒王是见利忘义的人，只要奉上足够多的财宝，疏勒王就会与班超翻脸。

果然一见到财宝，疏勒王随即与班超决裂，随莎车王西逃到乌即城顽抗。

得知疏勒王反叛的消息，班超的脑袋几乎炸开了：自己拼上老命扶立他，苦心孤诣辅佐他，他怎么就会为一点利益而置良心和道义于不顾，做出如此下作卑鄙、令人恶心的事呢？

伤心绝望的班超另外立疏勒府丞成大为新疏勒王，发兵攻打旧疏勒王忠。旧疏勒王忠得到莎车支持，还有康居派兵助战，更重要的是，班超率领疏勒人攻打他们的前国王，那些疏勒人也并不十分卖力。相持半年，班超没能攻下乌即城，只好无奈地下令撤兵。

在返回驻地的路上，班超非常懊恼，对自己用人不察非常自责。

回驻地后，班超派人四处打探消息，想方设法削弱或者打击反叛势力。得知大月氏王和康居王联姻，班超就派人带着丝绸去访问大月氏王，请求他规劝一下康居王不要跟旧疏勒王忠同流合污。

大月氏王答应了，给康居王写了一封信。至于信的内容是什么，谁都不知道，反正康居王没多久就撤兵了，并将旧疏勒王忠带回康居国内。

班超又征发于阗等国军队 25000 人，再次进攻莎车。龟兹王派遣左将军率本国兵马，征发温宿、姑墨、尉头 3 国的军队，共计 5 万余人前往援救莎车。西域诸国之间的一场大规模对战即将上演。

面对空前严峻的形势，班超召集将校以及于阗王商议，说：“眼下，我们兵少不敌，为今之计，不如各自散去。于阗军队从此东归，我从此西归，夜半听到鼓声便可分别撤退！”随后，他故意将军事部署透露给龟兹俘虏，并让他们逃跑。

龟兹王尤利多得知班超他们准备撤退的消息，亲自率领 1 万骑兵提前到西部去拦截班超等人，想以逸待劳，一举将他们消灭；同时派姑墨、温宿的 8000 骑兵到东部去设伏，准备截击于阗军。

得知两支敌军已经被调动，班超秘密召集各路军队，集中全部军力在鸡叫时分直扑莎车军营。一战过后，莎车军被杀 5000 余人。莎车王被迫投降。

得到战报，龟兹、姑墨、温宿国的统帅们五内俱焚。他们意识到，如果单独与其作战，哪里还有不败的道理？龟兹援军见大势已去，匆匆退军而去。班超再度威震西域，莎车再次归顺。

两年后，前疏勒王忠从康居王那里借兵杀回疏勒国，袭占桢中城，与龟兹王达成默契，派人向班超诈降，想趁机袭杀班超。见旧疏勒王忠的使者前来请降，班超非常高兴地接待了，满口答应他的请降要求。旧疏勒王忠心中窃喜，马上带着轻骑兵来见班超，想趁班超不备杀掉他。班超早看出旧疏勒王忠的阴谋，设下帷帐，准备舞乐，用最高礼仪接待旧疏勒王忠以及其随从，同时却暗地派出精锐埋伏在四周。

结果，旧疏勒王忠和他的随从被汉军杀死。之后，班超立即起兵，前去攻打旧疏勒王忠的部下的驻扎地。追随旧疏勒王忠叛乱的 700 名疏勒人被消灭。事后，班超下令立一块石碑，详细记述这件事。

当时，西域诸国国王、使者或者商旅，只要到疏勒国，班超就必定会让人带着他们去石碑前观看一下，向他们详细讲解一下这件事。当然，班超此举是震慑那些受过东汉恩惠的国家：像旧疏勒王忠一样恩将仇报，就是这种下场！

公元 87 年，大月氏王[①]派人找到班超，表示要与东汉和亲，迎娶东汉公主。班超一口拒绝大月氏王的和亲要求。大月氏王怀恨在心，于公元 90 年派大月氏副王谢[②]率领 7 万大军攻打班超。

---

① 此处是指大月氏五翕侯之一贵霜翕侯部落首领，他统一了大月氏，建立强大的贵霜帝国，因此又称贵霜王。

② 谢，此处是人名。

班超手中的兵力不到7000人。部下见大月氏军来势凶猛，声势浩大，都很恐慌。班超却成竹在胸，非常高兴地说："大月氏的兵马虽多，但是，他们从数千里之外，翻越葱岭而来，又没有后勤保障，有什么值得忧虑的？等到他们饥饿不堪时，自然就会投降。我想，这场战争不过花上几十天时间就可以决出胜负！"

班超率部坚守。气势汹汹的谢率领大月氏军，既不能攻克坚城，又无处抢掠粮草。正如班超所料，随着时间推移，他们慌乱起来。在无计可施的情况下，谢只得派人携带金银珠宝向龟兹求救。班超早就料到这一步，便派人在中途拦截大月氏使者，杀了他们。

谢大惊，见大月氏军已面临绝境，只好派人向班超请罪，希望能放他们一条生路。班超对他们训示了一番，然后放了他们。大月氏王大为震惊，不敢再生异心，与班超和好如初。

大月氏远征军乖乖回去之后，龟兹等国感到绝望，深感自己已无力抵抗东汉在西域的发展势头，而北匈奴也自顾不暇，在公元91年金微山惨败之后整个国家向西搬迁。

公元91年10月，天山北部的龟兹、姑墨、温宿见北匈奴势力已退出西域，纷纷向班超投降。12月，东汉下令恢复西域都护府，任命班超为都护，设都护府在它乾城；以徐干为长史，屯居在疏勒。

至此，西域仅有焉耆、危须、尉犁三国曾因攻杀陈睦，因害怕获罪而不敢投降。公元94年秋，班超调集龟兹、鄯善等八国7万多兵马，进行了征服西域的最后一战。

班超设计诱捕焉耆王等人，将他们押到陈睦被害的地方斩首，随即又发兵攻打焉耆王城，杀5000多人，俘获15000多人，获30多万头牲畜，立曾在汉朝做质子的元孟为焉耆王。尉犁、危须等国也重立新王。

至此，班超大功告成，西域50余国重归东汉控制。北匈奴依托西域诸国复兴，继而统一南匈奴、征服东汉的梦想宣告破灭。

公元92年年初，班超接到朝廷任命他为西域都护的圣旨。他终于实现在西域建功立业的梦想，成为东汉驻西域的最高长官，登上事业和荣誉的巅峰。东西方的商贸交通线再次畅通起来。东汉生产的丝绸等商品，通过丝绸之路，又能畅通无阻地运到西方去了。

3. 西域诸国心中的战神

征服龟兹后，班超将西域都护府驻地设在龟兹的它乾城。为了更好地管控西域，维护丝绸之路的畅通，他也不得不离开停留了 18 年的疏勒。

他上马离开疏勒那天，送行的人一眼望不到尽头，对其离去恋恋不舍。班超默默不语，一步一回头地向送行的人致意。这里虽然离中原有万里之遥，但也是他待了 18 年的地方，是他人生第二故乡，寄托着他 18 年来在西域的爱恨，如今要离去，是多么不舍啊！不过，班超一向以国家利益为先，纵使有千般不舍，也不得不挥泪而去。

班超再次出使西域，花费极小代价，就使得西域诸国重新归顺汉朝，功劳足以跟张骞比肩，遗憾的是，皇帝们并未认识到这点。

直到班超建功西域 20 多年后的公元 95 年，皇帝刘肇才下了一封迟到的诏书，给班超封侯，正式认可他的功绩。诏书上说："班超历尽艰险，坐镇西域 22 年，西域诸国无不宾服。班超除掉依附匈奴的国王，改立心向汉朝的国王，不动丝毫钱粮，不须大军远劳，便得远夷之和，同异俗之心。鉴于班超立下大功，封班超为定远侯，食邑一千户。"

年轻的班超投笔从戎，在遥远的西域面临种种艰难困阻，用自己的智慧开拓一片天地，不仅给东汉再次崛起开辟良好的外部战略环境，还再次开通了丝绸之路，将汉朝文化和产品输送出去。客观地说，这种巨大功劳是不亚于卫青、霍去病的，至少也可以比肩张骞，但仅仅被封为定远侯，食邑一千户，既远远少于卫青、霍去病的食邑，也比张骞的食邑少一半。

靠班超等人的努力，东汉不仅轻松称霸关内，迫使不轨的匈奴再次臣服，还维护了丝绸之路的畅通，让商品能够往来流通。从遥远的东方到西域广袤的沙漠诸国，都毕恭毕敬地遵循汉朝法律。这样伟大的时代在东汉史上是空前绝后的。

4. 向西，进一步向西

班超是那个时代最为优异的人才，论智慧和武艺，在初到西域时就有令人慑服的表现，其战略眼光和雄才大略也毫不逊色。他让西域诸国明白归顺汉朝的好处，让大家一起分享丝绸之路畅通带来的红利，同时，他还将目光瞄向了传说中的大秦——罗马，关注丝绸之路西段的状况。

当时，西域是融汇欧亚大陆各大文明的国际交流中心。在东西方商贸往来中，班超得知从中原运来的丝绸经过西域诸国后，运到大月氏（贵霜），然后运到帕提亚（安息），一路向西运到大秦，再从大秦出海往西。虽然大秦往西是什么地方，班超不甚明了，但他知道如果能与大秦建立良好的官方关系，将汉朝声威传到大秦去，或者跟大秦建立商贸关系，甚至派人去看看大秦的人情风俗，也很有好处。

公元 97 年，班超派部下甘英出使大秦。汉朝人在来往商旅口中听说“其人民皆长大平正，有类中国，故谓之大秦”。而有意思的是，当时的罗马人不称中国为汉朝，而称为“赛里斯”和“秦”。

事实上，罗马当时处在图拉真在位时期。图拉真以军功卓著享誉罗马，有丰富的政治经验，善恤民情，在罗马皇帝中，声望仅次于屋大维。班超派甘英出使罗马时，图拉真正率军在攻打达西亚[①]，而在甘英出发后的第二十年，即公元 116 年，图拉真就率领罗马军打败帕提亚军，攻占底格里斯河流域，占领帕提亚首都泰西封。可见，甘英出使罗马时，正是罗马声威不断远扬之时。

甘英率领使团从龟兹出发。走了一段时间，他们进入大月氏人建立的贵霜帝国。大月氏人对汉朝比较了解，除了好好招待路过的甘英一行人之外，还派人将他们送到西邻帕提亚国。

帕提亚位于丝绸之路中段的伊朗高原。帕提亚人利用自己有利的地理位置，

---

① 即今罗马尼亚。

进行丝绸的中转贸易，从而获得丰厚利润。而不为甘英等人所知的是，帕提亚帝国从公元前 247 年建立，虽然国势几起几落，但一直在争夺东西方商路控制权和小亚细亚的霸权。在甘英来到帕提亚前，帕提亚与罗马进行长期血战，还一度打死罗马著名将领克拉苏。如今，出产丝绸的东方大国路过帕提亚，要去西方，难免会引起帕提亚人的警惕心。

甘英等人口称出使大秦，帕提亚人虽然不知道大秦是不是罗马，但他们知道甘英等人西行，终将到达罗马。他们不敢得罪“生产丝绸的人”，也不愿意“生产丝绸的人”与大秦建立直接贸易联系，导致其中转贸易无利润可拿。还有一点，他们还担心“生产丝绸的人”与罗马人建立友好关系，对帕提亚人不利。

于是，帕提亚国王热情接待甘英等人，并主动给他们派出向导。帕提亚向导陪着甘英一行到帕提亚西界“西海”。甘英等人准备渡过“西海”继续前行时，船员对甘英等人说：“海水广大，往来者逢善风，三月乃得度，若遇迟风，亦有二岁者，故入海人皆赍三岁粮。海中善使人思土恋慕，数有死亡者。”

这显然是把海况做了夸大。虽然“西海”具体指哪一个海，尚无定论，但根据推测，“西海”可能是波斯湾或者红海。生长在内陆的甘英等人缺乏航海知识，对出海远行没什么概念，就信以为真，对是否继续西行有些犹疑。

见此，帕提亚人又趁机渲染海上航行的恐怖：“海中有思慕之物，往者莫不悲怀，若汉使不恋父母妻子者可入。”

事实上，当时帕提亚的“西海”，无论是如今的波斯湾，还是红海，都是丝绸之路海陆运输的交汇地，并不是风险极大的恐怖之地。只不过，海路遥远，渡海的人可能客死他乡。中国素有“父母在，不远游”的古训，甘英等人听帕提亚人那样说，就没有渡海。

甘英没有完成班超的使命，在熟悉沿途地理情况及风俗产物后，沿着原路返回了。帕提亚人非常热情，一路将他们送到贵霜。

由于帕提亚人包藏私心，对不懂航海的甘英等人进行恐吓，导致东汉与罗马没有直接进行交往。如果他到了罗马，肯定会受到一直渴望东方丝绸的罗马皇帝热情接待。

甘英向班超复命后，班超也只好断绝继续西行的念头，因为他已经老了，来日不多。

5. 古稀英雄东归来

人生七十古来稀，班超比较幸运活到了将近 70 岁，在那个时代已经是无可争议的垂垂老矣的年纪。西域东西相距上万里，南北相距数千里，云集了 48 个国家，有白种人、黄种人在此生存栖息，世界各地商人在此随意停留而无安全之忧。这里没有战火，没有压迫，没有种族歧视，一切都在东汉主导的规则中有序地发展着。

中国人讲究落叶归根，年将 70 岁的班超内心也时刻想着回故乡。

公元 100 年，68 岁的西域都护班超终于忍不住向 21 岁的皇帝刘肇提出要求。班超在奏章中说："臣听说姜太公虽然封在齐，死后却安葬在周，狐狸死时，头往往朝着出生的小丘；代地产的马，总是怀念北边吹来的风。周与齐同在中原，相隔只有千里，太公尚且思念故土，何况小臣远在绝域，怎能没有'依风''首丘'之情呢？当年苏武滞留匈奴 19 年，现在臣奉皇命驻守西域已经近 30 年，如果终老于此也将无怨无悔，只怕后人因此不愿意出使西域。臣不敢奢望到达酒泉郡，但求走进玉门关。我老而多病，身体衰弱。冒死上言，谨派我的儿子班勇带贡品入塞，趁我活着的时候，让他回去看一眼亲爱的中国。"

即使时隔两千年，我们读起这篇奏章来，依然会感觉到有强烈的凄惨之感，一个 68 岁老人的哀怨、请求，都不加掩饰地蕴含在其中。

刘肇看完奏折，不禁打了个寒战。他犹豫了再三，考虑了再三，仅仅允许班勇在方便时回洛阳，对班超其他的请求却视而不见。因为他一时半会儿找不到合适的接替班超的人选，也体会不到年近古稀的人在西域戍守有多艰辛，相反认为有班超在西域经营，他会省心不少。

公元 101 年，班超与疏勒王室女子生的儿子班勇代表班超回到洛阳。此时，班超的哥哥班固已经死去，妹妹班昭也是白发苍苍的老人。班昭才华出众，在班固被酷吏冤杀后，她忍辱负重，继承哥哥班固的未竟事业，最终将《汉书》编写完成，成为历史上著名的女历史学家。

班勇见到从未谋面的姑姑，禁不住跪在地上。姑侄两人泣不成声。班勇代表父亲见到了家族成员，见到了自己的亲人，完成了他的一个愿望。而这种亲人相见的激动与感叹，让班超更渴望在有生之年回到故里，见到自己的亲人。

公元 102 年春，班昭给皇帝刘肇写了一封信。

大意是：

我哥哥班超侥幸立下了一点功劳，特蒙皇帝重赏封侯，我们全家将永远铭记皇帝的恩德。哥哥当年出使西域，立志以生命报效国家。不意碰上陈睦事变，哥哥孤身辗转挣扎于险地，以智慧和勇气艰难维持着西域的局势。每当爆发战争，他总是身先士卒，虽然身受重伤而不避死亡。幸蒙陛下的神灵，他才得以延续生命于大漠，到现在已经整整 30 年了。30 年啊，我们兄妹骨肉分离已久，就是见面恐怕也已经认不出对方了。同他一道出使西域的将士们都已经不在人世，而他也近 70 岁了。我听刚刚归来的侄子说，他身患重病，须发皆白，两手麻木，耳不聪目不明，依靠拐杖才能行路。他虽想竭尽全力地报答皇上的天恩，但迫于年岁迟暮，犬马之齿将尽。而西域诸国素来对老人不敬，如不及时派人接替班超，恐怕坏人将会伺机而动，萌生犯上之心。一旦发生暴乱，班超定然力不从心，其结果上会毁灭国家累世的功勋，下会废弃忠臣长期的努力，那将是最为令人悲痛的局面啊！所以，哥哥于万里之外怀归国之诚，自己陈述痛苦焦急之心，伸颈企望已经 3 年，但仍未蒙皇上省察。

我听说古人 15 岁服役 60 岁免役。陛下登基以来，以至孝治理天下，得万国之欢心，就连小国的臣子都体恤有加，况且班超已经获封定远侯，所以我才敢冒死为他乞求，乞求允许他回乡安度余年。《诗经 · 大雅》说："老百姓通过劳动可以达到小康。先施恩惠于中国，然后乃安定四方。"班超已在书信和我生别，今生恐怕真的见不到他了。我实在不忍看到班超壮年时尽忠于大漠，年迈时遗尸于荒野那无限悲惨的结局啊！如果皇上执意不允许班超归来，西域一旦发生恶变，希望班超一家能像赵母、卫姬那样，因事先上奏而免于牵连之罪。我愚笨不明大义，触犯朝廷忌讳，万望皇上见谅。

刘肇看完这封信后想了想，决定派任尚接替班超出任西域都护，允许班超告老还乡，从西域回到洛阳来养老。

第十六章

西域迷失在后英雄时代

班超不在了，继任者无法真正接替他都护西域。支持班超的皇帝也不在了，继任的皇帝也没有他父亲的才略。汉朝在西域的声望下降了。班勇子承父职，有心在西域建立功业，但最终避免不了悲剧。后英雄时代，一切都充满悲剧和迷惘。

1. 丝绸之路黄金时代谢幕

前来接替班超的是戊己校尉任尚。任尚曾任司马，随大将军窦宪等人率兵在金微山[①]大破北匈奴，并以中郎将身份驻守伊吾。公元92年，窦宪被杀后，他因率军驻守在西域伊吾，未遭到牵连。

公元93年，匈奴右谷蠡王反叛，任尚率部千余骑兵追杀右谷蠡王，在蒲类海[②]立“任尚碑”记功。因这次战功，任尚出任戊己校尉，率部在车师屯田。

班超在西域诸国享有崇高的声望。刘肇选择他为班超的继任者，也是非常高明的选择，监察御史们也没一个人反对。

遗憾的是，班超太优秀了，任尚相对他来说，只能算得上是将才，而不是统管一方处事有度的帅才。

任尚从车师赶赴龟兹接替班超任西域都护。班超见继任者是他，不禁有些担心。班超知道任尚恃功自傲，独断专行且性情暴戾。

皇帝能批准年迈的班超还朝，班超就觉得不错了，哪里还奢望向皇帝推荐继任人选呢？何况，即使他推荐人选，恐怕也不会被采纳。他唯一能做的，就是将治理西域的经验传授给任尚。

任尚初到龟兹时，为避免施政失误，对班超倒也非常尊重，说：“我任重虑浅，您要好好教诲我啊！”言外之意，他要向班超学习治理西域之道。

班超见任尚主动请教治理西域经验，就毫无保留地说：“你一定要让我提点建议，那我就贡献一点愚见吧！到塞外的官吏士兵，本来就不是孝子顺孙之类的人，大多是因为犯罪而迁徙到塞外的，守边屯戍并非真正心甘情愿。西域诸国，心如鸟兽，难养易败。你威严，性子急，做事时切记水至清则无鱼，人至察则无徒，应该采取无所拘束、简单易行的政策，要宽恕他们小的过错，而只求总

① 即阿尔泰山。

② 即巴里坤。

览大纲而已。”

西域诸国与中原文化传统不一样，生活习惯不一样，他们能够在大体上遵守汉朝律令就不错了，要求在细枝末节上遵守，不仅做不到，还会激起他们的仇恨。这无疑是班超纵横西域 30 多年的经验之谈，是他能震慑西域的重要原因，也是针对任尚性格特点开出的良方。

遗憾的是，超级自信的任尚表面称是，实质上对班超的话不以为然，甚至私下对亲信说：“我以班君当有奇策，今所言，平平耳。”意思是，任尚原本以为班超很了不起，现在发现也不过如此，轻视之意非常明显。

如果继任者继续他的政策和方针，继承他的行事风格，还能借助他的余威，维护西域诸国稳定，保障丝绸之路畅通。事实上，继任者任尚根本对班超这个行将就木的人不以为然，处事刚愎自用，主政西域期间，在处理诸国事务中屡屡失误，频频引发民族矛盾，导致西域诸国强烈不满。

经过长途跋涉，公元 102 年，班超回到久别的故乡洛阳。一到家，他就卧病不起，病情迅速加重。皇帝刘肇派御医来给班超治疗，也未能留住这位老英雄的命。不久，班超去世，享年 71 岁。

2. 一道自毁长城的诏令

班超治理西域时，西域诸国国王对班超敬畏有加。他们久而久之也适应了班超那种宽容处事的态度，对任尚恃功自傲、独断专行、性情暴戾的性格根本不适应。他们对西域都护任尚深感不满，对未来深感不安。

北匈奴残余力量看到西域诸国对西域都护任尚不满，趁机煽风点火，鼓励他们趁班超不在背叛汉朝自立。

公元 106 年，皇帝刘肇去世，他尚在襁褓中的儿子刘隆继位，皇太后邓绥临朝听政。西域诸国得知消息，在北匈奴人煽动下，一起起兵将西域都护任尚包围在疏勒——西域诸国对东汉陷入空前信任危机之中。

龟兹兵力空虚，无力增援，任尚无计可施，只好向朝廷求救。公元 106 年是东汉的多事之年，刘隆当皇帝不满一年就夭折了。皇太后邓绥忙于朝政，没太多精力去考虑西域的事。在接到求援信后，她慌忙之中派西域副校尉梁慬率领 5000 河西羌胡骑兵前往疏勒增援。

梁慬率领羌胡骑兵 5000 人到龟兹时，西域诸国联军听说汉朝援军来了，立即撤走。任尚之围解除，梁慬将任尚接到龟兹。没多久，任尚接到圣旨，奉命回洛阳，段禧出任西域都护。梁慬与段禧以及骑都尉赵博共同驻守龟兹它乾城，震慑西域诸国，维护丝绸之路畅通。

任尚在西域施政不力，引发西域诸国不满。围攻西域都护府的军队虽然撤回去了，但形势依然严峻，战争一触即发。他们不得不万分小心，加强自身防护。

梁慬察看龟兹它乾城后，认为城小不牢固，极力劝说段禧将驻守它乾城的官兵调集龟兹王城，加强自身防卫。龟兹王白霸答应让东汉驻守西域的军队移驻王城，但龟兹国贵族一致反对。梁慬见龟兹国内大臣意见不一，便派人请求段禧迅速率兵进驻龟兹王城。结果，白霸顶着压力迎接段禧、梁慬、赵博以及汉军进入龟兹王城。

龟兹王白霸是忠实的亲汉派。白霸原本是龟兹王室后裔，在公元 91 年，班超废除亲匈奴的前龟兹王尤多利时，将他册立为龟兹王。他曾为汉朝侍子，自幼在洛阳生活，精通汉朝文化和礼乐制度。他从内心崇拜班超，心向汉朝。当龟兹王后，他积极配合班超在西域建功立业。

在白霸的建议下，班超奏请朝廷，在龟兹重置西域都护府。西域都护府设在龟兹，对西域诸国的稳定、龟兹的经济社会发展以及丝绸之路畅通，都具有积极意义。此后，白霸始终与汉朝保持密切联系，为龟兹的繁盛以及丝绸之路畅通作出卓越贡献。

龟兹贵族中一直存在反白霸势力。龟兹贵族煽动军民反对白霸，并引来数万姑墨、温宿兵，一起围攻龟兹王城，企图里应外合推翻白霸。白霸、段禧、赵博都感到惊恐，只有梁慬临危不惧。

梁慬慷慨誓师，亲自出马杀出城外迎敌。叛军虽死伤惨重，却依仗兵多势众不退。梁慬出战一次还守数日，再次出战，复还守数日。双方相持数月。等叛军士气受挫，梁慬、段禧、赵博等人合力杀出城外，击败叛军。

此时，西域诸国除龟兹外，其余国家都举棋不定，迫切需要东汉显示维护西域诸国安全和维护丝绸之路畅通的坚定决心。令人意外的是，他们听说东汉要撤除西域都护府的消息，东汉政府召回伊吾、柳中的屯田将士，由骑都尉王弘以及班勇、班雄等率兵将段禧及屯田兵接回中原。

原来，刘隆当皇帝没多久就死了，邓太后又册立刚满 13 岁的刘祜当皇帝。朝政大权仍然握在邓太后和邓骘手中。邓太后纵容宦官参政，刘祜宠幸宦官，导致朝廷中大臣与宦官出现党争。外戚和宦官得势，一些无能之辈靠溜须拍马占据高位，那些贤能的积极为朝廷出力的大臣大多受到压制。加上羌族人叛乱，便有缺乏战略眼光患得患失的公卿大夫上奏建议“取消西域都护府，迎师回朝”。

公元 107 年，邓太后下令撤销西域都护府，召回伊吾、柳中屯田将士，遣骑都尉王弘以及班勇、班雄等率兵去将段禧及屯田兵接回中原。接到朝廷的撤退命令，本来就对身陷西域感到惊恐不安的他们毫不犹豫地带着屯田兵撤回中原。

班超用一砖一瓦辛苦垒造起来的西域大厦，在他去世后不到 5 年，就在朝廷一帮昏庸短视的大臣胡乱决策下，轰然倒塌了。

东汉被迫撤销西域都护和戊己校尉，撤回屯田兵后，北匈奴势力再次卷土重来。那些已经投靠北匈奴的国家欢腾雀跃，那些处于观望之中的国家不得不寻找新靠山。坚定站在东汉一边的龟兹王白霸被废除王位，其弟白英当了龟兹王。白英被北匈奴人控制，开始敌视东汉。东汉在西域诸国的影响消失殆尽，仅仅剩下河西诸郡在控制之中。

3. 父子英雄

在北匈奴人的怂恿下，西域一些国家觊觎和骚扰河西走廊诸郡。为确保河西走廊诸郡安全，公元 119 年，皇帝刘祜下旨，命令西域长史索班率领 1000 余人到伊吾屯田。

索班率军到伊吾屯田后，车师、鄯善等国深感东汉退出西域后日子变艰难，主动派人来找索班，表示愿意再次归附。因为东汉退出西域后，西域诸国各行其是，征收来往商旅的税收，且来往商旅的安全得不到保障，导致丝绸之路来往商旅大大减少，而对于鄯善来说，招待来往商旅是经济收入的重要来源。

公元 120 年，在北匈奴人怂恿下，车师后国国王军就反叛东汉，出其不意杀死车师后国司马和敦煌行事。

索班根本就没心理准备，没来得及做出反应，北匈奴和车师后国联军就攻占伊吾，杀死索班以及屯田的 1000 士兵，杀死车师前王，控制丝绸之路北道。刚刚再次开通的丝绸之路北道又被北匈奴人掐断。北匈奴单于派呼衍王在蒲类国建立牙帐，像以前日逐王一样，负责管理西域诸国，征收各种税收。

鄯善王主动投靠东汉，面对北匈奴势力卷土重来，吓得全身冒冷汗。他害怕北匈奴人趁机惩罚他，就向东汉敦煌太守曹宗求救，请求东汉派兵打击北匈奴。

派西域长史索班率兵屯田伊吾，是敦煌太守曹宗出的主意。索班被北匈奴所杀，曹宗当然不能坐视不管。接到鄯善王请求后，曹宗奏请朝廷出兵 5000 人，去打击控制和挑唆西域诸国的北匈奴。

在西域问题上，东汉朝廷内出现争论。班勇要求出兵打击北匈奴。虎父无犬子，作为班超的儿子，班勇这一看法无疑非常正确，具有战略眼光。

邓太后见班勇说得也有道理，想起当年自己将西域放弃，有些心急，便采纳班勇的意见，决定向西域进军。

邓太后下令，为敦煌增兵 300 人，设置西域副校尉，暂住敦煌。这点兵力虽然是象征性的，但足以表明一种态度，让企图恢复西域的人看到希望。到公元 123 年，邓太后又任命班勇为西域长史，领兵 500 人出征西域，到柳中屯田。

班勇在西域长大，迫切渴望继承父业，获得授权就立即向西域进发。班勇长期受其父教诲，处理事务足智多谋，懂得恩威并用，是当时继任班超西域都护最佳人选。只不过，当时皇帝刘肇在考虑人选上，没将其纳入考虑范围。班超回洛阳不到几年时间，西域都护府就被迫撤销，东汉被迫撤出西域，他心里特别难受，特别渴望建立和父亲一样的功业。

班勇对西域错综复杂的局势有正确的认知。他认为，欲得西域，必得龟兹。他决定先率军收复鄯善，然后率军攻打龟兹。

公元 124 年正月，班勇率军抵达鄯善。鄯善王归附汉朝后，朝廷特别赐给他三条绶带印信。随后，班勇率军一路到达龟兹。

强兵压境，在抵抗与归顺之间，龟兹王白英举棋不定。班勇派遣特使约见龟兹王白英，“开以恩信”，晓之以理。白英权衡利弊后，亲率属国姑墨、温宿王投降班勇，表示归顺东汉。

形势一片大好时，班勇趁机征调龟兹等国 1 万余步骑兵，前往车师前国王庭，在伊和谷赶走北匈奴伊蠡王所部，收容车师前国军 5000 余人。从此，车师前国重新与东汉建立联系，归顺东汉。班勇率军返回，继续在柳中垦田屯戍。

得知班勇取得如此成就，邓太后非常庆幸自己的决策，更加坚定支持班勇。

公元 125 年，班勇调集敦煌、张掖、酒泉等郡 6000 骑兵，与鄯善、疏勒、车师前国的军队一起进击车师后国军，将车师后国打得大败。

这一战，汉军斩首俘获 8000 多人，获 5 万多头马畜，抓到匈奴的使者。班勇将他们带到索班阵亡处斩首，替索班报仇雪耻。

公元 126 年农历十一月，班勇改立车师后国前任国王的儿子加特奴为王，又派遣部将斩杀东且弥王，另立其本族人为王。于是，车师等国都归附汉朝。丝绸之路北道又畅通起来了。

4. 班勇莫名其妙的悲剧

平定各国叛乱后，班勇等人在西域面临的最大敌人是北匈奴。班勇认为，只要打服北匈奴，西域诸国就可以从此安定下来。

公元 126 年农历十二月，班勇调集西域诸国士兵攻打北匈奴呼衍王所部。呼衍王逃走，他属下 2 万余人全都投降。不仅如此，他们还抓到北匈奴单于的堂哥，后被车师后国国王加特奴亲手杀死。

车师后国一向和北匈奴走得很近，车师后国把北匈奴当靠山，北匈奴把车师后国充当侵略的跳板，双方唇齿相依。车师后国国王亲手斩杀北匈奴单于堂哥。这是班勇促使车师后国国王加特奴坚定归汉之心的措施。

不久，北匈奴单于亲率 1 万余骑兵攻打车师后国，并进行报复。班勇早就预料到这一事，对车师后国进行援助。最终，北匈奴军大败而回，从此退出车师后国政治舞台。

眼见车师后国如此，西域其他国家都选择归服东汉，只有焉耆王元孟还在观望。焉耆曾经顽固依附北匈奴，被班超惩罚过，东汉撤出西域后，它又不得不臣服北匈奴。焉耆王元孟担心这次东汉又在西域待不长，归顺东汉不久又不得不投降北匈奴，再次遭到北匈奴惩罚。

班勇已向朝廷建议，一定要让西域诸国归服，此时只差一国没有归顺，他要率军去完成任务。

公元 127 年农历六月，班勇上奏朝廷，请求出兵攻打焉耆王元孟。朝廷接到班勇请求后，派敦煌太守张朗带领河西四郡的 3000 名士兵，去配合班勇作战。班勇调集西域诸国之兵，共 4 万余人，分两路进击焉耆。班勇从南道走，张朗从北道走，约定日期到焉耆城下会师。白英也率龟兹兵随从班勇，配合敦煌太守张朗，南北夹击焉耆。

班勇怎么都没想到，这次行动会给他招来灾祸。

原来，张朗因先前有罪，急于求功，为自己赎罪，赶在约定日期之前抵达爵离关，派遣司马率军提前发起进攻。焉耆王元孟害怕被杀，派使者请求投降。张朗直接以胜利者身份率军进入焉耆王城受降。随后，他率军撤回玉门关内。北匈奴被迫退出天山以南。此后一直到东汉末年，龟兹王族都听命于东汉，与东汉保持密切联系。

战后，张朗因战功得以免除死罪，而班勇因迟到而被召回洛阳，下狱免官。没多久，班勇得到赦免，后来老死家中。

虎父无犬子，班勇像父亲一样在西域建立功业，在西域大显神威，率军收复西域大部分地方，但因时代不同，所处环境迥异，最终因为在战场上“迟到”而被下狱罢官。

班勇下狱罢官也在西域诸国中造成严重的负面影响。从此，西域诸国再也不相信黑白不分的东汉朝廷。没多久，西域长史王敬被于阗人杀死，曾经非常忠于东汉的疏勒也发生反汉叛乱。虽然后来疏勒王派人到洛阳朝贡，并一如既往地保持着朝贡关系，但东汉对西域诸国的影响力已经无可挽回地衰落了。

5. 西域坐地为王的时代

于阗与疏勒争夺莎车失败后，便将注意力转向东方，把拘弥当作吞并目标。拘弥根本无法与于阗抗衡。班勇离开后，于阗王趁机兼并拘弥。

公元 129 年，于阗王放前派军攻克拘弥城，杀掉拘弥王兴及其家属，立自己儿子为新拘弥王，负责统管拘弥。公元 131 年，于阗王放前派出侍子到洛阳来朝贡，顺便通告拘弥王更替的消息，请求皇帝认可新拘弥王。

皇帝刘保尚未作出答复，就收到一封奏折——敦煌太守徐由奏请惩罚于阗。

原来，西域长史空缺。皇帝下令管理西域诸国事的职责暂时由敦煌太守代理。

徐由上奏折理由简洁而又有说服力：于阗私自吞并他国，必须受惩罚。西域诸国无论大小，都在朝廷监管之下，都有享受朝廷恩惠的权利。于阗私自兼并他国挑衅朝廷权威，如果不受惩罚，那么其他国家会效仿，朝廷威严就会丧失，而丝绸之路将会失去安全保障。

皇帝刘保想来想去，决定先集中力量屯田，等有机会再教训于阗。他下令恢复在伊吾屯田，以此增强对西域诸国的威慑，对于于阗吞并拘弥的问题，则没有追究。

皇帝不惩罚于阗，徐由决定借刀杀人，利用疏勒惩罚于阗。公元 127 年，疏勒王臣磐在派侍子到洛阳朝贡时，被封西域大都尉。西域大都尉理应对西域安宁负责。公元 132 年，徐由以代理西域长史的身份发出密令，命令西域大都尉臣磐率军攻打于阗。臣磐接到密令，调集 2 万精兵攻打于阗，尽情抢掠于阗都城。随后，他又率军进入拘弥都城抢掠。

疏勒王臣磐打着东汉的旗号干着邪恶的事，让西域诸国心理上疏远东汉。事后，敦煌太守徐由册立成国为新拘弥王。同时，为有效监督于阗，他又派遣西域长史常驻于阗都城。

公元 151 年，西域长史赵评因恶疮发作死在于阗。赵评的儿子将父亲的灵柩运回故乡下葬。路过拘弥时，拘弥王成国暗示赵评的死与于阗王建有关。敦煌太守马达得知消息，向继任西域长史王敬特别交代，让他调查这件事。

王敬路过拘弥时，拘弥王成国对他“吹风”。王敬误认为于阗王与赵评之死有关，设宴诱杀于阗王，结果惹怒于阗官兵，连带长史府属官以及守军，全部被杀死。

王敬遇害消息传回敦煌，敦煌太守马达上奏皇帝刘志，请求统率敦煌驻军远征于阗，替王敬报仇。刘志就是东汉历史上昏庸的汉桓帝。他不支持马达的请求，还唯恐马达一时冲动，擅自率军出征于阗，下诏将马达召回洛阳，另派宋亮去担任敦煌太守。

宋亮临走时，刘志嘱咐他：“你既不能出兵，又要圆满处置于阗事件，为王敬报仇。”

公元 153 年，车师后王阿罗多与戊部侯严皓发生口角。阿罗多突然率兵进攻汉军屯田的且固城，杀死杀伤大批屯田官兵。事情发生后，东汉朝廷派阎详处理此事，结果东汉威信扫地。包括车师后国在内的西域诸国，内心都迫切渴望东汉返回中原。

公元 168 年，疏勒王被其叔父和得射死。和得自立为疏勒王。公元 170 年，凉州刺史孟佗派出凉州从事任涉率领 500 名敦煌士兵，会同西域长史张晏、车师后国司马曹宽，征调龟兹、焉耆、车师前国、车师后国共计 3 万多人，一起远征疏勒，教训新疏勒王和得。

疏勒王和得率军抵抗。双方在桢中城对峙 40 多天后，联军粮草短缺，任涉、张晏、曹宽等人灰溜溜地撤军。东汉在西域最后一次重大军事行动就这样草草收场，东汉在西域的威信被彻底丢光。

此时，在西域诸国眼中，东汉不再是超级大国，而是奈何不了疏勒的国家。

于阗王安国查出拘弥王借刀杀人的真相，趁机率军攻打拘弥，见房就烧，见人就杀。拘弥王成国派快马向东汉求救，同时进行殊死抵抗。这场空前残酷的生死之战一直持续到公元 175 年才决出胜负：拘弥王被杀死，拘弥军民尸横遍野；于阗获得惨胜，等东汉派出的援兵快到拘弥时，才撤回于阗去了。

等到硝烟散尽时，东汉戊己校尉和西域长史才率兵赶到。拘弥只剩下 1000 多人。戊己校尉和西域长史不免潸然泪下，但因并未接到征伐于阗的命令，只好帮助册立拘弥王，帮助拘弥重建家园。

这一年，东汉朝廷被农民起义折腾得自顾不暇，下令撤回西域驻军。于阗趁机再次控制拘弥，成为西域称霸一方的强国。

随着东汉势力退出西域，西域陷入混乱争霸战争中。西域国家越打越少，仗越打越大，人越死越多。丝绸之路沿途各国坐地为王，任意征收来往客商的税。后来，经过长期混战，形成了“西域八强”[①]。

“西域八强”之间，有的相互友好，有的相互敌视，各国将丝绸之路西域段分割开来，各自设置关卡收取税费。这不仅导致丝绸之路商贸的衰退，也导致中原此后几百年与西方国家的交往受到限制。

① “西域八强”是指于阗、乌孙、大宛、焉耆、龟兹、疏勒、车师后国、鄯善这8个实力较强的国家。

第十七章

丝绸之路精神，历代相传

经营西域和丝绸之路不仅是一种政治经济活动，还早已经演化成一种开放进取的精神和心态。汉朝后，历朝历代都会学习和借鉴两汉开拓丝绸之路的开放进取精神。

1. 迟来的握手，另一条丝绸之路开通

陆上丝绸之路因为种种原因，暂时受到阻碍，但开拓丝绸之路的进取精神依然影响着中华儿女，走出去与异域进行文化交流，进行商贸，依然是后世人所深深渴望的。早在汉武帝时，汉朝就花费巨大精力开拓和维护海上丝绸之路，只不过主要精力放在陆上丝绸之路上。陆上丝绸之路中断后，海上丝绸之路获得重视，开始兴旺起来。

甘英曾奉班超命令出使罗马，但经过帕提亚时被“劝阻”。汉朝人和罗马人之间的接触被帕提亚人打断。不过，汉朝人也并未因陆上丝绸之路中断而放弃与西方人交往。

“汉元鼎中，遣伏波将军路博德开百越，置日南郡，其徼外诸国，自武帝以来皆献见。后汉桓帝时，大秦、天竺皆由此道遣使贡献。”大致意思是说，汉武帝派路博德开发百越地区，在今越南北部设置日南郡，在那里接纳海外诸国对中原的朝贡。在汉桓帝时期，大秦（罗马）、天竺等国，都走海道来汉朝朝贡。

汉朝失去对陆上丝绸之路的控制后，海上通向西方的丝绸之路受到空前重视。据记载，“西域反叛，乃绝。至桓帝延熹二年、四年频从日南徼外来献”。罗马派使者来汉朝是“至皇帝延熹九年，大秦王安敦遣使自日南徼外献象牙、犀角、玳瑁，施乃一通焉”。延熹九年是公元 166 年，大秦王安敦是指罗马帝国安东尼王朝第五代皇帝马克·奥勒留·安东尼。

罗马在公元 165 年击败帕提亚，夺取阿尔明尼亚[①]和美索不达米亚平原，占领那里的重要港口城市塞留西亚等。于是，罗马人在陆路受阻的情况下，迫不及待地沿着海路来到盛产丝绸的汉朝。

罗马派使者来汉朝的目的，有人认为是想与汉朝结成军事同盟，夹攻帕提

① 亚美尼亚主体民族，自称哈伊，又称阿尔明尼亚人。

亚；有人认为罗马人是对产丝绸的地方好奇，没政治目的；有人认为纯粹是商业性出使，打探商业信息。但是，罗马人出使成功，至少说明罗马人对汉朝的向往和好奇，说明汉朝海上丝绸之路已经开通。

2. 丝绸之路上的文化之旅

虽然此时海上丝绸之路有所发展，但东汉内部混乱、皇帝昏庸，不可避免走上衰亡之路。东汉之后是三国鼎立，西晋重新统一天下，但没多久又陷入战乱，先是八王之乱，在匈奴和后赵的打击下，西晋残余势力被迫衣冠南渡，在江南重建晋朝，即东晋。

东晋建立后，中原陷入混战之中。北方形成豪强割据局面。原西晋凉州刺史张轨统辖河西走廊、吐鲁番、楼兰等地，保留西晋年号，称王割据一方。

当时，除江南外，凉州成为中原士大夫又一避难之地。佛教东渐和西去求法，成为那个时代丝绸之路上特色的东西方交流形式。

东汉末年，佛教由西域传入中原。当时，出现一部编译的佛教经典《四十二章经》。

东汉末年，西域不少僧人沿丝绸之路到中原传播佛教，建立寺院。佛教进入中原后，向道教靠拢，佛教经典中也掺杂了一些道教教义。东汉崩溃后，中原知识分子陷入迷惘。在魏晋时期，玄学兴起并成为社会主流思想。佛教又与玄学相结合，引入一些玄学内容。一部分人转向信仰佛教。

一些佛教研究者非常重视与佛教来源地西域的交流。求佛取经在丝绸之路上逐渐出现了。例如，公元 260 年，朱士行为研究佛法，不辞艰辛，沿着丝绸之路西行，到西域于阗国求经，获得《放光般若经》。

西晋灭亡后，各少数民族建立政权，其贵族大多信仰佛教。且佛教来自印度，更容易被少数民族接受。姚兴当后秦皇帝后，十分重视佛教，专门派人到西域请鸠摩罗什[①]翻译佛教经典，在长安大开译经道场。这样，很多佛教经典被翻译出来。中原与西域的文化联系也因佛教而变得紧密起来。

佛教沿着陆上丝绸之路传到中国时，也沿着海上丝绸之路传了过来。中国

① 鸠摩罗什（343—413），东晋十六国时期高僧，汉传佛教四大佛经翻译家之一。又译鸠摩罗什婆、鸠摩罗耆婆。

同时出现大乘佛教[①]和小乘佛教[②]。它们在教义上略有差异，在修行戒律方面差异比较大。东晋时佛教非常流行，寺院管理缺少戒律。于是，法显产生循着佛教东传的轨迹去求经的想法。

法显是高僧，也是第一位到海外取经求法的大师、第一个有史记载的走过陆上丝绸之路和海上丝绸之路的人、杰出的旅行家和翻译家。他在求法途中走完两条丝绸之路，是文化领域的开拓者，对中外历史产生深远影响。

公元399年，65岁的高僧法显带着慧景、道整、慧应、慧嵬等人，从长安起身，沿着陆上丝绸之路西行求法。他们一路经过张掖，到敦煌，西出阳关渡“沙河”[③]，又经过鄯善国到焉夷国[④]，两个多月后，又开始向西南进发，穿越塔克拉玛干沙漠。穿越沙漠后，他们一行到达于阗国，三个月后接着继续前进，经过子合国，翻过葱岭，渡过新头河到那竭国。法显等人又经宿呵多国、犍陀卫国而到弗楼沙国[⑤]。后来，法显又返回那竭国，然后向南越过小雪山[⑥]，到达罗夷国，又经跋那国，再渡新头河，到达毗荼国。接着，他走过摩头罗国，渡过蒲那河，进入中天竺。法显用4年多时间周游中天竺，巡礼佛教故迹。

公元404年，法显来到佛教发祥地——拘萨罗国舍卫城的祇洹精舍，还参观释迦牟尼的诞生地迦维罗卫城。公元405年，他到佛教极其兴盛的达摩竭提国，并在此学习3年。他周游南天竺和东天竺，又在恒河三角洲多摩梨帝国待了近两年。

公元409年年底，法显离开多摩梨，搭乘商舶，纵渡孟加拉湾，到达狮子国。两年后，公元411年农历八月，法显完成取经求法的任务，坐上大船，沿着海上丝绸之路回国。船航行不久，就遇到暴风。法显在危难中漂泊了100多天，到达耶婆提国[⑦]。他在这里住了5个月，又转乘另一条商船回广州。这条船也遇到季风，最终在青州长广郡的劳山登陆。登陆后，法显旋经过彭城、京口，回到建康。

---

① 大乘佛教以普度众生为宗旨，相信能将无量众生度到彼岸。

② 小乘佛教以自我完善与解脱为宗旨，最高果位为阿罗汉果及辟支佛果。

③ 白龙堆大沙漠。

④ 在今新疆焉耆。

⑤ 在今巴基斯坦白沙瓦。

⑥ 即阿富汗的苏纳曼山。梵语中是对“大雪山”即喜马拉雅山而言的。

⑦ 一说是今印度尼西亚的苏门答腊岛，一说爪哇岛。

3. 盛世来临，西域绝不能缺席

魏晋南北朝近三百年内乱结束，杨坚一统天下。他励精图治，勤政节俭，开创盛世。当他将目光瞄向西域时，发现西域经历多年动荡纷争，已被北方强敌突厥控制。

突厥原是柔然汗国属下负责炼铁的部落。公元 546 年，突厥吞并铁勒部 5 万多户，势力逐渐强盛起来。公元 552 年，突厥大败柔然，取代柔然成为漠北强大的草原帝国。当时中原分裂，突厥威慑北齐、北周，每年从中原得到大量贡品。公元 581 年，杨坚建立隋朝，采取分化离间兼以军事进攻的策略，分多路反攻突厥，导致其分裂为东西突厥。

公元 582 年，为争夺汗位，东突厥爆发全面内战。在东突厥分裂势力的协助下，西突厥首领达头可汗趁机出兵击败东突厥，在漠北自立为汗。东突厥各部落顽强抵抗。隋朝也及时给予支持。达头可汗没能在漠北站住脚，在公元 603 年被迫逃往吐谷浑。东突厥被迫西迁到阿尔泰山一带。他们遭到铁勒部反击。铁勒部趁机占领高昌、伊吾、焉耆等绿洲。东突厥继续西迁来到原西突厥中心领地——裕勒都斯河与楚河之间。西突厥被迫迁到锡尔河一带，并臣服于东突厥。

公元 604 年，杨广继位后，这位曾经统率数十万军队南下一统天下的帝王，决定全面经营西域。他继承“远交近攻、离强合弱”的政策，联合距离隋朝较远、对隋朝威胁较小的部落或属国，进攻距离隋朝边境较近、对隋朝边疆威胁较大的国家。

隋朝要西进，威胁河西走廊的吐谷浑是个大障碍。于是，隋朝派人联络铁勒部，派军强攻横在西域与内地之间的吐谷浑。吐谷浑虽然是西域强国，但相比隋朝，势力还是差得多。在隋军和铁勒军夹攻之下，吐谷浑元气大伤，向隋朝称臣纳贡。

这一年，西域诸国纷纷前往张掖，同中原往来通商。杨广命令吏部侍郎、著名地理学家裴矩主管河西走廊一带与西域商人之间的互市，负责并了解西域各国政治、经济、文化、山川交通、民俗风情等情况。裴矩意识到皇帝有收复西域的想法，吸引那些到张掖来经商的人，让他们说出自己国家的风俗习惯和山川险要，并撰写《西域图记》三卷，回朝后把它上奏给朝廷。

《西域图记》序言中就提到汉朝在西域的辉煌——自从汉朝兴起，开拓黄河以西地区，才开始有名称的，有三十六个国家，那以后又分崩离析，这才有五十五个国王。那时，仍然设置校尉、都护等官职，以便存恤招抚……同时也鼓励皇帝学习汉朝皇帝——皇上膺受天命，化育万物，不让中原和四夷隔绝，四海之内的百姓，没有不仰慕教化的。凡是风吹到的地方，太阳能照临的地方，各地赋税贡献全都到了朝廷，不管多远没有不到达的……我朝统一四海，大概就在此时了。

杨广非常满意，赏给裴矩 500 段布帛，然后每天召他到殿上侍坐，当面询问西域的情况。裴矩盛赞胡番有很多珍宝，说兼并吐谷浑也容易。杨广便将经营西域的重任委派给裴矩。

没多久，裴矩调任黄门侍郎。杨广命令他前往张掖，引导西域番邦入朝贡献。结果，到朝廷贡献土产的有十多个国家。公元 607 年时，杨广到恒岳祭祀时，西域有十几国都来助祭。

公元 608 年，杨广命令薛世雄与裴矩共同经略伊吾。隋军到达伊吾后，顺利地建成新伊吾城，并留下一支千余人规模的部队防守。在这里，隋朝设立互市，发展中西方贸易，促进丝绸之路葱岭以东各民族之间的商贸。

公元 609 年，杨广准备巡视黄河以西地区，又命令裴矩提前到敦煌做准备。裴矩派使者劝说高昌王麹伯雅和伊吾的吐屯设等人，用丰厚利益吸引他们来朝拜隋朝皇帝。在杨广西巡，驻扎在燕支山①时，高昌王等人和西域 27 国国王，都到道路左边迎接拜见。杨广让他们佩金玉，披锦缎，焚香奏乐，又让武威、张掖等郡官家女子穿着盛装跟随观看。当时，车马堵塞，绵延十多里，充分显示中原强盛。杨广看到这情景，非常高兴。

---

① 燕支山位于甘肃张掖市山丹县东南 50 多公里处，东西绵延 100 多公里，南北横跨 20 多公里，山坡上松柏常青，水丰草美。

杨广亲自率军到西平郡，准备一举消灭吐谷浑。没多久，隋军将吐谷浑军包围在覆袁川[①]，并进行大规模围歼。这一战，隋军彻底击溃吐谷浑主力。吐谷浑军惨败，“故地皆空”。吐谷浑王伏允仅带几十个随从逃走。杨广下令设置鄯善、且末、西海、河源4郡，扫清隋朝通往西域的障碍，取得经营西域的初步胜利。

这件事后，西域各番邦非常害怕，来隋朝上贡的络绎不绝。杨广认为裴矩有安抚民心的才略，便提升他做银青光禄大夫。那年冬天，杨广到东都时，裴矩说前来朝贡的夷人想到东都见识见识，劝谏杨广命令都府大演百戏，召集天下艺人排列在端门街。

当时，东都身穿锦绮、披金戴银的人达十多万。杨广又命令文武百官和平民百姓披着色彩鲜丽的衣服，可以列坐棚阁内任意观看；同时，又命令丰都、大同、通远的饮食店都设置帷帐，摆上丰盛酒席，并派掌管番邦的官员带领西域商人与汉人贸易交往，要求只要是西域商人到达的地方，店肆就把他们邀请入席，让他们喝醉吃饱才离开。那些西域商人赞叹不已，称中原是神仙居住之地。

杨广赞赏裴矩能干，曾对宇文述、牛弘说：“裴矩很理解我的心意。凡是呈奏的事，都是我做了打算的事，我还没有宣布的时候，裴矩就已经说出来了。假如他不是尽心奉国，哪能像这样呢？”

在伊吾建造城市时，裴矩对西域各国商人和使者说：“天子觉得番人贸易经商相距太远，所以才在伊吾建造城市。”番人也就不再来打扰。裴矩回到朝廷，杨广赏他40万钱。

公元612年，杨广将华容公主嫁给高昌王麹伯雅为妻。高昌国臣服。到这时，隋朝通往西域的伊吾北道、高昌中道、鄯善南道都被打开。这为促进西域与内地政治、经济、文化交流和经营西域奠定良好的基础。

不过，隋军三次征辽大耗国力，导致隋朝处在内忧外患中。裴矩虽然努力削弱突厥，但始毕可汗部落越发强大，最终在雁门关袭击隋朝皇帝杨广。此事后，隋朝在西域诸国的印象一落千丈。国内四方叛军也蜂拥而起。后来，杨广被弑杀，

① 覆袁川，古河名，吐谷浑活动地区之一，在今青海湖东北，门源西北俄博河一带。

各地群雄逐鹿。隋朝崩溃，经营西域之事不了了之。

与此对应的，西突厥在杨广在位期间成功复国。公元 609 年，西突厥射匮可汗与隋朝联兵夹击东突厥。公元 611 年，东突厥一部分残部逃到隋朝，入居内地。公元 615 年后，射匮可汗战胜铁勒部，收复失地，重建西突厥汗国。

公元 617 年，射匮可汗去世，统叶护可汗继位。从公元 617 年到公元 628 年，西突厥疆域达到顶峰，疆土拓展到葱岭以西、波斯以东、兴都库什山以北、阿姆河以南地区，还专门设置官员监督西域各国向西突厥交纳贡赋。

不过，此时的西域社会状况复杂，既有游牧政权，又有农业政权，还有从事贸易的商贩，而且人种、部族、文化各不相同。西域诸国只是臣服于西突厥，具体事务还是由本国国王处理。

公元 627 年，西突厥陷入争夺大可汗内战，社会矛盾全面激化。统叶护可汗被杀。西突厥各属国纷纷独立，残留在西域的东突厥余部又趁机西侵，占领大片西突厥领土。西突厥在内忧外患中逐步走向衰落。而此时，中原的唐朝已经完全统一中原，具有开拓进取精神的李世民当上了皇帝。

4. 盛唐继承的丝绸之路精神

唐朝初年，着力于重新统一和稳定社会，恢复发展经济，只好暂时将主要精力放在国内。公元 626 年，唐朝发生玄武门之变[①]，李世民当上皇帝，李世民借鉴隋朝经营西域“远交近攻、离强合弱”政策，先将势力严重削弱的西突厥放在一边，集中精力解决离唐朝近、对唐朝造成严重威胁的东突厥。

东突厥颉利可汗兵马强盛，在义成公主、杨善经、杨政道等人的怂恿之下，想率军南下中原。面对东突厥进攻，李渊因内地尚未安宁，不得不赠送突厥大量财物稳住北疆。颉利可汗不满足，年年率兵进攻。

公元 626 年 7 月，颉利可汗亲自率 10 余万骑兵进攻关中。长安戒严。一个月后，李世民继位，然后亲自率军迎战。颉利可汗率军到渭水便桥北时，李世民带高士廉、房玄龄等 6 人骑马到渭水便桥上，与他隔河谈话，责备他背约入侵。

东突厥将领大惊。随后，唐朝诸军会集，旌甲蔽野。颉利可汗见唐军阵容强大，提出议和。李世民斩杀白马，与颉利可汗在便桥上结盟。随后，东突厥军撤走。

事后，李世民暗暗积蓄力量，准备寻机报仇。第二年，薛延陀、回纥、拔野古等部叛离东突厥。东突厥派兵镇压失败。负责率兵镇压的突利遭到颉利可汗严惩，心怀不满，投降了唐朝。东突厥东部的臣属契丹见此，也投降唐朝。

公元 628 年，东突厥北边许多部属归顺薛延陀部。李世民派乔师望出使薛延陀部，册封薛延陀首领夷男为真珠毗伽可汗。真珠毗伽可汗遣使向唐朝称臣纳贡。当时，回纥、拔野古、阿跌、同罗、仆骨等部都臣属薛延陀部。薛延陀称雄漠北。东突厥衰落，颉利可汗便向唐朝称臣。

李世民拒绝了，还决定出兵攻打东突厥。公元 629 年，李世民派李靖率领李世勣、柴绍、李道宗、卫孝节、薛万彻等人，六路大军进攻东突厥。得知唐

① 玄武门之变，是公元 626 年 7 月由秦王李世民在唐朝首都长安城太极宫玄武门附近发动的一次政变。

军发起进攻，东突厥部落首领荫奈特勤等都率部投降。

公元 630 年正月，李靖率 3000 精锐骑兵夜袭定襄，大破东突厥军。颉利可汗大惊，慌忙将牙帐迁到碛口。李靖派遣间谍离间颉利可汗的心腹。不久，李世勣在白道打败东突厥军。颉利可汗逃往铁山。二月，李靖与李世勣在白道会师后，选派 1 万名精锐骑兵追袭东突厥军。唐军一口气从阴山北追到大漠。

颉利可汗逃到沙钵罗设苏尼失那里。李道宗率军威逼苏尼失擒送颉利可汗。颉利可汗率数骑趁夜逃走，在一个荒谷躲藏起来。苏尼失派人将他抓回，向唐军投降。东突厥汗国亡。颉利可汗及其家人被送到长安。李世民释放了他，并授予他官职，让他拿朝廷俸禄。

唐军一举灭掉东突厥，生擒颉利可汗。此消息震惊北方和西域各国。它们纷纷要求归附唐朝，尊称李世民为天可汗①。同年，原臣属于西突厥的伊吾城主石万年率领 7 个城归属唐朝。趁此机会，唐朝设西伊州，打开通往西域的门户。

伊吾归附唐朝在西域引起连锁反应。西域各国纷纷归属唐朝。高昌王亲自到长安朝见。高昌王后宇文氏上书，请求改姓，跟唐朝皇帝一起姓李。李世民批准了，将她纳入皇家宗室，册封她为常乐公主。这样，高昌王一下子变成唐朝的女婿。

受到影响，契苾何力率领契芯部归顺唐朝。李世民任命契苾何力为左领军将军。公元 635 年，东突厥贵族阿史那社尔也率部众归顺唐朝。唐朝统一西域条件成熟了。

公元 640 年，李世民任命侯君集为交河道行军大总管，率数万军队进攻高昌，开启经营西域之旅。高昌王麹文泰得到唐军攻来的消息，非常害怕，忧惧而死。他儿子麹智盛继任高昌王后，献城投降。得知此消息后，驻可汗浮图城的西突厥军也投降。李世民下令设置西州和庭州，州下设县、乡、里等机构。州县都执行均田制和租庸调法、府兵制度，且在交通要冲和偏僻处设置驿站和驿馆。

同年，李世民下令在西州设安西都护府②。唐军继续前进，先后征服焉耆、

---

① 天可汗是周边各民族对唐朝皇帝李世民的尊称。

② 安西都护府，又称安西大都护府，是唐朝管理西域的军政机构，统辖安西四镇，最大管辖范围曾一度完全包括天山南北，并至葱岭以西至达波斯。在武周时期，北庭都护府分立后，安西都护府分管天山以南西域地区。

龟兹、于阗等国，并先后设置安西四镇[①]，控制天山南北广大地区。

公元 648 年，安西都护府府治迁到龟兹，升格为大都护府，管辖范围包括葱岭以东焉耆、龟兹、疏勒和于阗 4 个都督府和葱岭以西、波斯以东、阿姆河以南的 16 个都督府。至此，唐朝在西域的势力范围已经超越了汉朝。

唐军进入西域，最大对手是西突厥。当时，龟兹、鄯善、且末、吐火罗、焉耆、石国、史国、何国、穆国、康国等国和厥越失、拔悉弥、驳马、结骨、触木昆等部属于西突厥。唐军西进西域，占领西突厥属国时，西突厥内部再次发生分裂。

公元 648 年，西突厥贵族阿史那贺鲁率众归附唐朝。第二年，李世民任命阿史那贺鲁为左卫将军、瑶池都督。同年，李世民去世，阿史那贺鲁叛变，吞并乙毗射匮所部，自称沙钵罗可汗。咄陆五啜、弩失毕五俟斤、处月、处密及西域诸国都归附于他。公元 651 年农历七月，阿史那贺鲁率军入侵庭州，攻陷金岭城及蒲类县。唐高宗李治令梁建方率 3 万汉军、契苾何力率 5 万回纥骑兵前去镇压。第二年春，梁建方等人大破阿史那贺鲁所部。

公元 655 年夏，程知节率军讨伐西突厥沙钵罗可汗阿史那贺鲁。第二年冬，程知节率军到鹰娑川，前军总管苏定方击败西突厥 4 万骑兵。唐军追击到怛笃城后班师。

公元 657 年春，唐军兵分两路，再次进攻西突厥。苏定方为伊丽道行军大总管，率领燕然都护任雅相、副都护萧嗣业、左骁卫大将军瀚海都督回纥首领婆闰等部为主力军；另一路由早先归附唐朝的阿史那步真为流沙道安抚大使，负责招集其旧部。这年冬季，苏定方率军抵达金山西，击败西突厥处木昆部，一路追击西突厥军到曳咥河[②]西。阿史那贺鲁率 10 万西突厥骑兵抵抗。在双方对阵中，苏定方一举击败阿史那贺鲁。

一些西突厥部落见此，投奔归附唐朝的安抚大使阿史那步真。苏定方派萧嗣业和回纥婆闰率军追击阿史那贺鲁，在金牙山击败他。阿史那贺鲁渡伊丽水西逃。苏定方率军追击到碎叶河边，俘获他的部众。阿史那贺鲁以及儿子阿史

① 安西四镇，指唐朝前期在西北地区设置，由安西都护府统辖的四个军镇，前期是指焉耆、龟兹、于阗、疏勒，后期是指碎叶、龟兹、于阗、疏勒。

② 今喀拉额尔齐斯河。

那咥运逃到石国苏咄城。城主伊涅达干将他们逮捕，送往石国。石国王将阿史那贺鲁父子交给萧嗣业和阿史那元爽。西突厥国亡。

公元 657 年，唐朝设置昆陵都护府，任命阿史那弥射为兴昔亡可汗，兼骠骑大将军，昆陵都护。五咄陆的处木昆部落设置匐延都督府，胡禄屋阙部落设置盐泊都督府，摄舍提墩部落设置双河都督府，鼠尼施处半部落设置鹰娑都督府，突骑施索葛莫贺部落设置嗢鹿州都督府，突骑施阿利施部落设置洁山都督府。

第二年，唐朝又在葛逻禄三部设置三府：谋落部落设置阴山州都督府，踏实部落设置玄池州都督府，炽俟部落设置大漠州都督府。后来，又从大漠州中划分出一部分另设置金附州都督府。在五弩失毕部设置濛池都护府，以阿史那步真为继往绝可汗，兼骠骑大将军，濛池都护。当时，濛池和昆陵两都护府都隶属于安西大都护府。

公元 658 年，西域吐火罗[①]来附。唐朝任命王名远为"吐火罗道置州县使"，"自于阗以西，波斯以东，凡十六国，以其王都为都督府，以其属部为州县。凡州八十八，县百一十，军、府百二十六"。这十六个新设置的都督府，也隶属安西大都护府。

公元 702 年，唐朝下令增设北庭大都护府，统辖昆陵、濛池两个都护府。据《新唐书》记载，除上述昆陵都护府下属 10 个都督府外，北庭大都护府还管辖轮台州等 13 个都督府。在西域，除北庭大都护府外，唐朝在北庭南面还设有安西大都护府。在这些地方，唐朝实行的是羁縻府州制，即该民族或政权的大小首领担任羁縻府州的都护或都督、刺史、县令，官职实行终身制和世袭制，以便有效实行管辖。这是汉朝羁縻政策的继续。

唐朝进入西域后，吐蕃人也加入西域争夺。公元 650 年，唐朝的女婿松赞干布死后，吐蕃野心膨胀，先是于公元 660 年派兵大规模入侵吐谷浑，后是公元 670 年大举进攻西域，攻陷于阗、龟兹等安西四镇。此后数十年，唐朝和吐蕃争夺西域，安西四镇几度易手。直到 692 年，王孝杰率军收复龟兹、焉耆、

① 吐火罗人是最早定居天山南北的古代民族之一，包括巴里坤草原的月氏人、天山南麓的龟兹人和焉耆人、吐鲁番盆地的车师人以及塔里木盆地东部的楼兰人。

于阗、疏勒、碎叶，重置四镇，唐军才取得决定性胜利。公元 696 年，武则天和吐蕃议和，承认吐蕃占据青海吐谷浑的事实，以换取吐蕃放弃西域。

为对付吐蕃和西突厥势力，武则天曾将东突厥遗民重新武装起来。后来，他们建立后东突厥汗国，企图统一东西突厥，却遭到唐军和碎叶一带突骑施有力抵抗。公元 691 年，突骑施首领乌质勒率军夺回碎叶，并将其归还唐朝。公元 699 年，后东突厥汗国再次西征，又被突骑施打败。

公元 703 年，武则天下令重置北庭大都护府，治于庭州，以加强天山北麓边防实力。西突厥势力衰落后，唐朝依靠异姓突厥突骑施汗国抵抗大食[①]，取得了显著成效。唐朝承认苏禄突骑施，与之缔结和亲。苏禄领导突骑施骑兵成为抗击大食军向东扩张的中坚力量。

李隆基继位后，突骑施军与唐军爆发战争。公元 735 年，唐军深入碎叶川以西，追击突骑施军。突骑施军被唐军和大食军打败，走向衰落。公元 750 年，安西节度使高仙芝进军河中石国[②]，抵抗大食军。第二年，大食将领齐雅德率兵反击。高仙芝率安西唐军主力及葛逻禄、拔汗那的军队迎战。

双方在怛罗斯相遇，相持 5 天后，葛逻禄部众叛变，与大食军夹击唐军。高仙芝大败，将士死亡殆尽。4 年后，安史之乱[③]爆发，唐朝开始衰落。勤王诏书传到西域，安西、北庭分别抽调精兵入关。于阗国王尉迟胜于同年率国内军入关。

安西、北庭成为唐朝西疆飞地。吐蕃趁机出兵抢夺西域。公元 763 年，吐蕃军攻陷长安。不久，河西陷落。西域和内地交通阻断，北庭和四镇使者通过漠北回鹘境内入京。公元 790 年，吐蕃发兵攻打北庭，北庭、西州、安西等地相继陷落，吐蕃占据西域。

观看唐朝经营西域的历史，我们发现，丝绸之路见证了唐朝兴盛，与唐朝的辉煌紧密联系在一起。唐朝经营西域后，丝绸之路再次畅通，中原和西域商贸往来、文化往来非常频繁。大批汉人定居天山南北，中原农作物品种和农业

---

① 中国古人称阿拉伯帝国为大食。

② 石国，西域古国，昭武九国之一，位于今中亚乌兹别克斯坦首都塔什干。

③ 安史之乱是公元 755 年 12 月 16 日至公元 763 年 2 月 17 日，由唐朝将领安禄山与史思明背叛唐朝而发动的战争，是为唐朝由盛而衰的转折点。

技术传遍西域各地，西域与中原关系更为紧密。当然，唐朝经营西域，丝绸之路畅通，西域各民族收益也非常大。西域粟特人从中原购买丝绸，从西域运进体积小、价值高的珍宝，进行大规模牲畜贸易等。唐朝时，粟特人一度成为丝绸之路上最常见的身影。

5. 丝绸之路精神是历史兴衰量表

汉朝开拓丝绸之路，经营西域，声名远播；唐朝是中国历史上又一个顶峰，也经营西域，也声名远播。唐朝以后的统治者，便不自觉地将“走出去，经营西域”当作开创盛世的重要内容。

唐朝灭亡后，中原进入五代十国时期，而周边少数民族因长期学习唐朝，也进入崛起时期。宋朝结束五代十国割据局面，但由于辽金西夏大理等周边民族崛起，一直无法完全统一天下，虽然一度经济高度繁荣，但无缘经营西域丝绸之路，也总给人“弱朝”的感觉。

辽朝位置偏东北，与丝绸之路之间相隔遥远，直到其余部到西域建立西辽，才在真正意义上参与丝绸之路，影响不小，但偏安一隅，比不了汉唐。西夏占据通向西域的要道，虽然参与丝绸之路经营，但它对西域各民族及国家影响甚小。至于金朝和大理，因地缘原因，参与丝绸之路、经营西域缺乏足够条件。

蒙古兴起后，将目光瞄准中原的同时，也瞄准丝绸之路。在迫降西夏，打败金朝后，成吉思汗果断派兵沿丝绸之路古道西征。当时，西域统治者是西辽，但西辽已经被逃到那里的乃蛮王子屈出律篡国。1218 年，受当地居民欢迎的蒙古军消灭西辽，占领西域大部分。

随后，蒙古向西域西部的花剌子模派出使者和商队。花剌子模将这批人全部杀死，并掠夺他们的货物。这是丝绸之路全线开通一千多年少有的官府拦路抢劫事件。事后，成吉思汗发起第一次西征，率领蒙古军攻打花剌子模，并沿丝绸之路葱岭以西商道穷追猛打。这次西征，蒙古军到达里海与黑海以北、伊拉克、伊朗、印度等地，为后来第二次及第三次的西征奠定良好基础。

1234 年，蒙古灭金朝后，又于 1235 年发起第二次西征。这次，蒙古人进攻路线是丝绸之路葱岭以西段伊朗北道转向草原的商道。他们一路攻到钦察、俄罗斯、匈牙利、波兰等国家和地区，建立蒙古帝国西北宗藩国——钦察汗国。

1252 年，成吉思汗孙子旭烈兀发起第三次西征。这次西征走的是丝绸之路葱岭西段的伊朗南道和伊朗北道转向非洲方向的商道。他们一路攻到伊拉克、叙利亚、埃及等国或地区，基本到达地中海沿岸。这次西征后，他们在伊朗高原建立又一个西北宗藩国——伊利汗国。

至此，加上 1225 年第一次西征中建立的管辖西域的察合台汗国，1251 年建立的窝阔台汗国，丝绸之路东西两段全线纳入蒙古人控制之下，东西方经济和文化交流空前便利畅通。

趁这次丝绸之路畅通机会，先进的中华文明被带到西方，如火药、造纸术、印刷术、罗盘等传播到西亚及欧洲；少量西方文明的先进成分也被带回中原，东西方的科技差距第一次得到了平衡。

元朝建立后，元朝加上钦察汗国、伊利汗国、察合台汗国、窝阔台汗国形成蒙古帝国。在庞大蒙古帝国内部，虽然不时有西北宗王跟元朝闹矛盾，但丝绸之路上的商贸往来一直畅通无阻。而元朝将人口分为四等，西域各族被划入色目人中，成为蒙古统治者帮手。他们充分发挥商贸才干，替蒙古人理财。此时，丝绸之路商贸中，西域各族成为名副其实的受益者。

丝绸之路一路畅通差不多一个多世纪。1334 年，察合台汗国第十七代大汗答儿麻失里被侄子不赞杀死。为稳固统治，不赞在阿力麻里大肆屠杀察合台家族成员，此举在西域引起大规模动乱。察合台子孙兵戎相见，各路诸侯相互厮杀。在察合台后代自相残杀过程中，昔日繁华富庶的西域变成血腥杀戮战场，东西方陆上丝绸之路彻底中断。

1351 年，红巾军起义[①]爆发，大江南北相继响应。元朝陷于风雨飘摇之中。1368 年，朱元璋在南京建立明朝，并派徐达、常遇春率军北伐。元朝末帝妥懽帖睦尔在明军兵临大都[②]城下时，逃往蒙古草原。从此，明朝取代元朝统一天下。

元朝退出中原，尚且保存一定实力。明朝初期主要目标是防蒙古，经营西域并非当务之急。察合台汗国动乱后，分裂成东察合台汗国和西察合台汗国。

---

① 红巾军起义是韩山童、刘福通、徐寿辉等人在 1351 年领导的元末农民大起义，因起义军头裹红巾称红巾军。

② 元朝定都北京，当时称大都。

到明朝时，西域被亦力把里[①]、布哈拉汗国、叶尔羌汗国等国控制。明朝以哈密等地划界而治，同时，为和西域以及中亚交往，保证丝绸之路畅通，做出了许多努力。为保持道路畅通，明朝对河西走廊进行军事规划，军事防御体系得到升级，防止蒙古人占领河西走廊，切断通往西域的道路。

在嘉峪关西，明朝设置关西七卫[②]，作为通往西域的桥头堡，既将其当军事重镇，也将其当经济重镇。明朝以此为基地，对西域进行招抚与和谈，与西域各民族进行民间贸易和朝贡贸易。明朝需要西域的马匹和玉石，西域也需要明朝的丝绸、瓷器、茶叶、铁器。通往西域和中亚的商品，大部分都会经过关西七卫，而来自西域和中亚的商品，也由此进入内地。

明朝初，葱岭以西是跛子帖木儿[③]建立的帖木儿帝国。帖木儿帝国主要扩张方向在伊朗、阿富汗、印度以及美索不达米亚，便主动与明朝建立商贸关系。中亚和西域其他小国纷纷效仿，主动和明朝建立贸易关系。明朝虽未控制西域，但陆上丝绸之路也能较顺畅地通往西域和中亚。

受丝绸之路精神影响，明朝初期的皇帝努力创造盛世，在无法经营西域的情况下，将目光放在海洋上。朱棣派郑和七下西洋[④]，将古代海上丝绸之路推向历史顶峰。

随着明朝内部问题越来越严重，对外贸易呈现萎缩状态，海上丝绸之路因明朝闭关锁国而中断，陆上丝绸之路也因西域政权更替和各部落冲突以及明朝势力不断往回缩，最终完全中断。丝绸之路中断后，明朝盛世不再，挣扎了几十年，最终消失在历史中。

---

① 1432年，东察合台汗国分裂为亦力把里、叶尔羌和吐鲁番三国，其王都是察合台的后裔。

② 关西七卫，是指明朝在嘉峪关以西设立的7个羁縻卫所，又称西北七卫、蒙古七卫，先后有安定卫、阿端卫、曲先卫、罕东卫、沙州卫、赤斤蒙古卫、哈密卫，后来沙州卫内迁，其故地又设罕东左卫。

③ 帖木儿是突厥化蒙古人，一生征战，建立从帕米尔高原到小亚细亚、阿拉伯半岛的大帝国。

④ 郑和七下西洋是指明朝初期郑和奉命七次下西洋的航海活动。郑和下西洋时间之长、规模之大、范围之广都是空前的，是当时世界航海事业顶峰，为发展中国与亚洲各国政治、经济和文化友好关系作出巨大贡献。

清朝取代明朝的方式与历朝历代王朝更替有所不同。清朝前期通过战争和联姻将漠南蒙古和漠北蒙古纳入统治体系内，然后将重点放在镇压中原反清武装上，对西域并没有太多兴趣。西域主要大国叶尔羌汗国也较早与清朝确立宗藩关系。

后来，漠西蒙古准噶尔部崛起，灭掉叶尔羌汗国并占领西域，还分兵进入青海和西藏，控制拉萨等地。清朝向通过陆上丝绸之路与西域以西国家经商的商路，此刻完全掌握在准噶尔手中。此外，强大起来的准噶尔部还想兼并漠北喀尔喀蒙古。清朝不得不反击，并开始考虑瓦解准噶尔霸权，经略西域。

历史上所有强大王朝大多经营西域，掌控丝绸之路，清军在西北的军事行动得到满洲贵族、蒙古贵族以及内地晋商集团支持。

准噶尔蒙古征服西域，各地出现各种小型封建或宗教势力。他们非常容易被强权胁迫，也很容易在强权消退后又恢复独立。准噶尔人占据西域，在西北商道被哈萨克人与俄罗斯人逐渐封锁的同时，开辟从西域直抵布哈拉等地通道。而他们控制拉萨等地，也掌握高原侧翼的青海道[①]交通大动脉。

清朝要真正建立盛世，必须控制西域等地，经营西域等地。这是清朝康熙、雍正、乾隆都不断在西北用兵，最终要彻底征服准噶尔的原因。他们都深入研究中国历史，汉唐等强大王朝通过控制西域，为自己开辟战略空间和对外通道，同时也封锁和阻断北方草原势力的物资供给线路。

还有一个原因，准噶尔侧后方还有哈萨克人与俄罗斯人势力存在。清朝掌控西域后，可以完成战略上的反封锁，掌握贸易主动权，取得对哈萨克人与俄罗斯人的主动。

康熙、雍正、乾隆祖孙三代接力，谋划和经营西域。清朝最终在1757年灭掉准噶尔，于1759年将西域完全纳入统治范围。后来，西域改名新疆。

此时，清朝处在历史上著名的康乾盛世[②]时期。这似乎又是一次历史巧合，

---

① 青海道是丝绸之路南线的重要通道，唐朝时丝绸之路最繁荣的干道之一。南北朝时期，河西走廊被割据政权占领，南朝为与西域交往而开通过境青海的通道。

② 康乾盛世，又称康雍乾盛世，西方称 High Qing，是清朝鼎盛时期，经历康熙、雍正、乾隆三代皇帝，前后达134年。它是中国古代封建王朝最后一个盛世。那时，中国社会在封建体系下达到极致，改革最多，国力最强，社会稳定，经济快速发展，人口增长迅速，疆域辽阔。

但凡中原王朝经营西域，掌控丝绸之路主动权时，便会是盛世或者进入盛世。汉朝如此，唐朝如此，元朝如此，明朝如此，清朝也是如此。掌握和经营西域，掌控丝绸之路主动权，已经变成历史兴衰的量表。这是汉朝丝绸之路精神提供的最宝贵力量。

本书主要参考文献

1. 赵汝清:《从亚洲腹地到欧洲：丝路西段历史研究》，甘肃人民出版社，2005 年。

2. [日]前岛信次:《丝绸之路的 99 个谜：埋没在流沙中的人类遗产》，胡德芬译，天津人民出版社，1981 年。

3. [汉]司马迁:《史记》，中华书局，2011 年。

4. 中国大百科全书总编辑委员会《考古学》编辑委员会、中国大百科全书出版社编辑部编:《中国大百科全书》，中国大百科全书出版社，1986 年。

5. 朱龙华:《世界历史・上古部分》，北京大学出版社，1995 年。

6. 孙良培:《斯基泰贸易之路和古代中亚的传说》，收于中外关系史学会编《中外关系史论丛（第一辑）》，世界知识出版社，1985 年。

7. [古希腊]希罗多德:《历史》，王以铸译，商务印书馆，1997 年。

8. [法]保罗・佩迪什:《古代希腊人的地理学——古希腊地理学史》，蔡宗夏译，商务印书馆，1983 年。

9. 马雍、王柄华:《阿尔泰与欧亚草原丝绸之路》，收于张志尧主编《草原丝绸之路与中亚文明》，新疆美术摄影出版社，1994 年。

10. [古希腊]阿里安:《亚历山大远征记》，李活译，商务印书馆，1979 年。

11. [古希腊]阿庇安:《罗马史》，谢德风译，商务印书馆，1979 年。

12. 水木森:《匈奴简史》，民主与建设出版社，2016 年。

13. [东汉]班固:《汉书》，中华书局，2012 年。

14. 高洪雷:《大写西域》，人民文学出版社，2016 年。

15. 王宗维:《汉代丝绸之路的咽喉——河西路》，昆仑出版社，2001 年。

16. [南朝宋]范晔:《后汉书》，宋云彬点校，中华书局，2012 年。

17. 冯承钧:《冯承钧西北史地论集》，中国国际广播出版社，2013 年。

18. 郑彭年:《丝绸之路全史》，天津人民出版社，2016 年。

19. 林甘泉主编:《中国经济通史：秦汉经济卷》，中国社会科学出版社，2007 年。

20. 殷晴:《丝绸之路与西域经济：十二世纪前新疆开发史稿 》，中华书局，2007 年。

21. [春秋] 孔子:《论语》，陈晓芬译注，中华书局，2016 年。

22. [唐] 杜佑:《通典》，王文锦等点校，中华书局，1988 年。

23. [唐] 魏徵等:《隋书》，中华书局，1973 年。

24. [宋] 欧阳修、宋祁等:《新唐书》，中华书局，1975 年。

25. 月明日:《神秘消失的古国》，中原农民出版社，2008 年。

图书在版编目（CIP）数据

丝绸之路：驼铃声中的历史 / 水木森著 . —北京：中国法制出版社，2022.1
ISBN 978-7-5216-2409-0

Ⅰ . ①丝… Ⅱ . ①水… Ⅲ . ①丝绸之路—通俗读物 Ⅳ . ① K928.6-49

中国版本图书馆 CIP 数据核字（2022）第 003288 号

责任编辑：冯运（fengyun1s@126.com） 封面设计：杨泽江

丝绸之路：驼铃声中的历史
SICHOU ZHI LU：TUOLINGSHENG ZHONG DE LISHI
著者 / 水木森
经销 / 新华书店
印刷 / 三河市国英印务有限公司
开本 / 710 毫米 ×1000 毫米 16 开 印张 / 18 字数 / 284 千
版次 / 2022 年 1 月第 1 版 2022 年 1 月第 1 次印刷

中国法制出版社出版
书号 ISBN 978-7-5216-2409-0 定价：52.80 元

北京市西城区西便门西里甲 16 号西便门办公区
邮政编码：100053 传真：010-63141852
网址：http://www.zgfzs.com **编辑部电话：010-66054911**
市场营销部电话：010-63141612 **印务部电话：010-63141837**
（如有印装质量问题，请与本社印务部联系。）